货币中性与非中性
理论的演变

甘小军　著

中国商务出版社
CCTP
CHINA COMMERCE AND TRADE PRESS

图书在版编目(CIP)数据

货币中性与非中性理论的演变 / 甘小军著. --北京：
中国商务出版社，2018.7
　　ISBN 978-7-5103-2466-6

　　Ⅰ. ①货… 　Ⅱ. ①甘… 　Ⅲ. ①货币理论—研究 　Ⅳ.
①F820

　　中国版本图书馆 CIP 数据核字(2018)第 143456 号

货币中性与非中性理论的演变

HUOBI ZHONGXING YU FEIZHONGXING LILUN DE YANBIAN

甘小军　著

出　　版：中国商务出版社
地　　址：北京市东城区安定门外大街东后巷 28 号
邮　　编：100710
责任部门：职业教育事业部(010-64218072　295402859@qq.com)
责任编辑：周　青
总 发 行：中国商务出版社发行部(010-64208388　64515150)
网　　址：http://www.cctpress.com
邮　　箱：cctp@cctpress.com
照　　排：北京亚吉飞数码科技有限公司
印　　刷：北京亚吉飞数码科技有限公司
开　　本：787 毫米×1092 毫米　1/16
印　　张：15.25　字　数：198 千字
版　　次：2019 年 3 月第 1 版　　2024 年 9 月第 2 次印刷
书　　号：ISBN 978-7-5103-2466-6
定　　价：60.00 元

前　言

　　货币中性与非中性是一个颇具争议性的古老话题,早在古典经济学时期,一些经济学家就对这一问题发表过不同的意见,主流古典货币理论较少关心货币短期中性与非中性问题,而是以货币数量论和一般均衡理论为基础,达成了货币长期中性的共识,并据此主张实行自由放任的货币政策。1936年,凯恩斯在《就业、利息与货币通论》①一书中彻底颠覆了古典货币中性传统,他否定了"古典二分法"和古典利率理论,并从货币供求决定利率的新思维出发,重新构建了一套体现干预思想的货币短期非中性理论体系。在这个体系中,货币不再是围绕价格变动的机器,而是可以通过利率间接影响产出。凯恩斯还明确提出了利用货币政策干预经济的主张。以后,理论界对货币中性与非中性理论的研究正式分裂成两条路线,一条路线传承了古典学派的货币长期中性传统,认为经济周期就是"美元的舞蹈",货币当局应该放弃相机抉择的货币政策,采用单一规则的货币政策,代表这一路线的有20世纪60年代、70年代的货币主义以及70年代、80年代的理性预期学派;另一条路线则继承与发展了凯恩斯开辟的短期货币非中性理论,认为经济并非总是处于充分就业状态,货币当局应该采取相机抉择的货币政策来消除经济波动,代表这一路线的有20世纪50~70年代的新古典综合学派和80年代至今的新凯恩斯主义。上述学派所提出的货币中性与非中性理论在各自所处的时代都产出过重大影响。

----

　　①　下文简称《通论》。

20世纪60年代，新古典增长理论和内生增长理论的发展为人们研究货币长期非中性问题提供了新的思路。一些学者将货币融入新古典增长理论和内生增长理论，试图从货币影响资本积累、知识积累、交易成本等角度考察货币与长期经济增长之间的关系，理论界把这一类研究称为货币增长理论。托宾（Tobin，1965）、希德罗斯基（Sidrauski，1967）、Alogoskoufis（1994）、Mino（1995）、Gillman和Nakov（2003）以及国内的邹恒甫（1994，1995，2006）、龚六堂（2006）等人都在这一新兴领域做出过贡献。目前，由于不同的学者关注货币作用于经济的方式不同，加上经济增长模型本身的多样性，在这一领域的研究还没有形成一个统一的框架。

20世纪70年代，实证研究方法被逐步引入经济问题分析中，许多学者开始运用各种实证方法对货币中性与非中性问题进行分析。随着计量方法的不断演变与创新，人们对货币中性与非中性问题的研究也越来越复杂，形成了货币中性与非中性理论发展的另一条路径。

本书在吸收前人研究成果的基础上，对上述货币中性与非中性理论的演变与发展过程进行了较为系统的研究，并利用自回归移动平均模型（ARIMA）和结构向量自回归模型（SVAR）对中国1994—2010年货币供给与产出关系进行了实证分析，研究结果表明：凯恩斯主义的短期货币非中性理论更符合中国的货币供给规律，适合指导中国货币政策实践。最后本文还结合上述研究成果与中国国情提出了具体的货币政策建议。

本书按照货币中性与非中性理论演变的逻辑顺序，分九个部分进行了研究，其层次结构和各章主要内容如下：

第一章是导论部分，首先介绍了货币中性的定义，然后对相关文献进行了评述，最后就本文的研究背景、研究意义、研究方法、创新点与不足分别进行了说明。

第二章对古典货币中性与非中性理论进行了研究。内容分为古典货币中性和古典货币非中性两部分。在古典货币中性部分,系统说明了古典货币中性理论的理论基础和证明方法;在古典货币非中性部分,研究了货币非中性的作用机制。最后对古典货币中性与非中性理论进行了总结。

第三章对凯恩斯及凯恩斯主义的货币中性与非中性理论进行了研究。内容主要分三部分:第一部分研究了凯恩斯的短期货币非中性理论,这一部分首先分析了凯恩斯的货币思想从古典货币长期中性向短期非中性的转变过程,然后系统研究了《通论》中的短期货币非中性思想;第二部分说明了希克斯、汉森提出的 IS-LM 模型对凯恩斯短期货币非中性理论的发展;第三部分说明了新古典综合学派提出的 AS-AD 模型对凯恩斯货币短期非中性理论的发展。最后对凯恩斯主义的短期货币非中性理论进行了评述。

第四章对货币主义的货币中性与非中性理论进行了研究。内容主要分三部分:第一部分介绍了弗里德曼的货币需求函数;第二部分分析了弗里德曼的货币需求函数所包含的货币中性与非中性思想;第三部分介绍了弗里德曼对短期货币非中性和长期货币中性的实证检验。最后对货币主义的货币中性与非中性理论进行了总结和评述。

第五章对理性预期学派的货币中性与非中性理论进行了研究。这一章先介绍了理性预期学派代表人物卢卡斯的货币长期中性理论,然后对萨金特与华莱士的货币中性定理进行了研究,接下来介绍了卢卡斯对货币周期理论的实证检验,最后对理性预期学派的货币中性思想进行了总结和评述。

第六章对新凯恩斯主义的货币中性与非中性理论进行了研究。这一章先对名义工资刚性和价格黏性下的短期货币非中性理论进行了研究,然后对实际工资刚性和价格黏性下的短期货币非中性理论进行了研究,接下来分析了新凯恩斯主义基于工资和价格黏性的货币政策,最后对新凯恩斯主义的货币中性思想进行了总结和评述。

第七章对货币增长理论进行了研究。这一章先对新古典增长理论框架下的货币中性与非中性理论进行了研究,然后对内生增长理论框架下的货币中性与非中性理论进行了研究,最后对货币增长理论进行了评述。

第八章介绍了货币中性与非中性理论的实证检验成果。这一章先介绍了近年来一些国外学者对货币中性与非中性问题所做的实证研究,然后以中国 1994—2010 年的相关季度数据为样本,利用二阶段 OLS 模型和 SVAR 模型分别对理性预期学派和凯恩斯主义的货币中性与非中性理论进行了检验,检验结果证明了凯恩斯主义的货币中性与非中性理论更符合中国货币供给规律。最后对实证检验方法进行了评述。

第九章是全文总结。本章先根据货币中性与非中性理论演变的不同方式,分别对主流货币中性与非中性理论、货币增长理论、货币中性与非中性的实证研究三方面的内容进行了总结,然后根据中国的实际情况提出了相应的货币政策建议。

由于作者水平有限,书中难免存在疏漏和不足之处,真诚希望有关专家和读者批评指正。

作 者

2018 年 5 月

目　录

第一章 导 论

第一节 货币中性概念

瑞典经济学家维克塞尔(Wicksell)最先提出"中性货币"概念,他在 1898 年出版的《利息与价格》一书中写道:"当经济中自然利率与货币利率相等时,储蓄与投资也正好相等,社会货币供给量与物价水平不再变动,货币处于中性状态。"[①]显然,维克塞尔所说的中性货币概念仅仅是指一种物价稳定状态。维克塞尔以后,越来越多的经济学家开始关注货币对产出与就业的影响,中性货币的含义也从货币与物价的关系转变为货币与产出的关系,此外随着研究的深入,中性货币概念还衍生出了如下一些同类概念:货币短期中性、货币短期非中性、货币长期中性、货币长期非中性。以下是一些学者对货币中性的定义。

美国经济学家哈里斯(Harris)对货币中性的定义为:"如果在由名义货币供给变动所引起的最初均衡被破坏之后,新的均衡是在所有的实际变量的数值和货币供给变动之前而达到,货币就是中性的。如果模型不是这样,货币就是非中性的。"[②]

加拿大经济学家汉达(Handa)对货币中性的定义为:"如果货币供给的一次性变动,不影响经济中变量(包括实际余额)的实际值,那么,就存在货币中性。"[③]

---

① [瑞]维克赛尔:《利息与价格》,商务印书馆,1959 年,第 8 页.
② [美]劳伦斯·哈里斯:《货币理论》,中国金融出版社,1989 年,第 5 页.
③ [加]杰格迪什·汉达:《货币经济学》,中国人民大学出版社,2000 年,第 79 页.

美国经济学家多恩布什(Dora-busch)和费希尔(Fisher)认为:"当货币存量的变动只导致价格水平的变化而实际变量(产量、就业和利率)无一发生变化时,货币就是中性的。"[①]

根据以上三位学者对货币中性和货币非中性的定义,可以对与货币中性相关的四个概念做出如下理解:

(1)货币短期中性:货币供给量的变动完全不能影响真实利率、真实产出以及就业率等实际经济变量。

(2)货币短期非中性:货币供给量的变动只在短期内影响真实利率、真实产出以及就业率等实际经济变量,并不会影响这些变量的长期均衡值。

(3)货币长期中性:货币供给量的变动不会影响真实利率、真实产出以及就业率等实际经济变量的长期均衡值。

(4)货币长期非中性:货币供给量的变动会影响真实利率、真实产出和就业率等实际经济变量的长期均衡值。

在上述四个概念中,货币长期中性概念实质上暗含了货币短期非中性,货币短期非中性概念也承认了货币长期中性,但经济学家从长期和短期两个不同的角度分析货币对经济的影响,经常会得出完全不同的货币政策含义,所以在本文中它们仍然是两个不同的概念。

第二节　研究意义

一、理论意义

自 16 世纪重商主义产生以来,人们关于货币与经济关系的争论已有近 500 年的历史。500 年里,不同时期的经济学家围绕货币中性与非中性问题,取得了无数成果,形成了众多流派,但这

---

① ［美］多恩布什、费希尔:《宏观经济学》,中国人民大学出版社,1997 年,第 174 页.

些研究迄今为止并没有使经济学家就货币中性还是非中性问题形成统一的意见,在每一时期,这两种观点总是交织在一起,它们一方面相互攻击,各自宣扬自己的理论;另一方面又相互学习,取长补短,推动货币中性与非中性理论发展。与此同时,在每一时期都存在一种主流货币思想,它主导人们对货币中性与非中性理论认识,影响政府货币政策决策。这种货币中性与非中性理论的循环,原因是多方面的。首先,随着经济发展,新的货币经济现象和新的政策实践不断涌现,货币对经济的影响日趋复杂,对经济发挥作用的机制也会发生变化;其次,研究方法的创新和研究工具的改进使得人们对货币中性与非中性问题研究更加深入、更加全面;最后,西方国家的政治体制在一定程度上影响了这种理论循环。大多数西方国家都是采用的多党轮流制,不同党派往往有着不同的货币政策倾向,政党的轮换也就意味着主流货币理论与货币政策的转向。由此可以看出,货币中性与非中性理论的循环并不是一种简单的循环,而是随着新的货币现象出现、研究方法的革新、研究人员的增多,人们对货币认识加深的结果,因此,系统研究货币中性与非中性理论的演变过程不仅可以使我们全面掌握各个学派的货币中性与非中性理论、了解货币制度以及研究方法变革的过程,还可以让我们以史为鉴,博众家之长,为我国的货币政策实践提供理论基础。遗憾的是,当前对货币中性与非中性理论的研究大多集中在对单个学派的研究,或是迷恋于世下流行的实证检验方法,很少有文献对古典学派以来货币中性与非中性的演变进行研究。

二、实践意义

20世纪以来,人类社会科学技术日新月异,世界经济经历了前所未有的高速增长,与此同时,货币与经济的联系也越来越紧密。一方面,世界范围内各式各样的银行、保险、证券、外汇等金融机构飞速发展,金融创新活动越来越快,金融产品层出不穷,世界经济的每一个角落都被金融这根无形链条紧紧连在一起;另一方面,世界各地经济危机越来越频繁,影响越来越深远。20 世纪 80 年代以来,人类社会相继经历了 1982 年墨西哥债务危机、1997 年亚洲经济危机、2008 年全球经济危机、2009 年欧洲债务危机,这些危机产生的原因都与货币紧密相关。货币似乎是一把"双刃剑",它的出现一方面提高了商品交易效率,方便了资本积累,中央银行还可以利用它对经济进行宏观调控、促进经济增长;另一方面它似乎又是经济危机产生的主要原因,每一次经济危机都与它有着千丝万缕的联系。我国现阶段正处于经济增长的黄金周期,2008 年的全球经济危机一度传导至我国,对我国经济造成巨大损失,但在中央政府正确的财政、货币政策引导下,2009 年下半年,我国经济基本摆脱了经济危机影响。我们要防止一切意外因素(包括货币因素)影响现阶段良好的经济增长局面。深入了解货币中性与非中性理论的演变过程,不仅有利于我们更准确地把握货币与经济之间的关系,找出经济危机的本质原因,还为我们正确利用货币政策规避经济危机、治理经济危机、促进经济又好又快发展提供了丰富的理论材料。

第三节　国内外相关研究述评

本节先对货币中性与非中性理论演变的文献进行了分类,使对货币中性与非中性理论演变问题的研究条理化、逻辑化,然后再根据分类结果对有关文献进行综述,最后从总体上对文献进行评论。

一、文献分类

从古典学派开始,货币中性与非中性问题就成为经济学家重点关注的话题之一,总的来说,对这一问题的研究还经历了凯恩斯主义、货币主义、理性预期学派、新凯恩斯主义、货币增长理论以及货币中性与非中性实证研究七个阶段。有关货币中性与非中性理论的文献已经非常丰富,浩如烟海。然而在这些文献中,专门研究货币中性与非中性理论演变的文献并不多,大部分文献都只对货币中性与非中性理论演变的某一个阶段或者少数几个阶段进行了研究,笔者至今没有找到完整包括上述七个阶段演变的文献,鉴于这种情况,本文按上述七个阶段出现的先后顺序,分别对每一阶段的文献进行评述。

二、文献回顾与概述

(一)对古典货币中性与非中性理论的研究

谈到古典学派的货币理论,几乎所有人都会将它与货币中性联系在一起,但 Humphrey(1991)研究发现:"除李嘉图、萨伊等少数古典经济学家外,大部分古典经济学家都曾表述过货币变动至少在短期会对产出产生真实效果的思想。"[①]为了证明这一观点,他从众多古典经济学家的货币理论中,列出了至少十种货币短期非中性的理由,分别为:

(1)由于价格黏性的存在,增加的货币供给在被价格完全吸收之前,一部分货币会被产出吸收,从而影响产出。休谟(Hume,1752)

(2)货币供给变化后,名义工资会滞后于价格调整,这会造成真实工资和真实利润改变,就业与产出也就相应改变。桑顿(Thornton,1802),托利斯(Torrens,1830)

(3)货币供给变化后,名义契约成本会滞后于价格调整,这会造成真实工资和真实利润改变,就业与产出也就相应改变。托马斯(Attwood,1826),麦克库洛赫(McCulloch,1830)

(4)通货膨胀会使靠固定收入来源的工人的真实财富向生产

---

① Humphrey,Thomas M.. Nonneutrality of Money in Classical Monetary Thought, Federal Reserve Bank of Richmond Economic Review,1991(March/April),pp. 3-15.

者转移,生产者用于增加投资的资本就越多。① 边沁(Bentham, 1804)

(5)名义利率调整的滞后会影响商业借贷真实成本,从而对投资和产出产生影响。托利斯(Torrens,1830)

(6)当货币供给增加时,对商品需求的增加会促使保持固定存货比率的生产者增加生产。桑顿(Thornton,1802)

(7)生产者对一般价格水平变化与相对价格变化的错误判断会影响生产者的生产决策,从而影响到产出。穆勒(Mill,1833)

(8)由货币供给增加带来的总需求增加会提升生产者的信心,从而增加生产与投资。托马斯(Attwood,1812),麦克库洛赫(McCulloch,1830)

(9)由货币供给增加引发的通货膨胀会改变工人的真实工资,工人为了保持真实工资不变就会增加劳动供给,从而引起产出增加。桑顿(Thornton,1802),托利斯(Torrens,1830)

(10)货币供给增加引起的需求增加会促使企业生产出更多新消费品,这样就扩大了市场,促进了分工,有利于生产率。托马斯(Attwood,1817),马尔萨斯(Malthus,1811)②

Humphrey还认为,古典经济学家提出的这些货币非中性思想为以后对货币中性与非中性理论的研究提供了思想渊源。他举例说:"弗里德曼的货币短期非中性效应体现了休谟的思想,卢卡斯的货币周期理论借鉴了穆勒的价格误判理论,凯恩斯本人以及不同时期的各类凯恩斯主义者则先后吸取了桑顿的利率理论、休谟的价格黏性理论以及托利斯的工资刚性理论来说明货币短期非中性效应。"③

在国内,廖尧麟在《坎蒂隆效应与古典货币理论中的货币非

---

① 边沁的这种观点也称强制储蓄理论.

② (1)~(10)参见 Humphrey, Thomas M. Nonneutrality of Money in Classical Monetary Thought, Federal Reserve Bank of Richmond Economic Review, 1991 (March/April), pp. 3-15.

③ Humphrey, Thomas M. Nonneutrality of Money in Classical Monetary Thought, Federal Reserve Bank of Richmond Economic Review, 1991 (March/April), pp. 3-15.

中性》一文中,也对古典货币非中性理论进行过系统研究,并得出了与 Humphrey 大致相同的结论。他指出:"在当代货币理论中,新古典宏观经济学的货币理论往往把其货币中性观的历史渊源追溯到古典货币理论,从而给人造成一种误解,以为古典货币理论就是货币中性理论。"①与此相反,他通过对古典文献的考察发现:"古典货币理论并不完全等同于货币中性理论,货币非中性理论同样占据很重要的地位,一些古典经济学家提出的非中性思想成为以后各个时期货币非中性观点的直接渊源。"②

"古典二分法"提出以前,许多古典经济学家还对货币中性与非中性问题犹豫不决,但"古典二分法"提出以后,古典经济学界逐渐达成了货币长期中性共识。1936 年《通论》出版后,经济学界对货币中性与非中性问题再一次出现分歧,凯恩斯提出的货币供求利率论重新复活并发展了桑顿与维克塞尔(Wicksell,1898)的货币非中性思想。此外,兰格(Lange,1945)与帕廷金(Don Patinkin,1951)等经济学家也对"古典二分法"提出了质疑。帕廷金认为:"'古典二分法'割裂了货币经济与实体经济的联系,并不符合经济规律。"③1965 年,帕廷金又在《货币、利息与价格:货币理论与价值理论的融合》一文中,通过引入实际余额效应,解决了"古典二分法"相互割裂的矛盾,有效地将商品部门和货币部门联系在一起,发展了古典货币长期中性理论。

(二)对凯恩斯主义货币短期非中性理论的研究

《通论》出版后,经济学界经历了一场凯恩斯革命,许多经济学家都对凯恩斯的经济理论进行了研究,在货币中性与非中性方面,一部分学者赞同凯恩斯的短期货币非中性理论,并对凯恩

---

① 廖尧麟:《坎蒂隆效应与古典货币理论中的货币非中性》,《南开经济研究》,2002 年第 4 期.

② 廖尧麟:《坎蒂隆效应与古典货币理论中的货币非中性》,《南开经济研究》,2002 年第 4 期.

③ Patinkin, D. The invalidity of classical monetary theory, Econmetrica, 1951, (June), pp. 117-122.

斯的货币非中性理论进行了修改与补充,发展了凯恩斯的短期货币非中性理论,这部分学者有希克斯(Hicks,1937)、汉森(Hansen,1948)、鲍莫尔(Baurnol,1952)、惠伦(Whalen,1966)、托宾(Tobin,1958)、费希尔(Fischer,1977)、泰勒(Taylor,1979)、鲍尔(Ball,1990)、曼奎(Mankiw,1990)、罗默(Romer,1990)、阿克洛夫(Akerlof,1982);另外一部分学者则对凯恩斯主义的货币短期非中性理论等持怀疑态度,并提出了其他货币中性与非中性理论,试图取代凯恩斯主义的货币短期非中性理论。这部分学者有弗里德曼(Friedman,1956)、卢卡斯(Lucas,1972)、哈耶克(Hayek,1974)、Moore(1988)、Kaldor(1986)、Lavoie(1984)。

1. 促进凯恩斯短期货币非中性理论发展的文献

(1)对凯恩斯利率理论的发展。凯恩斯的短期货币非中性理论是以其利率理论为基础的。美国经济学家汉森、鲍莫尔、惠伦、托宾等人通过发展凯恩斯的利率理论,促进了凯恩斯货币非中性理论的发展。

汉森认为凯恩斯在《通论》中表述的利率理论存在缺陷,他写道:"凯恩斯没有意识到灵活偏好加上货币量,只能画出 LM 曲线而不能得出利率……因为对每一个收入水平都有一条灵活偏好曲线。除非我们知道收入水平,否则我们就无法知道利率是什么。"[①]于是,汉森把凯恩斯的 LM 曲线和古典学派关于产品市场均衡的条件结合在一起,提出了同时满足产品市场均衡和货币市场均衡的利率理论,发展了凯恩斯的货币短期非中性理论。

鲍莫尔 1952 年在《现金的交易需求——一种存货的理论分析》中深入研究了货币交易需求与利率之间的关系,提出了著名的"平方根定律",弥补了凯恩斯的货币交易需求理论只与收入水平相关的缺陷。

惠伦在 1966 年发表的《现金预防需求的合理化》一文中,指出货币的预防性需求同样受利率变动的影响,于是他提出了著名

---

① [美]汉森:《凯恩斯学说指南》,商务印书馆,1963 年,第 129-130 页.

的"立方根定律",弥补了凯恩斯的货币预防性需求理论只与收入水平相关的缺陷。

托宾在 1958 年发表的《作为应付风险之行为的流动性偏好》一文中,提出了资产选择理论,弥补了凯恩斯的货币投机需求理论中只有债券一种投资工具的缺陷。

(2)对凯恩斯主义工资和价格刚性理论的发展。凯恩斯关于货币非中性的另一个理由就是工资和价格刚性,不过凯恩斯本人以及原凯恩斯主义的一些经济学家并没有对导致名义刚性的原因进行深入分析,这一工作后来被新凯恩斯主义的一些学者完成,这些学者有:费希尔、泰勒、鲍尔、曼奎、罗默、阿克洛夫等。为了解释各种名义刚性和实际刚性问题,他们提出了菜单成本理论、隐性合同理论、效率工资理论、内部人-外部人理论,并分别在名义刚性和实际刚性条件下证明了货币非中性,发展了凯恩斯的货币非中性理论。

2. 对凯恩斯短期货币非中性理论的反驳

弗里德曼从凯恩斯的利率理论入手,对凯恩斯的短期货币非中性理论进行了反驳。他认为:"凯恩斯的利率理论并没有区分名义利率与实际利率,而凯恩斯实质上只对名义利率进行了分析。"[①]在他看来,货币供给与需求只影响名义利率大小,而实际利率由资本借贷力量共同决定,并不受货币供给变化影响。因此,弗里德曼认为凯恩斯建立在利率理论上的货币短期非中性理论是错误的。

卢卡斯则认为凯恩斯主义的货币短期非中性理论是建立在适应性预期假定之下的,而适应性预期本身是一种不合理的预期,所以凯恩斯的货币非中性理论是错误的。卢卡斯还用理性预期假设取代了传统的适应性预期假设,并认为在理性预期假设之下,政府想通过改变货币供给量的方法来影响产出与就业是无效的。理由如下:"如果政府采用的是规则性货币政策,政府的行为

---

① [美]弗里德曼:《弗里德曼文萃》,首都经济贸易大学出版社,2001 年,第 103 页.

就会被公众提前预期,货币政策效果会因公众提前采取预防性对策而抵消,如果政府采用的是欺骗性货币政策,在政策实施的初期,会产生一定的效果,但理性的公众会很快发现政府的意图,并迅速进行相反的调整,政府的货币政策效果也会随之消逝。"①

(三)对货币主义货币长期中性理论的研究

在对货币主义货币长期中性理论的研究中,普威斯(Purvis,1980)、迈耶(Mayer,1975)、施瓦茨(Schwartz,1998)、史密森(Smith)等人重新表述了对货币主义长期中性的理解。普威斯认为:"与凯恩斯货币非中性理论相比,由货币主义需求函数反映出的短期传导过程引起了广泛的替代关系,不仅仅是货币和债券,传导通过多种渠道而不仅仅是简单地通过'利率'起作用。"②迈耶认为:"货币主义的长期中性观表明了货币主义者更关注货币的长期影响,他们更担心通货膨胀带来的不利影响。"③施瓦茨在评价货币主义的货币政策时说:"货币主义把凯恩斯主义的货币政策视为经济不稳定的一个根源。"④

另一部分学者对弗里德曼的货币中性理论进行了补充与修正,继承并发展了货币主义的中性理论,这部分学者主要有布伦纳(Brunner,1968)、梅尔泽(Meltzer,1968)、莱德勒(Laidler,1966)等人,还有一部分学者以凯恩斯的货币理论为基础,对弗里德曼的货币中性理论提出了尖锐的批评。这部分学者主要有萨缪尔森(Samuelson,1970)、托宾(Tobin,1980)、戴维森(Davidson,1978)、帕廷金(Patinkin,1976)等。

1. 对货币主义长期货币中性理论的发展

布伦纳和梅尔泽认为,弗里德曼在用货币数量论解释货币短期非中性向长期中性过渡时存在两个缺陷:"(1)弗里德曼并没有

---

① [美]卢卡斯:《经济周期理论研究》,商务印书馆,2000年,第78页.
② [澳]刘易斯:《货币经济学》,经济科学出版社,2008年,第143页.
③ [澳]刘易斯:《货币经济学》,经济科学出版社,2008年,第143页.
④ [澳]刘易斯:《货币经济学》,经济科学出版社,2008年,第143页.

说明调整的时限和速度问题……(2)弗里德曼的货币数量论不能解释为什么(或怎么样)名义货币的变动会导致居民或企业购买更多的产品和劳务。因为在他包含微分方程的货币数量论中,既找不到短期的实际余额效应,也没有包括相对价格的改变。"①正如卡尔多所说,弗里德曼在描绘货币增加如何导致价格和收入增加时,货币仿佛是在空中从直升飞机上散发给民众的。为解决上述问题,布伦纳和梅尔泽提出了财富调整理论,该理论认为:"货币同经济活动的相互关系表现为一个普遍的财富调整过程,公众根据各种资产的相对收益率(包括利率)来调整他们的资产结构,以达到一个意愿的资产平衡状况。在这一调整过程(特别是实物资本的调整)会导致产出的变化。"②

2. 对货币主义长期货币中性理论的反驳

以托宾、戴维森、帕廷金、萨缪尔森为代表的一批经济学家以凯恩斯主义的货币理论为基础,对货币主义的货币长期中性理论提出了尖锐批评。

托宾认为货币主义的货币长期中性理论存在两个重大陷阱:"一是货币主义的货币需求函数把股票、债券、人力资本等变量当成影响货币需求的主要因素,忽视了利率对货币需求的影响……二是货币主义对名义利率和实际利率的定义自相矛盾……"③最后托宾得出结论,尽管货币主义接受了凯恩斯主义的 IS-LM 分析方法,并把它引入到货币主义的理论分析中,但鉴于以上两点缺陷,货币主义由实际利率理论得出的垂直 LM 曲线,以及用 IS-LM 模型分析出的货币长期中性结论都是错误的。

戴维森认为:"凯恩斯的货币非中性理论严格以社会现实为

① Brunner,K. The role of money and monetary policy. Federal Reserve Bank of StLouis Review,1968(12):57-79.

② Brunner,K. The role of money and monetary policy. Federal Reserve Bank of StLouis Review,1968(12):57-79.

③ [美]米尔顿·弗里德曼:《弗里德曼的货币理论结构——与批评者商榷》,中国财政经济出版社,1989年,第145-148页.

基础,他特别强调不确定性、货币工资缺乏弹性、契约与交易成本、货币的生产弹性和替代弹性为零等社会现象。而弗里德曼的货币长期中性理论利用了瓦尔拉斯的一般均衡分析方法,忽略了凯恩斯所强调的这些特殊情况。"①

帕廷金认为在凯恩斯的货币非中性理论体系中,"凯恩斯特别强调货币需求的利率弹性以及投资需求的利率弹性对货币政策的影响……而货币主义的动态方程无法指出(在一定的政策主张下)关于需求的各种弹性及动态参数的不同假定以何种方式对这一体系中价格和产量各自的变动趋势产生影响。"②

(四)对理性预期学派货币中性与非中性理论的研究

对理性预期学派货币中性与非中性理论的研究主要集中在三个方面。一部分学者认为理性预期学派提出的预期货币中性模型过于理想化,与现实社会不相符合,阿罗(Arrow,1974)曾带有讽刺性地说:"理性预期假说把经济人当作高明的统计学家,能够分析经济制度未来的一般均衡状态。"③希勒(Schiller,1992)也认为:"要想达到理性预期的条件,每个个人交易者都必须具有难以置信的能力和意愿去计算,交易本身显然没有如此复杂。"④持这种观点的学者还有史密森(Smithin,1990)、莱德勒(Laidler,1996)、曼昆(Mankiw,1991)等。另外一部分学者对理性预期学派利用经济中的信息障碍解释经济周期的方法提出了质疑,他们认为在实际生活中信息障碍并非那么重要,如果真的很重要,人们也不用花费很大代价就能很快获得关于价格的信息,戈登就认为:"预期错误看来是经济周期理论所依靠的一根难以置信的脆

---

① [美]米尔顿·弗里德曼:《弗里德曼的货币理论结构——与批评者商榷》,中国财政经济出版社,1989年,第186-187页.

② [美]米尔顿·弗里德曼:《弗里德曼的货币理论结构——与批评者商榷》,中国财政经济出版社,1989年,第205-206页.

③ Arrow, k. j. General economic equilibrium: purpose, analytic techniques, collective choice. American Economic Review,1976(3):253-258.

④ [澳]刘易斯:《货币经济学》,经济科学出版社,2008年,第205页.

弱的芦苇。"①基德兰德(Kydland,1982)、普雷斯科特(Prescott,1986)、查特吉(Chatterjee,1999)等人也同意戈登的观点,基德兰德和普雷斯科特还用实证方法检验了美国战后经济的波动,结论是来自技术进步、偏好改变等真实冲击可以解释70%的经济波动,于是他们用实际周期理论取代了理性预期学派的货币周期理论。还有一部分学者认为理性预期学派的预期货币中性理论旨在为宏观货币理论提供微观基础,就像微观经济学里的完全竞争假设,物理学上光滑平面假设,尽管在现实中找不到满足这些假设的原型,但它为研究更复杂的现实问题提供了基础。从这个层面来讲,理性预期学派对货币中性与非中性理论做出了革命性贡献。

(五)对新凯恩斯主义货币中性与非中性理论的研究

新凯恩斯主义的货币短期非中性理论是建立在各种工资与价格黏性基础之上的,该学派的经济学家把理性预期学派理性预期假设和原凯恩斯主义的工资刚性假说结合起来,从行为人利益最大化出发,寻求工资刚性与价格刚性产生的各种原因,试图以此来为原凯恩斯主义的货币非中性理论构造微观基础。理论界对新凯恩斯主义者的这一行为产生了一些分歧,一部分学者赞同新凯恩斯主义的这种做法,认为新凯恩斯主义发掘出了工资刚性与价格刚性背后的作用机制,发展了凯恩斯的短期货币非中性理论,持这种观点的学者有:布林德(Blinder,2002)、贝拉西斯(Benassi,1995)、布哈斯卡(Bhaskar,1998)、金(King,1996)。另外一部分学者对新凯恩斯主义的这种做法持反对态度,认为这是对凯恩斯经济学的一种扭曲,他们以系统论为例,认为"整体并不等于个体简单相加"。托宾就指出:"我认为那种较坚实的'微观基础'是一种方法论上的错误,已造成了许多危害……这已经使我们在宏观经济学或所谓的宏观经济学中走上

① [加]史密森:《货币经济学前沿:论争与反思》,上海财经大学出版社,2004年,第105页.

了错误道路。"①持相同观点的学者还有斯诺登(Snowden,2000)、兰德里斯(Landrerh,2002)、卡伦德(Colander,2002)、奇克(Chick,1994)等。另外,罗宾逊夫人还认为新凯恩斯主义者为宏观经济学寻求微观基础的做法也不符合凯恩斯在《通论》中的本意,她指出:"凯恩斯革命从理论方面来说,就在于从均衡观向历史观的转变;在于从理性选择原理到以推测或惯例为基础的决策问题的转变,而由于未来的不确定性,所以严格的理性行为是不可能的。经济生活很大部分都是根据公认惯例来处理的。"②

(六)对货币增长理论的研究

托宾(Tobin,1965)最先把货币引入新古典生产函数中,研究了货币长期中性与非中性问题。他把货币当成持有资产的一种方式,通过模型分析发现:"由货币供给引发的通货膨胀会造成人们对资产的重新分配,全社会的物质资本存量会因此发生改变,社会总产出水平也会受到影响,货币长期呈非中性。"③希德罗斯基(Sidrauski,1967)在《货币经济增长的理性选择与范式》④一文中,利用 Ramsey-Cass-Koopman 无限期界模型,把货币直接引入到效用函数,得出了货币超中性结论。斯托克曼(Stockman,1981)最先建立了一个预付现金模型,该模型认为货币作为交易的媒介,在商品购买或是资本品购买之前都要首先持有货币。利用这一约束,斯托克曼得出了货币增长率的增加会降低总产出生产率的结论。Marquis 和 Reffett(1991)通过预付现金模型把货币引入到一个包括人力资本积累的两部门内生增长模型,发现只有消费和物质资本受流动性约束时,经济长期增长率才独立于货币供给变化,货币呈超中性。Chang(2000)构建了一个单部门的

---

① [英]斯诺登:《与经济学大师对话》,北京大学出版社,2000 年,第 115-116 页.
② [英]琼·罗宾逊:《凯恩斯革命的结果怎样》,商务印书馆,1979 年,第 20-21 页.
③ Tobin,J.,"Money and Economic Growth",Econometrica,1965,33:671-684.
④ Sidrauski,M.,"Inflation and Economic Growth",Journal of Political Economy,1967,75:796-810.

AK 模型,他假定消费和拥有资本都能为代表性家庭带来效用,消费受流动性约束,通过分析他得出了产出增长率与货币供给正相关的结论。进行过类似研究的还有:Greenwood 和 Huffman(1987)、Feldstein(1981)、Levine(1990)、Van der ploeg 和 Alogoskoufis(1994)、Mino 和 Shibata(1995)、Itaya 和 Mino(2003)、Gillman 和 Nakov(2003)、华裔学者王平和叶创基(2002)、香港大学吴仰儒和张俊喜(2001),以及内地学者周恒甫(1994,2006)、龚六堂(2006)等人。正是他们在增长理论框架下发展货币模型的努力,推动了货币中性与非中性理论沿着一个重要的前沿性分支方向发展。

(七)对货币中性与非中性理论的实证研究

乔尔丹(Jordan,1968)和安德森(Anderson,1968)最早将时间序列计量经济方法应用于货币中性与非中性理论的研究中,Sims(1972,1980)最先利用向量自回归模型(VAR)研究了货币政策变量对实际产出变量的作用效果;Barro 和 Mishkin(1980)将货币供给分解为预期与未预期部分并分别对其有效性进行了考察;麦坎茨和韦伯(1995)对 110 个国家货币供给变化对产出进行了考察;Cover(1992)将货币政策分成正向冲击和负向冲击考察了货币政策的非对称性效果。

在国内,也有很多学者对中国的货币供给呈中性还是非中性进行了研究。刘斌(2001)的研究表明:"我国的货币政策冲击在短期会对实体经济部门产生影响,在长期不会对实体经济部门产生影响"[①];黄先开、邓述慧(2000)运用中国 1980—1997 年的季度经济数据最早研究了中国预期与未预期货币供给对产出的效应,实证结果表明只有未预期的货币供给冲击对产出有影响;陆军、舒元(2002)采用两步 OLS 方法考察了短期中国货币政策对实际产出的影响,结果表明在短期中国预期到与没有预期到的货币供

---

① 刘斌:《中国货币政策有效性的实证研究》,《金融研究》,2001 年第 7 期.

给变化都会影响产出;刘金全和郑挺国(2006)发现:"我国货币政策冲击对实际产出的作用效果存在明显的非对称性,经济衰退时期的货币政策效果大于经济扩张时期的货币政策效果。"①

三、对文献的总体评论

从以上综述可以看出,有关货币中性与非中性演变的文献主要集中于对单个学派的研究或是少数几个流派的对比研究,其内容基本遵从如下规律:对于前五个学派,通常是相邻的后一学派对前一学派研究的比较多,且研究的焦点主要集中在存在争议的货币短期中性与非中性理论;对于货币增长理论,研究的焦点主要集中在长期货币中性与非中性理论;实证分析方法则受不同模型的选择、不同国家国情不同、经济数据本身存在错误等因素的影响,结果也是五花八门。此外,从整体上来看,这些文献对货币中性与非中性理论演变的研究还处于零散状态,同时也缺少系统性的研究,具体来说,主要存在以下五点不足:

(1)缺少研究货币中性与非中性理论演变全过程的文献。当前研究货币中性与非中性理论演变的文献主要集中在对单个经济学流派货币中性与非中性理论的研究,或是表现为对少数几个流派货币中性与非中性理论的比较研究,而从经济思想史的角度系统介绍货币中性与非中性理论演变全过程的文献几乎没有。

(2)混淆货币中性与非中性理论长期与短期的概念。货币中性与非中性理论是一个研究货币变动对产出影响的理论集合体,它既包括研究货币变动对短期经济影响的货币短期中性与非中性理论,也包括研究货币变动对长期经济影响的货币长期中性理论。而在上述文献中,一些学者模糊了短期与长期的概念,从而

---

① 刘金全、郑挺国:《基于非线性 VAR 模型对我国货币政策非对称作用效应的实证检验》,2006 年教育部人文社科重点研究基地(经济类)联谊会学术会议,北京大学中国经济研究中心,2006 年 6 月.

对一些学派的货币中性与非中性理论产生了误解。

（3）文献忽视对货币增长理论研究。20世纪60年代兴起的新古典增长理论和20世纪80年代兴起的内生增长理论为货币中性与非中性理论的研究提供了新的思路，一些经济学者根据货币不同的经济职能，以多种方式把货币引入到新古典增长理论和内生增长理论，考察了货币对经济增长的长期影响，产生出了像"托宾效应"、希德罗斯基模型、预付现金模型等一系列理论成果，但在现有的研究货币中性与非中性演变的文献中，还没有文献包括上述内容。

（4）忽视对货币中性理论与非中性理论演变的历史条件与内在逻辑性的研究。从文献研究的内容来看，主要集中在以下五个方面：①关于货币呈中性还是非中性的争论。②货币中性与非中性导致机制的争论。③货币中性与非中性理论假设前提的争论。④货币中性与非中性理论研究方法的争论。⑤在货币非中性前提下，货币政策有效性的争论。而对货币中性理论与非中性理论演变的历史条件与内在逻辑性缺少相应的研究，但这一点正是研究货币中性与非中性理论演变的关键所在，深入研究货币中性理论与非中性理论演变的历史条件与内在逻辑性不仅可以清楚了解货币中性与非中性理论演进的深层次原因，而且可以领悟到货币中性与非中性理论演进的必然性。

（5）忽视计量分析方法在货币中性与非中性理论中的运用。20世纪70年代，实证研究方法被逐步引入经济问题分析中，许多学者开始运用各种实证方法对货币中性与非中性理论进行检验。随着计量方法的不断演变与创新，人们对货币中性与非中性问题的研究也越来越精确，形成了货币中性与非中性理论发展的另一条路径。但现有的文献很少把这一部分包括在内。

为了弥补上述文献的五点不足，本文做出了如下改进：（1）对古典学派以来的货币中性与非中性理论进行了全面介绍，完整地包括了上述货币中性与非中性理论演变的七个重要阶段。（2）深入研究了每一个阶段货币中性与非中性理论从兴起到向下一阶段转变的历史条件与内在逻辑性。(3)为了更准确地理解每一阶段的货币中性与非中性理论,本文对每一阶段都进行了长短期说明。

第四节　本文的研究方法

本文综合运用归纳、演绎、比较、实证分析、动态规划等方法,从理论分析和实证研究两方面综合考察了古典学派以来货币中性与非中性理论的发展与演变过程。第二章到第六章主要采用归纳、演绎、比较等方法研究了古典学派、凯恩斯主义、货币主义、理性预期学派以及新凯恩斯主义的货币中性与非中性理论。第七章依托当前研究货币增长理论的一些成果,采用动态规划、哈密尔顿函数、微分方程等方法考察了货币长期中性与非中性问题。第八章先介绍了实证分析方法在货币中性与非中性理论上的运用,然后本人构建了一个结构性向量自回归模型对中国的货币中性与非中性进行了检验,其中运用到了格兰杰因果检验、协整检验、冲击反应函数、方差分解等分析方法。

第五节　主要创新点与不足之处

综合全文,本书的创新主要体现为以下三点:

第一,本文第一次从思想史的角度,全面系统地介绍了货币中性与非中性理论的演变过程。对货币中性与非中性理论进行研究的文献很多,以前的研究大部分集中于古典学派、凯恩斯主义、货币主义、理性预期学派以及新凯恩斯主义中的一个学派,或者某几个学派。20世纪50年代、60年代人们对增长理论的关注以及在同一时期实证分析方法的兴起,为研究货币中性与非中性问题提供了新的研究思路,出现了像货币增长理论、货币中性与非中性理论的实证研究等一系列成果,但这些成果尚未纳入到货币中性与非中性理论的整体内容体系中。本文第一次从思想史的角度对古典学派以来的货币中性与非中性理论进行了系统研究,既总结了各主流经济学流派的货币中性与非中性理论,也包括了 20 世纪 70 年代以后产生的实证分析成果以及当前正处于研究前沿的货币增长理论,比较完整地展示了货币中性与非中性理论的演变过程,为公众系统了解货币与经济的联系、政府科学制定货币政策以及研究者更深入研究提供了丰富材料。

第二,本文利用中国 1994：1～2010：1 的经济数据实证检验了中国的货币供给变化与经济增长之间的关系。检验分两部分:第一部分通过构建一个自回归移动平均模型检验了预期货币供给与未预期货币供给对经济增长的影响,检验结果也可以用来判断理性预期学派的货币中性与非中性理论是否符合中国货币供给规律。第二部分构造了一个结构向量自回归模型,通过引入实际 GDP、实际利率 I、广义货币供给 M2、物价水平 CPI 四个变量,利用脉冲反应函数、方差分解等方法实证检验了广义货币供给 M2 的变动对其他三个变量的影响,检验结果也可以用来判断凯恩斯主义的货币中性与非中性理论是否符合中国的货币供给规律。在这之前,也有一些学者运用实证方法对中国货币供给与产出关系进行过研究,比如黄先开和邓述慧(2000)、陆军和舒元(2002)、刘霖和靳云汇(2005)、郑挺国和刘金全(2008)等人,但这些研究受样本点不足以及模型自带缺陷的影响,并没有得出一个令人信服的结论(文中会做进一步说明),并且这些研究都只是单纯地用计量方法来考察货币对产出的影响,并没有结合不同经济学流派的货币中性与非中性理论来进行研究,笔者认为这样得出的研究结果缺少理论依据,并不能用于指导货币政策实践。本人的研究则一定程度上弥补了上述缺陷。

第三,本文结合五方面经验对中央银行的货币政策进行了考量,结论认为:中央银行应该改变当前以稳定物价水平为最终目标的货币政策,调整为以增加产出,促进就业为最终目标的货币政策。这五方面的经验分别为:(1)不同学派的货币中性与非中性理论在历史上实践结果的比较。(2)国外一些著名学者对不同类型国家货币与产出关系的实证检验。(3)笔者对中国货币政策效果的实证分析。(4)综合考虑现阶段中国的社会经济发展情况。包括当前经济发展所处阶段、金融发展程度以及存在的突出矛盾。(5)货币政策在应对 1996 年亚洲金融危机和 2008 年全球经济危机中所起的作用。通过这五点的经验总结,本文认为凯恩斯主义的货币中性与非中性理论更适合指导现阶段的中国货币政策实践,中央银行应该及时调整以稳定物价水平为最终目标的货币政策。

本书的不足之处主要体现为以下四点:

第一,货币中性与非中性理论的演变是一个庞大而又复杂的问题,本文所介绍的内容仅仅包括了几个代表性学派的少数代表人物的货币中性与非中性理论。对于游离于主流学派之外的货币中性与非中性理论以及主流学派里面非代表性人物的货币中性与非中性理论,本文则没有一一穷尽,毫无疑问,对于详尽了解货币中性与非中性理论来说,这是一个缺憾。

第二,20 世纪 60 年代以后,各种数学方法在货币中性与非中性理论上的运用使得该领域的研究日趋复杂,本人受数学方法的限制,有些内容还不能完全理解。

第三,本文所研究的货币中性与非中性理论包括四个方面:货币长期中性、货币短期中性、货币长期非中性、货币短期非中性。其中长期和短期之间有个时限问题,基本上每一个学派都没有一个明确的标准,很多时候对它的划分都是含混不清的,甚至有些学派直接规避了这个问题,这给本文的研究增加了不少困难。或许这种含混不清还会体现在本书之中。

第四,受国内资料不足的限制,本人在写作本文时,查阅的英文资料较多,受本人英文水平限制,难免有误解之处。

第二章 古典货币中性与非中性理论

第一节 古典货币理论简介

古典经济学起源于 17 世纪资本主义较发达的欧洲,它取代了资产阶级原始积累时期的重商主义,经配第、斯密、李嘉图、萨伊、马歇尔等一大批古典经济学家一个多世纪的发展与完善,最终成为人类历史上第一个拥有完整理论体系的经济学流派①。

古典货币理论作为古典经济学的一个重要组成部分,在古典学派时期获得了极大发展,几乎每一位古典经济学在论述经济问题时都要对货币理论进行一番专门研究,莱德勒(Laidler,1993)把 1870—1914 年这段时期称为货币经济学发展的"黄金时代",在凯恩斯出版《通论》时,古典货币理论已经涵盖了多数货币经济学的基本命题,以后货币理论的发展基本上都是围绕这些基本命题展开,要么反对它,要么致力于重新论证它。

在货币与经济关系上,许多古典经济学家都有过经典论述,以下是不同时期的几位古典经济学家的相关观点:

(1)配第(Petty,1662)的"货币脂肪观"。配第认为一国经济发展,需要一定数量的货币,过多或过少都对经济不利。对此,他有一个形象的比喻:"货币不过是国家的脂肪,如其过多,就会使

---

① 对于古典经济学的划分,不同的经济学家有不同的看法。马克思认为,在英国,古典经济学是从配第开始,到李嘉图结束;在法国是从阿吉尔贝尔开始,到西斯蒙第结束。而凯恩斯则认为古典经济学是从斯密开始,到马歇尔结束。本书结合他们两者划分,把从配第到马歇尔之间的这些经济学家都称为古典经济学家.

国家不那么灵活行事;如其过少,也会使国家发生毛病。"①

（2）洛克（Looke,1691）的"货币齿轮观"。洛克从货币促进商品流通出发,把货币比作机器上的齿轮。他在《论降低利息和提高货币价值的后果》一书中写道:"贸易之所以需要一定比例的货币,是因为货币在其流通过程中推动着许多贸易的齿轮,货币起计算作用是由于它的印记和面值,它起保证作用是由于它的内在价值,也就是它的数量。"②

（3）斯密（Smith,1776）的货币功能观。斯密在论述货币与经济的关系时,把货币当成一种方便生产的工具。他说:"流通中的金币银币,可以和通衢大道相比。通衢大道,能使稻麦转运到国内市场,但它本身却不产稻麦。慎重的银行活动,以纸币代金银,比喻得过火一点,简直有些像驾空为轨,使昔日的大多数通衢大道,化为良好的牧场和稻田,从而大大增加土地和劳动的年产物。"③

（4）萨伊（Say,1803）的货币中性论。萨伊在其《政治经济学概论》一文中,认为货币只是一种交换媒介,产品最终都是要用产品来购买的。他写道:"在以产品换钱、钱换产品的交换过程中,货币只是一瞬间起作用。在交易最后结束时,我们将发觉交易总是以一种货物换另一种货物。"④

（5）庇古（Pigou,1917）的货币面纱论。庇古在其出版的《货币面纱论》一书中,以货币数量论为基础,认为货币本身没有任何内在价值,它只是覆盖在实物经济上的一层面纱,仅仅起到交易媒介的作用,对经济不产生实际影响。

从上述几位经济学家的论述可以看出,在古典经济学前期,

---

① [英]威廉·配第:《赋税论献给英明人士货币略论》,商务印书馆,1963年,第89-92页.

② [英]约翰·洛克:《论降低利息和提高货币价值的后果》,商务印书馆,1962年,第33页.

③ [英]亚当·斯密:《国民财富的性质和起因的研究》,中南大学出版社,2003年,第25-28页.

④ [法]萨伊:《政治经济学概论》,商务印书馆,1997年,第78页.

对货币理论的研究主要集中在货币的各种职能上,配第和斯密从货币充当交易媒介职能出发,论述了货币对经济的作用。而洛克在说明货币充当交易媒介职能的同时,还强调了货币作为价值尺度的功能。在古典经济学后期,经济学家开始关注货币长期中性与非中性问题,萨伊和庇古都明确提出了货币中性观点。

货币中性与非中性和货币职能是两个既相联系又有区别的概念。它们都强调货币对经济的作用。但货币中性与非中性所体现出的货币对经济的作用在于宏观经济运行的调控方面,体现了一种政策需要,具体表现为货币当局可以通过货币总量变动来影响经济主体行为,从而实现宏观政策目标。而货币职能所体现出的对经济的作用在于从微观和经济运行机制方面为经济运行提供润滑油作用,体现了一种对货币经济制度的需要。货币职能对经济的影响作用主要是通过货币存量的三种职能,即交易媒介、价值尺度和价值储藏来实现,具体表现在为经济交易提供了方便,相对物物交易来说,它减少了商品流通障碍,节省了大量交易成本,促进了社会分工。所以货币职能也能促进经济发展。本文则主要是从货币中性与非中性的角度来说明货币对经济活动产生的影响。

第二节 古典货币中性理论

一、古典货币中性理论简介

在古典货币中性与非中性理论体系中,主流古典经济学家不太关注货币对经济的短期影响,他们习惯于从长期的角度来思考这个问题。在古典经济学后期,主流古典经济学形成了一套完整的货币长期中性理论体系。在这个理论体系中,古典经济学家利用"二分法"把整个经济分成性质不同的两个部分:一部分是利用瓦尔拉斯的一般均衡理论来解释的实体经济,另一部分是利用货币数量论来解释的货币经济,两部分受各自规律支配,独立运行,互不影响,正是在这种理论背景下,货币被一些古典经济学家看成是披在实体经济上的一层面纱,它的存在只是为了方便实体经济中商品交换的便利,对商品供求本身不产生任何影响,因此货币是中性的。对此,穆勒在《政治经济学原理》中作出了精彩的总结,他写道:"总之,在社会经济中,货币从本质上来说是最无意义的,它的意义只在于它具有节省时间和劳动的特性,它是一种使人办事迅速和方便的机械,没有它,要办的事仍可办到,只是较为缓慢,较为不便。它像其他许多机械一样,只是在发生故障时,才会发生它自己的显著而独特的影响。"①庇古在《货币面纱论》一书中,强化了古典货币中性观点,他认为在分工发达、专业化程度很高的社会里,个人想得到他们需要的消费品需要进行大量的交换。在这样复杂烦琐的交换社会里,货币被用来充当交换媒介,提高了人们的交易效率,但它对于交易本身来说并不一定是必需的,特别是货币的名义数量对商品的交易更是显得毫无意义,从理论上讲整个世界的贸易与生产能够被一美元所支撑。因此他写道:"总的来说,一个人获得的真实收入仅仅是他的特定工作所生产的商品的一小部分。到目前为止,他的真实收入中的最主要的部分都是他通过与其他商品交换,或与货币的交换获得的,所以货币收入,与最终购买者当然不是中介的货币支出相对应,是社会真实收入的购买价格或价值。正是由于与交易的这种联系,货币因素才会出现。它们与真实商品和交易的主要区别在于它们对于经济福利并没有直接的影响。如果离开真实的商品和交易,那么货币本身和货币交易就会随之消失;但是如果没有货币,不管会随之发生什么,经济生活并不会变得毫无意义,对于一个自给自足的家庭或村落来说完全脱离货币并没有什么荒谬的。从这种意义来说货币是一种面纱,它并不是生活的必需要素。"②

---

① [英]穆勒:《政治经济学原理》,南开大学出版社,1989年,第98页。
② Pigou, A. C., "The Value of Money, Quarterly Journal of Economics", 1917, 37:38-65.

二、货币数量论与货币中性

古典经济学时期,货币数量论一直都被看作古典货币理论的核心命题,它既被用来解释物价水平的变动,又被用来证明货币长期中性。

1. 货币数量论的发展

货币数量论思想最早可以追溯到重商主义时期法国经济学家博丹(Bodin,1576)的相关著作中。15~17 世纪的地理大发现使得西班牙、葡萄牙等西欧国家从非洲和美洲攫取了大量金银财富,货币的急剧增加使得这些国家随后经历了严重的通货膨胀。博丹对这一现象进行了深入分析,他第一次明确地将商品价格与货币数量联系起来。博丹认为,金银货币的价值与一般商品的价值相同,如果金银数量增加,与其交换的商品数量不变,则金银价值下降,商品价值上涨。此后,洛克(Looke,1691)、休谟(Hume,1752)、李嘉图(Ricardo,1817)、穆勒(Mill,1848)等人继承并发展了这一思想,在他们的相关著作中,都曾表述过一定存量货币的流通价值与以这些货币为支付手段的交易价值趋于均衡的思想。其中,穆勒第一次用数学公式 $MV=PT$ 表述了这种思想,他把 M 表示为流通中的货币,V 表示为货币的流通速度,P 表示为一般价格水平,T 表示为交易总量。他对公式的解释为:"如果我们假设商品交易量及这些商品被销售的次数一定,则货币价值将取决于货币数量及交易过程中每单位货币的平均换手率,商品销售总量等于货币总量乘以每货币的交易次数,因此,当商品总量等同于其交易量时,货币量与其相乘的流通速度成反比,而且流通中货币量,等于所有商品销售所需求货币量除以流通速度。"[①]由此可以看出,穆勒提出的公式并不是用来说明商品价格的决定过程,相反,他是用交易的商品价值来说明货币价值的决定

①　[英]穆勒:《政治经济学原理》,南开大学出版社,1989 年,第 72-75 页.

过程。

与穆勒相反,美国经济学家费雪(Fischer,1913)在其《货币购买力》一书中提出了一个因果关系为货币到价格的货币数量论,其形式为:$P = f(M, V, 1/T)$,和穆勒的定义一样,M 表示流通中的货币,V 表示货币的流通速度,P 表示一般价格水平,T 表示交易总量。费雪的货币数量方程在两方面发展了穆勒的货币价值决定方程,一方面,费雪深入研究了影响 V 和 T 的因素,他认为 V 主要受人们偏好和现在交易技术因素的影响,比如人们安排账户的习惯、流行支付体系的效率、社会条件等;而 T 主要受经济环境、商业信心、交易的自由度、运输等连接生产者和消费者因素的影响。在公式中,费雪认为货币数量是函数关系中最活跃的变量。另一方面,与穆勒的货币价值决定公式不同,费雪通过均衡关系,说明了如何由 M、V、T 的值来推定价格 P 的值,并且认为虽然商品交易数量、货币流通速度会受其他因素影响而发生变化,但从短期来说,与价格的反应速度相比,交易数量、货币流通速度变化更慢,因此,一般而言,货币的变动能够按比例反映在价格的变动中。

剑桥学派的经济学家庇古(Pigou,1917)受其老师马歇尔的货币数量论思想影响,1917 年在《经济学季刊》上发表了《货币的价值》一文,文中庇古将货币数量论看成一种货币需求函数,并重新定义它的形式为:$M = kPY$,其中 Y 表示实际收入,P 表示价格水平,k 表示人们持有的现金量占名义收入的比率。庇古认为:"k 的变动取决于人们对拥有财富的选择:财富可投资于实物形态,借以从事生产,也可直接用于消费,还可保持在货币形态上,但对整个社会来说,k 短期内变化不会太大,如果货币需求与货币供给相等,货币持有量就可以表述为与交易量的一定比例,因而货币需求是名义收入和人们持有的现金量占名义收入比例的函数。"[①] 罗伯特森(Robertson,1940)认为庇古的货币需求函数是基于某

---

① Pigou, A. C. ,"The Value of Money, Quarterly Journal of Economics", 1917, 37:38-65.

一时点特定货币需求量的存量概念,而费雪则提供了一幅货币与交易额流量的动态图。也可以这样认为,费雪方程式和剑桥方程式分别从宏观和微观、货币流量和存量的角度,以两种完全相反的逻辑体系推导出了在数学上形式一致的方程,各自独立地说明了货币长期中性。

2. 货币数量论的货币中性分析

从上述货币数量论的发展过程来看,从最开始单纯的文字描述到后面简化的数学表述,经历了多种形式,但从内容上看,每一种形式最基本的观点都是:产出是由技术、分工、要素数量等因素决定的常数,货币供应量变化将最终完全体现在商品价格水平的变化上,货币数量对经济总产出没有任何影响,货币是中性的,并且随着货币数量论的发展,这种中性的思想越来越突出。

在货币数量论的早期发展阶段,古典经济学家一般从货币变化引起价格变动的角度来理解货币数量论,他们认为流通中货币的价值与流通中商品的价值相等,货币变化的效应最终将会全部被价格所吸收。但是他们也强调,在货币供给发生变化后,这部分变化的货币并不是马上就被价格完全吸引,而是在货币作用于价格的过程中暗含了在短期一部分变动的货币会被产出吸收的可能,休谟(1752)就敏锐地觉察到了这一点。休谟认为在货币变动到价格没有完全反应之前,货币会对产出产生影响,他写道:"当任何数量的货币投入一国流通时,它并不是首先分发到很多人的手上,而是限制在国库中的几个人手中,这些人立刻便会使用它去谋求利益。因此他们可以雇佣比以前更多的工人,这些工人从不要求高工资并且很乐意被雇佣。工人们拿着自己的钱到市场上去,发现市场上所有东西的价格都保持不变,而他们却拥有更多的钱去购买更多更好的物品。而农民和花匠发现他们的物品被很快地销购一空,于是他们便迅速地提高商品的价格。通过了解货币在整个国家内的变化轨迹我们可以发现,当更多货币在国内发行流通时,它首先会使人们变得更勤奋,然后使得工资增加。"①

但是,当货币数量论发展到后期时,被休谟发现的货币短期非中性效应就被彻底掩盖了。庇古把货币数量论改造成货币需求函数,在其表述的函数形式中,他把总产出当成自变量,把货币数量当成因变量,其含义是自变量总产出决定了整个社会的货币需求量,且总产出越大,需要的货币量越多;总产出越小,需要的货币量越少。从函数关系看,这是一个由总产出到货币数量的单方向因果关系,总产出是因,货币数量是果,根本就不存在任何货币影响产出的可能,所以由休谟发现的货币短期非中性效应就被庇古的剑桥方程式完全掩盖了。

三、一般均衡理论与货币中性

瓦尔拉斯(Walras,1977)在《纯粹政治经济学纲要》一文中最先提出了一般均衡理论,并进行了数学证明。在证明过程中,瓦尔拉斯首先考虑了一个不存在货币的以物易物经济,然后再把货币当成一种特殊的商品引入到这个经济体系,考察货币对整个体系的影响。他通过证明得出如下结论:"每种商品的供求关系是由其相对价格决定的,货币的引入并不能影响所有商品间的相对价格体系,因此货币不会对任何一种商品的产出造成影响,货币是中性的。"②其证明方法可简述为:

(一)假设条件

设想存在一个按一定规则运行的瓦尔拉斯市场,即使不存在货币也能够使商品交易顺利进行,它通过一个遵守一些特定规则的拍卖人来协调运作,该规则能够确保在买卖双方之间顺利进行交易。该规则如下:

---

① [英]休谟:《休谟经济论文集》,商务印书馆,1984 年,第 118-123 页.
② [法]瓦尔拉斯:《纯粹经济学要义或社会财富理论》,商务印书馆,1989 年,第 22-39 页.

①存在一个瓦尔拉斯式的拍卖人,他以市场协调者的身份找出每一种商品相对于另一种商品的相对价格,并且这些相对价格能够使所有市场同时出清。

②商品只能在特定的日子进行交易,并且所有交易都在交易日达成。

③所有交易的商品或者源于自然禀赋,或者是在上一交易日到本交易日之间生产出来的。

这种通过由拍卖人找出各种商品相对价格,协调商品供求平衡的方式,在物物交换的原始社会也能够顺利进行交易,这样整个社会就可以无需货币而获得市场均衡。正如下面内容所证明的,在瓦尔拉斯和萨伊所描述的纯交换经济中,经济系统可以在没有货币的情况下运行,货币的存在只不过是在整个经济体系中多增加一种特殊的商品而已。

(二)没有货币存在的易货经济

假定市场上有 $n-1$ 种商品,分别被标记为商品 $x_1, x_2, x_3, \cdots,$ x_{n-1},这些商品或者是在上一交易日到本交易日之间生产出来的,或者源于自然禀赋,将所有商品的和表示为 S_i,它表示第 i 个市场上的供给量,这一供给量被假定为一个不随价格与收入变化的常数。

对商品 $x_1, x_2, x_3, \cdots, x_{n-1}$ 的需求表示为 D_i,它是商品相对价格和初始禀赋收入的函数,由于不存在货币,价格采用两种商品相对价格来表示。通过选取某一特定商品作为基准商品,其他商品的价格就可以通过与它的比值来表示,比如其他商品的价格可以通过与黄金商品价格的比值来表示其价格,这样某一商品的需求函数就可以表示为基于一种商品的相对价格的函数。其形式如下:

$$D_i = f(p_2/p_1, p_3/p_1, \cdots, p_{n-1}/p_1, \sum_{i=1}^{n-1}(p_i/p_1)S_i) \quad (2.1)$$

根据上述提到的供求关系,超额需求可以表示为:

$$ED_i = D_i - S_i \tag{2.2}$$

为了使单个商品市场达到均衡,拍卖人可以通过对单一商品的超额需求来调整报价。当超额需求为正时,提示拍卖人应提高商品的相对价格;而超额需求为负时,则说明应降低价格,拍卖人通过这样不断地进行调整直到所有市场重新回到均衡时为止,用方程表示就是:

$$\sum_{i=1}^{n-1} p_i S_i = \sum_{i=1}^{n-1} p_i D_i \tag{2.3}$$

(三)考虑存在货币时的商品经济

把货币作为第 N 种商品纳入上述实物经济模型,与实物经济相比,用货币经济替代易货经济时,市场发生了如下变化:第一,相对价格以货币单位而非其他商品的形式表示,这意味着价格是货币价格,货币单位被作为记价单位;第二,所有商品都需要以货币为中介来进行交易;第三,货币购买力可以从一个交易日保持到下一个交易日,这就可以使人们推迟购买,当存在信贷市场时,人们还可以提前购买。根据瓦尔拉斯法则,瓦尔拉斯体系现由 N 个超额需求函数构成,每一种超额需求都是相对(货币)价格的函数,如下:

$$ED_1 = f(p_1/p_n, p_2/p_n, \cdots, p_{n-1}/p_n, \sum_{i=1}^{n-1} (p_i/p_n) S_i) - S_1$$

$$\tag{2.4}$$

$$ED_2 = f(p_1/p_n, p_2/p_n, \cdots, p_{n-1}/p_n, \sum_{i=1}^{n-1} (p_i/p_n) S_i) - S_2$$

$$\tag{2.5}$$

$$\cdots, \cdots$$

$$ED_n = f(p_1/p_n, p_2/p_n, \cdots, p_{n-1}/p_n, \sum_{i=1}^{n-1} (p_i/p_n) S_i) - S_n$$

$$\tag{2.6}$$

在上述瓦尔拉斯方程体系中,假定每个方程组都满足齐次性假设,这样,虽然货币的价格进入了超额需求方程组,但它是所有相对价格的分母,因而,当绝对价格发生变化时,超额需求方程组不变,因为绝对价格的变化对每种相对价格的影响是相同的。由于货币不能改变商品间的相对价格,因此货币的存在既不会影响每一个商品的产出,也不会影响一般均衡的存在,货币完全是中性的。对此熊彼特(Schumpeter,1954)作出了精彩的总结:"就像瓦尔拉斯本人所观察到的那样,货币流通方程就真是'独立于决定经济均衡方程组的',这样就有一定的理由来说瓦尔拉斯系统确实是一个真实的或者计价商品体系,该体系本身是完整的,'货币这块面纱'只是作为一件可能与它分开的装饰物披在它上面。"①

第三节　古典货币非中性理论

尽管大多数主流古典经济学家都流行于对货币长期中性与非中性问题的分析,并且利用"二分法"证明了货币在长期呈中性,但这一时期也存在少部分主流学者和一些非主流的学者对货币作用于经济的短期效应进行了研究,并且得出了短期非中性的结论②。这部分学者主要有约翰·罗、坎蒂隆、托利斯、休谟、桑顿、穆勒、维克塞尔,通过研究,他们发现了货币在短期影响产出的两条主要途径:(1)货币供给变动会暂时改变人们的购买力,引起从们对产品需求的变动,继而引起总产出变动,这种作用过程也被称为货币对经济的直接效应;(2)货币供给变动会引起利率水平变动,继而引起总产出变动,这种作用过程也被称为货币对经济的间接效应。这两种效应都包含了货币短期非中性的思想。

---

① ［美］约瑟夫·熊比特:《经济分析史》,商务印书馆,1991年,第498页.
② 也有极少一部分非主流古典经济学家认为货币在长期都是非中性的,比如约翰·罗.

一、货币短期非中性的直接效应

所谓直接效应是指货币存量增加对产品需求和价格的直接影响,约翰·罗(John Law,1671—1729)最先在《论货币和贸易——兼向国家供应货币的建议》中说明了这种直接效应。在该书的第八页,他写道:"国内贸易依赖于货币。货币越多,雇佣的人也越多。数量有限的货币,只能雇佣数量有限的人干活,而且不一定能使他们很好地干活。缺乏货币的国家可以颁布法律强迫雇主雇佣穷人或懒人。好的法律可以使货币充分流通,使货币用于对国家最有利的工作。但法律不能使本来不够分配的货币变得够分配,不增加流通中的货币,使更多的人得到工资,就不能使更多的人工作。可以通过发放信贷来使较多的人工作,但这是行不通的,除非信贷也能够流通,能够向工人提供生活必需品。假设信贷能够流通,信贷也就成了货币,也就将对国内贸易和对外贸易产生影响。"①由上可知,约翰·罗详细分析了一国货币供应增加如何促进生产和就业的过程,说明了一国由于缺乏货币所导致的后果。为了让市场上拥有充足的货币,他还提出了建立土地银行计划以及纸币管理委员会的建议。1716年,约翰·罗在法国摄政王菲力普公爵的支持下,在法国设立了通用银行,专门用来发行货币,可惜该银行后因滥发银行券最终导致挤兑破产。他的这种货币促进生产和就业的观点随即被斯密和穆勒当作一种骗局加以批判,这也在一定程度上阻碍了货币短期非中性理论的发展,之后熊彼特在《经济分析史》中对约翰·罗给予了客观公正的评价,熊彼特认为:"因为从一种经济原理到一项银行业务计划之间有很长一段距离,所以这些失败在理论的法庭上并不是证据。"②

---

① [英]约翰·罗:《论货币和贸易——兼向国家供应货币的建议》,商务印书馆,1986年,第8页.

② [美]约瑟夫·熊彼特:《经济分析史》,商务印书馆,1991年,第481页.

坎蒂隆(Cantillon,1680—1734)继承了约翰·罗的货币促进生产的思想,提出了著名的"坎蒂隆效应",发展了古典学派短期货币非中性理论。坎蒂隆在《商业性质概论》一书中首先对古典货币长期中性理论的根基——早期货币数量理论进行了批判,他写道:"每个人都同意,货币的充裕性或它在交易中的增加,将提高一切东西的价格……洛克先生清楚地看到,货币的充裕性使一切东西变得昂贵,但他并未考虑这一结果是如何形成的。这一问题的巨大困难在于说明货币的增加以什么方式和以多大比例提高了价格。"[1]坎蒂隆认为,货币和价格之间的关系并不像早期货币数量论所认为的那么简单和直接,货币变化对相对价格的影响,取决于新货币进入到经济的哪个地方以及首先进入到谁的手里。因此,在坎蒂隆看来,新货币可以从两方面起作用:要么变成储蓄增加可贷资金供给,这趋向于降低利率,投资增加,总产出上升;要么用于消费支出,直接刺激生产,并通过预期利润机制增加对可贷资金的需求,从而将提高利率。由上可知,"坎蒂隆效应"最早同时提出了货币作用于经济的直接效应和间接效应。从变动消费和利率两方面证明了货币短期非中性。

尽管休谟是货币长期中性理论的坚决拥护者,但他也认为,在货币变动到价格没有完全反应之间,货币也会对产出产生影响,并且正是有了货币对产出产生影响这个中间过程,才使得货币对经济的影响最终完全被价格吸收。休谟深入地分析了这个中间过程,他写道:"当任何数量的货币投入到一国流通时,它并不是首先分发到很多人的手上,而是限制在国库中的几个人手中,这些人立刻便会使用它去谋求利益。因此他们可以雇佣比以前更多的工人,这些工人从不要求高工资并且很乐意被雇佣。工人们拿着自己的钱到市场上去,发现市场上所有东西的价格都保持不变,而他们却拥有更多的钱去购买更多更好的物品。而农民和花匠发现他们的物品被很快地销购一空,于是他们便迅速地提

---

① ［英］理查德·坎蒂隆:《商业性质概论》,商务印书馆,1986 年,第 76 页.

高商品的价格。通过了解货币在整个国家内的变化轨迹我们可以发现,当更多货币在国内发行流通时,它首先会使人们变得更勤奋,然后使得工资增加。"①相应地,货币的短缺会导致萧条。休谟认为在所有的事物都被调整到新的位置之前,总会有一个时间间隔。如果金银数量在减少,那么这个时间间隔对工业是有害的,反之则是有利的。因为虽然工人们的工资是不变的,但是他们的雇佣量是不同的。农民不能卖掉他们的谷物和家畜,同时他们还要支付租赁土地的费用,那么随之发生的贫困、懒惰是可以预见的。但与约翰·罗、坎蒂隆不同的是,他认为这种直接效应只会存在于增加货币到物价最终同比例上涨这个中间过程,对产出形成影响的时间非常短,也就是说货币非中性只是表现在一段很短的时间以内,很快经济会重新恢复均衡,货币对经济的影响会按古典货币数量论所描述的那样全部体现在价格变化上,所以他在《论货币》一书中又写道:"很明显,货币仅仅是用来估算劳动、商品和服务的方法。当货币量显著增加时,同样数量的商品需要用更多数量的货币表示。货币量的这种变化不会有任何影响,不管好坏……它也许仅仅改变的是比如说商人的书的标识——在阿拉伯的标法下,它也许只代表很少的数量,相反地在罗马,同一本书也许会代表很大数量的货币"②。休谟在他的《论利率》中也再次强调了同样的观点,他写道:"当黄金在英格兰被瞬间消灭时,用1英镑20先令代表每一个几尼,货币变多了或者利息降低了? 显然没有,我们能够看到的只是黄金(铸造几尼的材料)被白银所代替。当黄金的获得像白银一样普遍,货币变多了又或者利率下降了么? 同样没有。我们的先令变成黄色,半个便士是白色的,并且我们不再使用几尼。除此之外没有其他的不同之处被观察到。商业、制造业、航海业或者利率他们都没有发生变化,除非我们把货币的颜色想象成变化的结果。"③休谟很形

---

① [英]休谟:《休谟经济论文集》,商务印书馆,1984年,第118-123页.
② 同上.
③ [英]休谟:《休谟经济论文集》,商务印书馆,1984年,第156-196页.

象地说明了货币只是一个价值符号,货币存量的变化存在着"单位的变化"的特征,流通的货币数量的增加会成比例地影响用该货币表示的所有商品的价格,但同时它对一切真实的东西,如人们提供多少劳动或者他们生产、消费多少产品没有影响,并且认为这些变化与理性人的行为没有任何联系。

二、货币短期非中性的间接效应

英国银行家桑顿(1809)在《大不列颠票据信用的性质和作用的探讨》一书中最先系统地研究了货币短期非中性的间接效应。桑顿利用在银行长期工作的实践经验发现,如果货币当局增加货币供给,一些多余的货币就会存入银行,这样银行就有更多的存款用于借贷,银行间的竞争将会使利率产生下降的压力,如果利率能够降低到商业团体的预期盈利水平之下,就会导致借贷数额大幅上升,结果商业活动的水平也大幅提高,产出增长,货币短期呈非中性。李嘉图和穆勒等经济学家都曾接受过这种间接效应的概念,但主流古典货币理论对货币短期效应的漠视导致这些经济学家最终放弃了对这一问题的深入研究,直到瑞典经济学家维克塞尔利用间接效应说明了他的积累过程理论,才使得理论界逐渐重视对间接效应的研究。

维克塞尔在1898年《利息与价格》一文中提出了累积过程理论。累积过程理论本质上也是一种均衡理论,但是与瓦尔拉斯的一般均衡理论不同,后者的成立基础是萨伊法则,并且瓦尔拉斯只对产品市场上的均衡进行了分析,货币在瓦尔拉斯看来只是一种特殊的商品而已,因此瓦尔拉斯的一般均衡理论只是一种单纯的产品市场均衡理论,而维克塞尔突破了古典经济学家普遍持有的"货币面纱论",试图将货币与实际经济结合起来,并通过积累过程理论说明了货币因素对均衡的实现起着重要作用,因此他的理论可以看成是产品市场与货币市场同时均衡的理论。维克塞尔认为:"当两个市场同时均衡时,一方面,商品的需求与商品的供给相等,商品价格稳定;另一方面,储蓄量等于投资量。"①那么,货币均衡实现的条件是什么呢?维克塞尔的答复是实际利率同自然利率相等。所谓实际利率,是指在提供信贷时实际存在的利率,至于自然利率,他的定义很含混,但实际上是指使用货币贷款时所预期获得的利润率。实际利率和自然利率这两个概念是从庞巴维克的资本利息理论中借用来的,其目的是要说明利率同价格变动之间的关系。一些经济学家认为,当利率降低时,信贷扩大,有支付能力的需求增加,从而使商品价格提高。维克塞尔认为这一理论过于简单,需要加以丰富和展开,他根据庞巴维克理论中关于实际利率和自然利率的区分,认为当实际利率低于自然利率时,资本家有利可图,于是增加借款,扩大投资,增加生产,结果利润和工资均趋于上升,增加了对生产资料和消费资料的有支付能力的需求,从而使物价上涨;反之,当实际利率高于自然利率即预期利润率时,资本家无利可图,因而减少投资,降低生产,结果利润和工资减少,人们对生产资料和消费资料的有支付能力的需求下降,从而使物价下降。当实际利率等于自然利率即预期利润率时,增减投资既不增加利润,也不减少利润,于是投资不增也不减,生产和收入保持不变,因而物价稳定,出现均衡状态。

上述因利率的变动而引起的物价向上向下两种变动过程均带有累积的性质,当实际利率低于自然利率,投资、生产、收入、物价日益上升;反之,当实际利率高于自然利率,投资、生产、收入、物价向下时,资本家因投资前景暗淡,不断地减少借款,减少投资,从而使生产和物价日益下降。那么,这种累积过程是否会永远地持续下去呢?维克塞尔认为不会出现这种情况,原因是存在利率这一制动器。当投资、物价向上运动时,银行存款日趋减少,而投资有增无少,当储蓄额低于投资需求量时,银行便会提高实际利率,缩小实际利率同自然利率之间的差额,这时,资本家投资

---

① [瑞]维克赛尔:《利息与价格》,商务印书馆,1959 年,第 66 页.

的动力将趋于减少,从而降低了投资物价向上运动的速率,随着实际利率越来越接近于自然利率,生产、价格向上运动的速率日益下降,越来越接近于均衡状态;反之,当投资物价向下运动时,银行由于储蓄越来越大于投资需求,被迫降低实际利率,结果对投资物价向下运动的过程产生遏制作用。

维克塞尔还根据上述利率同价格之间的关系的理论,提出变更银行利率以调节经济发展过程的宏观货币政策主张。他认为,上述银行利率对生产、物价水平的调节作用是自发的和盲目的,因而其作用可能是积极的,也可能是消极的,只有以正确的理论为指导,方能发挥其有益的调节作用。维克塞尔认为货币政策的核心,在于银行自觉地不断使实际利率同自然利率保持一致,但事先确定自然利率不仅是不可能的,而且是不必要的。实际上,价格水平的变动状况,是实际利率同自然利率吻合与否的一个指示器,银行只要根据价格的变动情况,灵活地变更利率,在价格上涨时提高利率,在价格下跌时降低利率,即可达到目的,而利率对价格变动的反应越灵敏,则其稳定效应越好。

维克塞尔的"累积过程理论"对萨伊的"面纱论"提出了挑战,第一次打破传统的两分法,将货币理论与价值理论结合起来,指出货币对经济的积累性影响。但是从维克塞尔的积累过程理论中可以看出,他利用间接效应主要是为了分析利率对价格形成的影响,在利率对产出的影响问题上,他很少涉及,所涉及的部分也是为最终稳定价格而服务的,他的这种关注价格稳定的货币思想与古典货币理论是一脉相承的,所以他提出了变更银行利率以调节经济发展过程的价格不稳定的宏观货币政策主张。因此从严格意义上说,维克塞尔的货币思想并不是一种货币短期非中性论,他的积累过程只是对古典货币长期中性理论的进一步发展,但是维克塞尔的研究唤起了人们对间接效应的重视,为以后一些经济学家利用间接效应深入分析货币与产出的关系提供了思想源泉,这一点从凯恩斯的短期货币非中性理论中得到直接印证。

第四节　本章小结

在古典经济学后期,古典经济学家利用"两分法"对货币长期中性问题进行了完整的解释,他们把整个经济划分为实体部分和货币部分,利用萨伊定理和瓦尔拉斯的一般均衡理论来解释实体经济中的商品交易,再利用货币数量论来解释经济中的价格变动问题。货币也因此被一些古典经济学家看作是披在实体经济上的一层面纱,它的存在仅仅是方便了实体经济中的商品交换,对商品供求本身不产生任何影响,因此也就不会引起产出和就业的变化,货币在长期是中性的。这样一套貌似完美的古典货币中性理论在 20 世纪 30 年代以后遭遇了强有力的攻击。首先是凯恩斯以有效需求不足现实为基础,对"萨伊定理"的充分就业观点提出了质疑,在货币理论方面,凯恩斯提出了灵活偏好概念,将货币变动与利率变动结合在一起,提出了一套完全不同于古典货币中性理论的货币利率非中性论。其次是帕廷金(Patinkin,1951)对"古典二分法"提出了无效性的指责,帕廷金重新检验了古典二分法,结果发现瓦尔拉斯的一般均衡模型在绝对价格水平下是无解的,因为未知变量的个数和方程的个数并不一致。为了调和古典二分法固有的矛盾,帕廷金通过引入实际余额效应有效地将商品部门和货币部门联系在一起,但此时的货币不再只是一层面纱,而是通过实际余额效应对商品的需求产生影响,货币在短期内必然呈非中性,比如货币当局突然增加货币供给,在价格水平变动之前,实际余额就会增加,人们变得相对富有,对商品的需求增加,价格水平也会上涨,直到实际余额恢复均衡为止,此时的货币重新恢复中性,因此实际余额效应为货币供求变动引起价格变动提供了一个动态机制,在这个动态机制中,货币在短期不再是中性的,但从长期来看,货币还是呈中性。

另外,在古典经济学时期,以约翰·罗和理查德·坎蒂隆为代表的少部分经济学家也提出了货币能够促进生产,增加就业的货币非中性观点。根据货币引起产出变化方式的不同,可以区分为直接效应和间接效应。直接效应是指货币存量变化对商品需求和价格的直接影响,与帕廷金的实际余额效应比较相似。而间接效应则是指货币变动通过引起利率变动作用于产出的过程,该效应最先由银行家桑顿发现,以后维克塞尔深入研究了这种间接效应,并提出了著名的"积累过程理论",将货币与经济更加紧密地结合在一起,极大地推动了货币非中性理论的发展,成为以后凯恩斯货币非中性理论的重要思想来源。

第三章　凯恩斯主义的货币中性与非中性理论

第一节　凯恩斯主义及其代表人物简介

一、凯恩斯主义简介

凯恩斯主义是对其代表人物凯恩斯（Keynes，1883—1946）及其追随者经济思想的简称。1936 年凯恩斯出版了《就业利息和货币通论》，该书的出版标志着凯恩斯主义正式产生。在《就业利息和货币通论》中，凯恩斯分析了资本主义经济如何因为有效需求不足而经常处于非充分就业状态，并且指出如果政府实施有效的财政政策和货币政策就能够使经济重新达到充分就业水平，非充分就业和主张政府干预经济也就成为凯恩斯主义的两个最基本特征。此后，信奉凯恩斯经济思想的一些经济学家在接受上述两个基本特征的同时，对凯恩斯的理论进行了补充、修改和完善。凯恩斯主义的发展经历了以下三个重要阶段：（1）原凯恩斯主义时期（1936 年～20 世纪 40 年代中期），这一时期的凯恩斯主义主要以凯恩斯本人的学说为主，希克斯（Hicks，1937）、汉森（Hansson，1945）等人对凯恩斯的学说进行了补充。（2）新古典综合时期（20 世纪 40 年代中期～70 年代中期），这一时期以萨缪尔森为代表的经济学家把以马歇尔为代表的传统经济学理论改造为微观经济学理论，把凯恩斯主义的经济理论改造为宏观经济学理论，并将它们植入到一个统一的经济理论体系，以萨缪尔森为代表的经济学家后被称为新古典综合学派，并在当时占据主流地位,这一时期,凯恩斯主义也就以新古典综合学派而存在。(3)新凯恩斯主义时期(20 世纪 80 年代至今),20 世纪 70 年代发生在西方国家的"滞胀"现象给新古典综合学派以沉重打击,此时,主张经济自由主义的新古典宏观经济学乘机兴起,对主张政府干预的凯恩斯主义进行了猛烈批评。在这种情况下,以费希尔、罗默等为代表一批经济学家在坚持原凯恩斯主义基本观点的同时,又吸收了新古典宏观经济学理性预期、自然率等假设,以现实市场的不完善性为基础,为原凯恩斯主义构造微观基础,形成了新凯恩斯主义经济学。

二、凯恩斯简介

凯恩斯在 1883 年出生于英国一个贵族家庭,14 岁时考入伊顿公学院主修数学,1901 年进入剑桥大学国王学院学习文学,1905 年获剑桥大学文学硕士学位,之后为了准备英国公务员考试,师从马歇尔和庇古学习经济学。1906 年凯恩斯以优异成绩通过文官考试,被分配到印度事务部工作,1908 年回到剑桥大学担任经济学讲师,1914—1919 年出任英国财政部高级官员,1919 年凯恩斯曾以英国财政部首席代表身份出席巴黎和会,以后又担任过英国财政经济顾问委员会首席顾问、英格兰银行董事、国际货币基金组织与国际复兴开发银行的董事、世界银行第一任总裁等系列重要职务。1946 年 4 月 21 日凯恩斯因心脏病突发逝世。因其深厚学术造诣,他还长期担任《经济学杂志》主编和英国皇家经济学会会长,1929 年被选为英国科学院院士。凯恩斯一生著作较多,其中与货币有关且比较重要的著作主要有三本,分别为《货币改革论》(1923)、《货币论》(1930)、《就业、利息和货币通论》(1936),从这三部著作中,凯恩斯的货币思想经历了从信奉传统的货币长期中性论到货币短期非中性思想的重大转变,他把传统的货币数量论逐渐改造成货币影响总产出的利率理论,并最终在《就业、利息和货币通论》中完成了对古典货币理论的"革命性替代"。

第二节 凯恩斯的货币中性与非中性理论

一、《货币改革论》和《货币论》中的货币长期中性思想

凯恩斯曾是英国剑桥学派重要代表人物马歇尔和庇古的学生,在凯恩斯从事学术研究的初期,其思想深受马歇尔和庇古的影响,在货币理论上,他继承并发展了庇古的剑桥方程式,研究了更多影响物价稳定的因素,并提出了一些稳定物价水平的具体措施,这些思想都反映在《货币改革论》和《货币论》这两本著作之中,与其他古典经济学家一样,这个时期的凯恩斯坚信货币在长期是中性的,价格不稳定才是经济波动的主要原因,所以在这两本书中,他并没有讨论货币对产出的影响。

(一)《货币改革论》中的货币长期中性思想

1920 年,英国爆发了第一次世界大战后的首场经济危机。1923 年,凯恩斯针对这次危机出版了《货币改革论》,在这本书中,凯恩斯详细分析了这次经济危机产生的原因,并提出了如何摆脱经济困境的对策。在货币理论上,此时的凯恩斯受古典货币长期中性理论的影响,继承并发展了庇古的剑桥方程式。他认为在庇古的剑桥方程式中,以小麦的数量来表现货币的价值(即一个货币单位相当于多少小麦)回避了物价问题,他对庇古的剑桥方程式进行了修改,取而代之是如下方程式:

$$n = p(k + rk') \tag{3.1}$$

式中,n 为现金总量;p 为一个消费单位的价格;k 为以现金形式持有的消费数量;k' 为人们以银行存款形式持有的消费单位数量;r 为银行存款准备金率。

凯恩斯认为 n 和 r 由货币当局决定,k 和 k' 随经济周期波动,在繁荣时期,人们倾向于持有更多非货币资产,货币形式的消费

单位 k 和 k' 减少,而在萧条时期,人们倾向于持有更多的货币形式的消费单位 k,非货币资产 k' 就会减少。因此,它的货币数量论更加突出了调节货币数量以保持价格稳定的政策含义。凯恩斯指出:"如果 k、k' 和 r 都保持不变,则 n 和 p 成正比变动,因此,货币当局可以直接调节 n 和 r,或是通过利率影响 k、k',从而影响价格 p,获得价格的稳定。"

具体来说,在经济萧条时期,k 和 k' 增加时,货币当局通过降低银行利率 r 就可以维持原有经济的均衡状态。如果利率政策不能奏效,则可增加货币总量 n,以便抵消 k 和 k' 的变动,这样价格同样会保持稳定。在经济繁荣时期,k 和 k' 下降时,货币当局可以使用同样的工具进行相反的操作。[①]

从以上可以看出,与古典货币数量论相比,凯恩斯认为引起价格水平变动的因素更多,作用过程也更复杂,并且此时的凯恩斯已经对市场自发调节能够自动实现价格稳定的古典观点产生了怀疑,因此,与古典货币理论主张自由放任的经济政策不同,他提出货币当局应该对利率和货币量加以干预,以实现价格稳定。但在这一时期,其货币理论的本质仍然是货币数量论,其货币理论也是围绕价格稳定来构建的,他坚信货币长期中性的古典信条,所以他在提出货币当局对利率和货币量控制以实现价格稳定的方案时,完全没有提及货币变动或者利率变动对产出带来的影响。

(二)《货币论》中的货币长期中性思想

在经历 1920—1921 年的经济危机以后,英国经济进入了长达 10 年的萧条时期,而同时期的美国则迅速摆脱危机影响,进入了相对稳定的增长时期。这使得凯恩斯逐渐意识到他在《货币改革论》中提出的理论过于简单,忽略了许多与经济相关的复杂因素,正如他自己所说:"我认为,传统经济学的捍卫者们大大低估

---

① [英]约翰·梅纳德·凯恩斯:《货币改革论》,商务印书馆,1979 年,第 63-65 页.

了货币经济状态下的结论和简单得多的实物交换经济状态下的结论之间存在的差异,这些差异影响深远,在某些方面,已成为本质上的不同。"[①]于是凯恩斯又在 1930 年发表了《货币论》,这本书对 20 世纪 20 年代许多重大经济问题以及货币理论问题进行了总结和研究,但其核心内容仍然是如何稳定价格,此时的凯恩斯依旧没有摆脱古典货币长期中性理论的影响。

《货币论》是在《货币改革论》的基础上写作而成的,他对《货币改革论》中的货币数量论重新进行修改,增加了更多影响价格的因素,将其扩展成为"货币价值基本方程式",其形式如下:

$$P = E/O + (I' - S)/R \qquad (3.2)$$

$$\pi = E/O + (I - S)/O \qquad (3.3)$$

式(3.2)为消费品物价水平方程式,式(3.3)为全社会物价水平方程式。其中 P 为消费品的当期价格水平;E 为全社会当期总货币收入,它由要素收入工资、地租、利息和企业家报酬组成;O 为全社会生产的总产量;I' 为投资品部门所获得的收入;S 为储蓄;R 为消费者所购买的消费品数量;π 为全部产品的当期价格水平;I 为新生产出的投资品增量的当期市场价值。以上两个方程的含义都是:价格=单位产品生产成本+单位产品的利率。在公式(3.2)中,凯恩斯把 E/O 当作单位产品的生产成本,$(I' - S)/R$ 表示单位消费品的利润,其推导思路是:假定存在一个两部门经济,从收入来看,社会总收入(E)=消费(C)+储蓄(S),所以,消费品的收入(C)=社会总收入(E)—储蓄(S);另外,从支出角度来看,消费品的成本(C)=社会总成本(E)—投资品成本(I'),再由消费品的利润=消费品的收入—消费品的成本=$I' - S$ 可知,$(I' - S)/R$ 表示单位消费品的利润。对于公式(3.3),凯恩斯认为经济中的投资等于居民储蓄加上企业家的"意外利润",而"意外利润"是指企业家超过正常报酬的部分,因此 $I - S$ 等于企业家的"意外利润",$E/O + (I - S)/O$ 也就表示整个社会的物价水平。

---

① [英]约翰·梅纳德·凯恩斯:《货币论》,商务印书馆,1997 年,第 187-192 页.

在写作《货币论》一书时,凯恩斯已意识到了古典学派关于储蓄自动转化为投资观点的错误,并把储蓄和投资两者之间的矛盾看成是英国当时经济萧条的病根。根据以上两个方程式,凯恩斯认为物价波动是由于储蓄和投资率的波动引起的,当投资大于储蓄时,物价上涨,企业家可得意外利润;当投资小于储蓄时,物价下跌,企业家形成意外损失;投资等于储蓄时,利润等于零,经济处于均衡状态。另外,凯恩斯借用了维克塞尔积累过程观点,认为投资与储蓄的差额决定于市场利率与自然利率的差额,如果市场利率低于自然利率,投资大于储蓄,经济扩张;如果市场利率超过自然利率,则会使投资减少,经济收缩;如果市场利率等于自然利率,则经济保持均衡。要稳定价格,必须使"意外利润"为零,方法是使新投资等于储蓄,使市场利率等于自然利率,也就是满足前面所述的三个均衡条件。

在政策方面,凯恩斯主张政府应该给予中央银行更大的权力,让其大胆采取措施放松或收紧信用,调节利率,以刺激或抑制投资率,从而稳定价格水平。显然,凯恩斯的这种货币理论已与传统的货币数量论有很大的不同,他在对传统货币数量论进行改造的基础上,加进了维克塞尔的积累过程理论,认为货币作用于价格的机制是由利率中介来完成。而古典货币数量论却认为价格水平直接受货币数量或流通速度的影响,与利率完全无关,因此在《货币论》中,凯恩斯已经完全不同于古典经济学自由放任的货币政策思想,他认为靠市场的力量无法自动调节储蓄与投资的失衡,因此凯恩斯提出了多项中央银行干预经济的主张。

与《货币改革论》一样,在《货币论》一书中,凯恩斯论述的货币问题仍然是围绕如何稳定价格进行的,同样他也没有考虑货币变动对产量影响,在他提出的"货币价值基本方程式"中,产量 O 是被假定不变的,因此凯恩斯在《货币论》的货币理论本质上仍属于货币长期中性论。以后,他在《就业、利息和货币通论》的序言中还提到了这个问题,他写道:"该书(《货币论》)所谓的基本方程式,是在一定产量这个假定之下所得到的刹那图……对于产量变动的后果,并没有充分的讨论。"①"货币被当成了供给之外的一种力量"②。因此就其实质而言,此时的凯恩斯仍是一种中性的货币观,但此时的凯恩斯已经认识到了市场机制固有的一些缺陷,并主张政府利用货币政策来稳定物价水平,这与古典主义的自由放任政策是相背离的,这也似乎预期着即将到来一场货币非中性革命。

二、《就业、利息和货币通论》中的货币短期非中性理论

在《通论》一书中,凯恩斯把其货币理论与就业、产量和价格问题融合在一起,完成了从货币长期中性向货币短期非中性的转换。他在《通论》的序言中写道:"在我开始写作货币论时,我还是遵循传统的路线,把货币当成供求理论之外的一种力量,当我完成此书时,我有所前进,使货币理论又恢复为有关整个产出的一种理论。"③他在《通论》第十三章又写道:"我把货币引入因果关系中是一种创举,货币是一种饮料,可以刺激经济体系,促其活动。"④

(一)货币短期非中性的基础

凯恩斯的货币理论从古典长期中性向短期非中性的转变是有其深刻时代背景的,他从 1929—1933 年的大萧条中认识到了"萨伊定理"的错误,并认为在资本主义社会,由总需求不足引起的失业是一种社会常态,充分就业只是一种难得的特别情况。在《通论》一书中,凯恩斯至少从三个方面说明了产生失业的原因:(1)有效需求不足理论。在《通论》中,凯恩斯提出了有效需求这

---

① [英]约翰·梅纳德·凯恩斯:《就业、利息和货币通论》,华夏出版社,2004 年,第 2 页.

② 同上.

③ 同上.

④ [英]约翰·梅纳德·凯恩斯:《就业、利息和货币通论》,华夏出版社,2004 年,第 112 页.

个重要概念,他认为整个社会的有效需求决定了整个社会的总收入和就业水平,如果有效需求不足,整个社会的产出就不能达到潜在产出水平,经济社会也就不能处于充分就业状态。那么有效需求又由什么因素决定呢？凯恩斯认为它取决于整个社会的消费需求和投资需求,而消费需求又由边际消费倾向和收入水平决定,投资需求则取决于资本的边际效率和利率大小的比较。凯恩斯还认为随着人们收入的增加,边际消费倾向和资本的边际效率都有下降的趋势。他写道:"当就业量增加时,总实际所得也要增加,但社会心理往往都会是这样:当总实际所得增加时,总消费也增加,但不如总实际所得增加得那么多。"[①]"但情况的不幸更有甚于此者,在一个富裕的社会中,不仅消费的边际倾向很弱,而且由于它的资本积累较大,致使进一步投资的机会也变小,除非利率迅速下降。"[②]因此,在凯恩斯看来,由边际消费倾向减少造成的消费需求不足和资本边际效率下降造成的投资需求不足将会导致有效需求不足,古典经济学所假定的充分就业在凯恩斯的理论就成了一种特殊情况。对此他写道:"假定消费倾向与新投资量不变,那么只有一个就业水平与均衡相符合……但一般说来,我们并没有理由可以期望这一均衡水平等于充分就业,与充分就业相吻合的有效需求只是一个特殊情况。"[③](2)名义工资刚性。凯恩斯认为劳动市场的不完全性也是经济达不到充分就业的又一个原因。古典经济学认为,在劳动力市场上,实际工资具有完全弹性,当整个社会劳动总供给大于劳动总需求时,实际工资就会下降,劳动市场重新达到均衡,经济恢复充分就业水平。同理,当整个社会劳动总供给小于劳动总需求,实际工资就会上升,经济也会重新恢复到充分就业水平。凯恩斯对此进行了反驳,他认为在

---

①　[英]约翰·梅纳德·凯恩斯:《就业、利息和货币通论》,华夏出版社,2004年,第22页.

②　[英]约翰·梅纳德·凯恩斯:《就业、利息和货币通论》,华夏出版社,2004年,第24页.

③　[英]约翰·梅纳德·凯恩斯:《就业、利息和货币通论》,华夏出版社,2004年,第22页.

资本主义经济体制下工人和企业是以名义工资进行谈判的,谈判结束后,一旦名义工资以合同形式规定下来,名义工资就具有刚性。另外,凯恩斯还认为工人具有很强的货币幻觉,他们会对名义工资的下降非常不满,相比之下,他们更愿意接受由通货膨胀导致的实际工资下降。基于以上原因,凯恩斯认为名义刚性的存在使得实际工资不能根据劳动供求变化迅速调整,失业就会产生。(3)货币资产的特殊性。凯恩斯在《通论》一文中,详细分析了货币与其他资产的性质,并认为货币与其他资产相比,具有三个特殊性质:①流动性溢价额和低持有成本;②零生产弹性;③可忽略的替代弹性。凯恩斯认为,这三点特性也会导致失业,他在《通论》中写道:"失业在增加,也就是说,因为人们企图得到像月亮那样无法得到的东西,即当渴望的东西(例如货币)是无法通过生产得来,而这种需求又很难放弃时,必然存在失业。"①既然在自由放任的资本主义经济中,以上三种原因都会导致失业,那么有没有解决问题的方法呢?凯恩斯在《通论》接下来的章节中给出了答案——加强政府对经济的干预,采用有效的财政政策和货币政策。凯恩斯主张通过货币政策来解决就业问题的思想表明了他的货币理论此时已经完成了从长期中性向短期非中性的过渡。

(二)货币短期非中性的传导机制

凯恩斯的货币非中性思想主要是通过利率中介来体现的,他在《通论》中写道,"收入水平和利率一定是很好地联系着的"②。凯恩斯在利率决定理论中详细分析了货币变化如何引起利率变动,然后利率变动又如何引起产出变动的作用过程。他从有效需求不足理论出发,强调投资是决定生产和就业水平的主要因素,而货币可以通过利率的调整引起投资的变动。本章接下来的部

①　[英]约翰·梅纳德·凯恩斯:《就业、利息和货币通论》,华夏出版社,2004年,第165-170页.

②　[英]约翰·梅纳德·凯恩斯:《就业、利息和货币通论》,华夏出版社,2004年,第97-99页.

分将详细介绍凯恩斯的这一思路。

1. 资本的边际效率

在凯恩斯的理论体系中,资本的边际效率是一个重要的概念,因为通过资本的边际效率和利率的比较可以确定经济的投资需求量。凯恩斯把资本的边际效率定义为一种贴现率,他说:"我把资产边际效率定义为一种贴现率,而根据这种贴现率,在资本资产的寿命期间所提供的预期收益的现值能等于该资本资产的供给价格。"①此外,凯恩斯还认为,在一段时期内,随着某种类型资本总量增加,该资本的边际效率也会下降,主要由两方面原因所导致:(1)当该类资本的供给增加时,资本之间的竞争加强,这会降低资本的预期收益率;(2)当该类资本的供给增加时,生产该类投资资本的厂商就会提高该资本价格,导致该类资本的成本上升。在这两方面原因中,凯恩斯认为在通常情况下第二种原因对短期影响较大,然而,从长期看第一种原因更为重要。

2. 利率的决定

古典经济学曾提出过多种利率理论,其中具有代表性的观点认为,利率是储蓄的报酬,它由储蓄与投资共同决定,当储蓄大于投资时,利率下降,人们减少储蓄,增加投资;当储蓄小于投资时,利率上升,人们减少投资,增加储蓄;当储蓄与投资相等时,经济达到均衡。因此古典利率理论认为利率具有自动调节经济,使其达到均衡的作用,这也是古典经济学主张自由放任的原因之一。此外,古典利率理论还认为储蓄由时间偏好等因素决定,投资由资本的边际生产力决定,一般情况下,利率是一个与货币供求无关的常量,它不受货币政策影响。凯恩斯否认了这种观点,他认为"利率是放弃流动性的报酬"②,具体来说,利率的大小由货币

---

① 〔英〕约翰·梅纳德·凯恩斯:《就业、利息和货币通论》,华夏出版社,2004 年,第 106 页.

② 〔英〕约翰·梅纳德·凯恩斯:《就业、利息和货币通论》,华夏出版社,2004 年,第 129 页.

的需求(流动偏好)与货币的供给共同决定。凯恩斯把人们对货币的需求看成是人们对货币的流动性偏好,因为货币资产相对其他资产来说,具有更强的流动性,在凯恩斯看来,这种流动性可以满足人们的三种动机,分别为交易动机、谨慎动机、投机动机。既然利率是放弃流动性的报酬,那么在任何时期利率都能衡量持有货币的人不愿意放弃流动性的程度,如果市场上流动性充裕,利率就会下降;反之,利率将会上升,利率由流动性需求与流动性供给共同决定。他写道:"利率不是使投资资源的需求量与目前消费的节约量趋于均衡的价格,而是能使以现金形式持有财富的与现有的现金数量相平衡的价格,这就蕴含着:如果利率较低,即如果放弃现金的报酬有所降低的话,公众都想要持有的现金量就会超过现有供给量;如果利率提高了,就会出现无人愿意持有的多余现金。假如这种解释是正确的,那么货币数量和流动性偏好就是在特定情况下决定实际利率的两大因素。"[①]

(1)货币需求理论。

①交易动机。凯恩斯把交易动机又分为收入动机和业务动机,人们因收入动机持有现金的理由是为了保证在两次收入之间的支付。业务动机是指企业在得到销售款之前,为了保证业务支付上的开支,工商业者在进货和售货之间持有的现金就属于这一类。凯恩斯认为这两类交易动机的强弱程度都主要取决于收入的多少。

②谨慎动机。凯恩斯认为,人们出于谨慎动机持有货币是为了防止一些意外事件发生,以应付这种不测之需,比如每个人都会遇到疾病、失业、死亡等问题。他认为人们出于谨慎动机持有的货币量也主要取决于收入的大小,收入越多的人为预防意外事件贮存的货币量也就越多。

由于人们出于交易动机和谨慎动机持有的货币量都主要与收入有关,且都与收入成同方向变动,凯恩斯用公式 $M_1 = L_1(Y)$

---

① [英]约翰·梅纳德·凯恩斯:《就业、利息和货币通论》,华夏出版社,2004年,第129页.

来表示人们出于上述两动机持有的总货币量。

③投机动机。凯恩斯认为,出于投机动机而持有货币是由于利率的不确定性引起的,凯恩斯用数学公式对这种不确定进行了说明,他假设 dr 是 r 年以后的 1 英镑的现值,ndr 是 r 年以后 1 英镑在第 n 年的现值,则如下公式成立:

$$ndr = \frac{1d_{n+r}}{1d_n} \qquad (3.4)$$

从上式可以看出,n 年后任何债券折算成现金的贴现率都可以根据现行的利率体系被推算出来。如果现行的每种期限的债券都具有正的利率,那么,购买债券储藏财富比持有现金储藏财富更为有利。如果未来利率不确定,就不能保证第 n 年到来时,$ndr = \frac{1d_{n+r}}{1d_n}$,这样,在第 n 年到来之前,如果出现对具有流动性的现金的需求,那么和持有现金相比,购买长期债券然后将它转换成现金就会有受到损失的风险,因此这又为流动性偏好增加了一个新的理由。此外,人们还会利用这种利率的不确定性来对债券进行投机,从中谋取利润,当然这取决于人们对未来利率和债券价格的正确预期。在凯恩斯看来,对利率和债券价格的正确预期是在公认的正常的利率水平的基础上形成的,如果利率高于人们公认的正常水平,他们就会预期债券价格将会上涨,这就会刺激对债券的需求,人们对货币的需求就会减少;相反,如果利率低于正常水平,那么人们就会预期利率将会上升,债券价格将会下降,对债券的需求开始减少,对货币的需求就会增加。由此可见,对货币的投机需求与利率呈反方向变动,凯恩斯用 $M_2 = L_2(r)$ 来表示人们出于投机动机所持有货币量。于是,人们对货币需求的总量就可以用以下公式表示:

$$L = M_1 + M_2 = L_1(Y) + L_2(r) \qquad (3.5)$$

(2)外生货币供给论。

在凯恩斯看来,货币的供给是一个外生变量,一般来说,主要有两种途径增加货币供给,一种方式是增加金矿开采,另一种方式就是通过政府印发纸币,但对开采金矿来说,由于其生产受自然条件和资源稀缺性等因素的限制,私人企业即使投入再多资本,货币的生产能力也不能扩大,因而货币供应量也不可能增加;但对于第二种情况来说,对于管理货币和法令货币,只能依靠国家的权力才能发行,无论货币需求有多大,私人企业都无法增加货币供应量。

如果用 M 表示货币供给,凯恩斯认为,要使货币市场达到均衡,货币供给必定等于货币需求,用方程表示为:

$$M = L = M_1 + M_2 = L_1(Y) + L_2(r) \qquad (3.6)$$

这样,凯恩斯得到了一个关于 M、Y 和 r 的三变量方程,由方程形式可知:如果 M、Y 已知,r 就能确定。凯恩斯还分析了当 M 变化时,Y 和 r 变化的关系。他认为,无论是通过开采金矿还是政府印发纸币来增加货币供给,这些新创造的货币都会成为某些人的收入,但是这些货币不会全部被交易需求与谨慎需求所吸收,有一部分新增货币要另寻出路,用于购买有价证券或是其他金融资产,这就会导致利率下降。他写道:"假设 M 的改变要首先改变 r,而 r 的改变将导致一部分 M_2 的变动和一部分由 Y 的变化引起的 M_1 的变动的新的均衡,在新的均衡条件下,新增加的现金在 M_1 和 M_2 之间的分配将取决于投资对利率的降低所作出的反应,以及收入对投资的增加所作出的反应,由于 Y 部分的取决于 r,所以 M 的改变必然会使 r 发生一定的变化,以便使 M_1 和 M_2 所作出的改变的总和等于 M 的上述的改变量。"[①]

凯恩斯还认为中央银行调节货币供应量的主要手段应该是公开市场业务,一是因为货币当局在公开市场上买卖债券可以轻易地变动货币供给;二是公开市场业务可以改变人们对货币政策的预期,因此货币当局可以双管齐下,影响利率。

3. 货币非中性的作用途径

在介绍了资本边际效率与利率以后,凯恩斯对货币非中性的

---

① [英]约翰·梅纳德·凯恩斯:《就业、利息和货币通论》,华夏出版社,2004 年,第 156 页.

机制进行了分析,他认为社会总投资量由每一项单项投资总和构成,而每一项单项投资的大小取决于该项投资的资本边际效率与利率的比较,如果资本的边际效率大于利率水平,企业用该利率从银行借钱投资就会赢利;如果资本的边际效率小于利率水平,企业用该利率从银行借钱投资就会亏本。因此,追求利润最大化的企业就会将每一项单项投资的大小达到其资本边际效率刚好等于利率这一点上。由此可以看出,利率对总投资起着决定性作用,在资本的边际效率不变的情况,如果增加货币供给量,利率就会下降,以前不能赢利的一些单项投资就会出现赚钱的机会,整个社会的总投资额就会增加;相反,如果减少货币供给量,利率就会上升,以前赢利的一些单项投资就会出现亏损,整个社会的总投资额就会下降,因此货币是非中性的。根据上述货币作用于经济的机制,凯恩斯还提出具体的货币政策,他认为当经济由于有效需求不足而低于充分就业水平时,中央银行可以用增加货币供给的方法来降低利率,从而促进投资需求的增加,使有效需求回归到充分就业水平。他写道:"有效储蓄之数量乃定于投资之数量,而在充分就业限度以内,鼓励投资者乃是低利率。"①"故要挽救经济繁荣,其道不在提高利率,而在于降低利率。"②

不过与刺激总需求的财政政策相比,凯恩斯似乎并不十分推崇货币政策,他认为在以下几种情况下货币政策会失去效果。他写道,"假如其他条件不变,我们期望货币数量的增加可以降低利率,但是假如公众流动性偏好的增加比货币数量的增加的速度快,利率还是不会下降的。假设其他条件不变,利率的降低可以增加投资量,但是如果资本边际效率比利率下降得迅速,投资量还是不会增加,如果其他条件不变,投资量的增加可以增加就业量,但是如果消费倾向也下降,就业量就不会增加。"凯恩斯认为

① [英]约翰·梅纳德·凯恩斯:《就业、利息和货币通论》,华夏出版社,2004年,第267页.
② [英]约翰·梅纳德·凯恩斯:《就业、利息和货币通论》,华夏出版社,2004年,第278页.

M_2 与利率之间存在一个"流动性陷阱",这就是上述货币政策失效的第一种情况。他认为"流动性陷阱"产生的原因是当利率下降到一定程度后,即使货币数量剧烈增加,对利率的影响也并不显著,"因为货币数量的剧烈增加会引起对未来的更加心中无数,从而会使由安全动机引发的流动性偏好加强,与此同时,对将来利率的看法可以达到非常一致的程度,以致现行利率的微小变化都能使大批的人转向持有现金"①。凯恩斯所说的货币政策失效的第二种情况是当经济处于极度萧条时,整个社会生产的产品大量过剩,投资者对投资前景感到非常悲观,资本边际效率就会下降很多,如果市场利率下降的幅度小于资本边际效率,企业家也不会新增投资,凯恩斯所说的第三种情况是整个社会的总需求是由消费需求和投资需求共同构成的,如果降低利息带来的投资增加赶不上边际倾向递减造成的消费需求下降,整个社会的产出同样不能达到潜在产出水平,这种情况下,政府就应该双管齐下,配合使用财政政策与货币政策,但在凯恩斯的政策建议中,政府的财政政策相比货币政策更具有确定性,因此在刺激经济增长中应该起主要作用,货币政策则起辅助作用。

从凯恩斯的货币思想发展轨迹来看,他经历了从早期关注价格稳定的古典货币长期中性论到晚期关注产出与就业增加的货币短期非中性论的转变,并认为货币供给的改变会导致投资成本的改变,从而引起总产出的变化,因此,在经济处于非充分就业时,政府可以采取增加货币的方法降低企业的投资成本,帮助经济重新恢复均衡。尽管凯恩斯找到了这条货币促进产出与就业的途径,但是流动性陷阱的存在和经济衰退时期公众极度悲观的预期还是让他对货币政策效果心存疑虑,因此相比货币政策的这种不确定性,他更加信赖确定性较强的政府财政政策。在凯恩斯以后,一大批凯恩斯货币思想的追随者继承和发展了凯恩斯的货币非中性理论,他们设计出了像 IS-LM、AS-AD 等分析工具来量

---

① [英]约翰·梅纳德·凯恩斯:《就业、利息和货币通论》,华夏出版社,2004年,第163页.

化货币政策效果,相比于凯恩斯对货币政策的偏见,后期的凯恩斯主义者更加重视对货币政策的运用。

第三节　IS-LM 模型与货币非中性

在现代宏观经济学教科书中,IS-LM 模型已经成为经济政策分析最常用的分析工具,利用 IS-LM 模型,我们可以很方便地分析出凯恩斯在《通论》中所表述的货币政策效果,因此该模型也应视为对凯恩斯货币短期非中性理论的发展。IS-LM 模型最早由希克斯提出,后由汉森进一步完善,汉森在《凯恩斯学说指南一书》中提出 IS-LM 模型之后,理论界一直认为该模型是对凯恩斯经济思想的最精辟总结,另外,它的提出也解决了凯恩斯在《通论》中不能得到满足产品市场与货币市场同时均衡的均衡利率问题。以下是该模型的两个发展阶段。

一、希克斯的 IS-LL 模型

凯恩斯《通论》出版后不久,英国经济学家希克斯(Hicks, 1904—1989)于 1937 年发表了《凯恩斯先生与古典学派》,在该文中,希克斯在比较凯恩斯与古典学派经济理论之间的差异时,把凯恩斯的理论用一个方程组进行了概括,其形式如下:

$$M = L(i), I_x = C(i), I_x = S(I) \tag{3.7}$$

其中,M 表示流动性偏好,$M=L(i)$ 表示流动性偏好是利率的函数;I_x 表示投资,$I_x=C(i)$ 表示投资是利率的函数;I 表示收入,S 表示储蓄,$S(I)$ 表示储蓄是收入的函数;$I_x=S(I)$ 表示产品市场均衡的条件。

然后希克斯将上述方程组反映出来的数学关系描绘在坐标图上(图 3-1)。

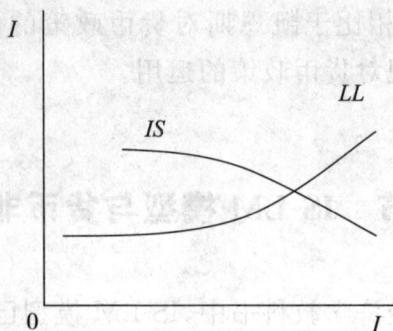

图 3-1　希克斯的 IS-LL 模型

在图 3-1 中,希克斯把 LL 曲线表示为收入和货币利率关系的曲线,把 IS 曲线表示为收入和投资利率关系的曲线。希克斯还通过分析得出引致投资或消费倾向的改变会使 IS 移动,而流动性偏好或货币政策的任何改变都将使 LL 移动,上述 IS-LL 模型就构成了 IS-LM 模型的早期形式。不过希克斯只是将凯恩斯的思想用图表简单地复制了一遍,并没有就产品市场与货币市场同时均衡进行分析。并且他本人写作这篇文章的目的也只是想将《通论》的经济思想与古典经济理论进行比较,相比之下,他对凯恩斯的货币短期非中性理论充满了怀疑,但是他提出的这种图表分析方法为汉森研究凯恩斯的货币非中性理论提供了新的思路。

二、汉森的 IS-LM 模型

汉森(Hansen,1887—1975)是美国著名的凯恩斯主义经济学家,1953 年他出版了《凯恩斯学说指南》一书,为凯恩斯的经济思想在美国传播起到了重要作用。在该书中,他详细地注解了凯恩斯的《通论》,并把希克斯的 IS-LL 模型发展成为标准的 IS-LM 模型,该模型既被认为是对《通论》经济思想的精妙概括,也解决了凯恩斯在《通论》中均衡利率与均衡产出不能同时决定的问题,发展了凯恩斯的货币非中性理论。

汉森认为,凯恩斯在《通论》中由货币供给与流动性偏好相等所得到的利率并非均衡利率,因为凯恩斯并没有考虑到产品市场对利率变化的反应,他写道:"每一个收入水平都有一条灵活偏好曲线,除非知道收入水平,否则利率同样是不能确定的,凯恩斯把灵活偏好和货币供给量放在一起只能得出 LM 曲线,可是他不能单独地决定利率。"①汉森利用古典学派借款基金学说②,得到了在各种不同收入水平的一组借款基金表,再将这组表和投资需求表结合起来,得出了一条向下倾斜的 IS 曲线,并认为 IS 曲线说明了在满足产品市场均衡时,利率与产出变动的关系。然后,汉森又从凯恩斯的理论中得出了在各种不同收入水平下的一条灵活偏好曲线图,这条曲线与货币当局供给的货币量结合起来,就构成了一条向上倾斜的 LM 曲线,LM 曲线说明了在满足货币市场均衡时,利率与产出变动的关系。然后汉森利用 IS 曲线与 LM 曲线都是关于产出和利率变动的关系,将它们描绘在同一坐标轴上,并认为两条曲线形成的交点就是均衡利率和均衡产出,它们既满足了产品市场的均衡,也满足了货币市场上的均衡,这样就解决了凯恩斯均衡利率和均衡产出不能同时决定的问题。

此外,他与凯恩斯对待货币短期非中性的态度基本相同,认为货币政策能够刺激经济发展,但又不能完全寄希望于货币政策。他写道:"货币政策可以有效地制止经济扩张。"③"20 世纪 30 年代的经济萧条所提供的充分证据表明,恢复经济增长仅仅靠廉价的货币扩张是不充分的。"④

三、IS-LM 曲线与货币非中性

汉森利用投资需求函数和储蓄函数推导出了 IS 曲线;然后利用灵活偏好函数以及货币量推导出了 LM 曲线,再将两条曲线

---

① [美]汉森:《凯恩斯学说指南》,商务印书馆,1963 年,第 130 页.
② "借款基金"是罗伯逊所用术语,它包括自愿储蓄加上借自银行的资金以及活跃了的闲置存款,"借款基金"后被庇古直接称为储蓄.
③ [美]汉森:《凯恩斯学说指南》,商务印书馆,1963 年,第 147 页.
④ [美]汉森:《凯恩斯学说指南》,商务印书馆,1963 年,第 148 页.

结合起来确定了均衡利率和均衡收入。利用 IS-LM 模型,可以更直观地体现出凯恩斯的货币非中性思想。如图 3-2 所示,假设经济最先处在 IS 曲线和 LM_1 曲线相交的均衡点 a,对应均衡产出为 Y_1,均衡利率为 i_2,但此时的收入水平 Y_1 小于充分就业的产出水平 Y_f,经济中存在失业。现在货币当局想采用扩张性货币政策使经济达到充分就业水平,于是中央银行增加货币供给,LM_1 曲线向右移动,当达到 LM_2 这个位置时,与 IS 曲线形成新的均衡点 b,对应均衡产出为 Y_2 刚好等于充分就业产出 Y_f,刚好达到货币政策目标,货币表现为非中性。从图 3-2 中还可以看出,货币政策效果取决于 IS 曲线和 LM_1 曲线的斜率。如果 IS 曲线越平缓,LM_1 曲线越陡峭,产出的增量越大;相反,如果 IS 曲线越陡峭,LM_1 曲线越平缓,产出的增量越小。在极端情况下,如果 IS 曲线是一条垂直线,或者 LM_1 曲线是一条水平线,则无论货币增加的量有多大,产出都不会有任何反应,此时货币是中性的,也就是凯恩斯所说的流动性偏好陷阱情况。但在一般情况下,汉森认为根据古典学派对投资需求函数和储蓄函数的假设,推导出的 IS 曲线均为向右下方倾斜的曲线;同样,根据凯恩斯对灵活偏好函数和货币量的假定,推导出的 LM 均为向右上方倾斜的曲线,所以货币政策很少表现为中性的情况。

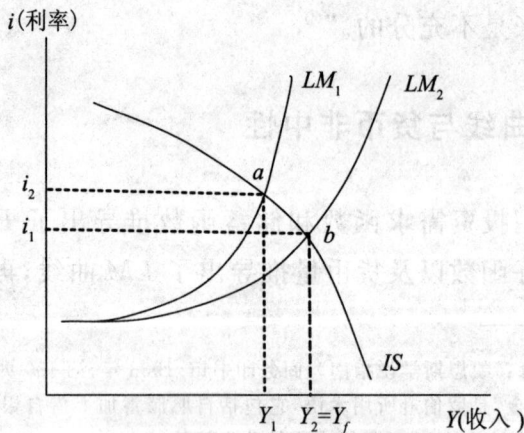

图 3-2　IS-LM 曲线对货币非中性的分析

第四节　AS-AD 曲线与货币非中性

一、AS-AD 模型简介

第二次世界大战结束后,以萨缪尔森为代表的一批经济学家对凯恩斯的经济理论和古典学派的经济理论进行了统一。他们把凯恩斯的经济理论改造成宏观经济学部分,把古典经济理论改造成微观经济学部分,使两部分并存于同一经济理论体系中,并认为古典经济理论适用于充分就业的情形,凯恩斯的经济理论适用于非充分就业的情形。此后,新古典综合学派的影响力迅速扩大,原凯恩斯主义也以新古典综合学派的形式重新存在。新古典综合学派在继承原凯恩斯主义短期货币非中性思想的同时,也对原凯恩斯主义的短期货币非中性理论进行了补充与修改,其中最重要的补充为:他们把原凯恩斯主义的两部门国民收入决定模型扩展成包括劳动力市场的三部门模型,从而使凯恩斯主义单一的总需求分析方法扩展为总需求-总供给分析,并用 AS-AD 模型取代了凯恩斯的 IS-LM 模型。在货币中性与非中性理论方面,AS-AD 模型不仅可以像 IS-LM 模型那样分析货币供给对总产出的影响,而且还可以根据不同的市场状况,考察存在工资刚性、价格刚性以及垄断竞争等市场不完善情况下的货币政策效果,发展了凯恩斯的货币非中性理论。

二、AS-AD 模型的推导

(一)总需求曲线(AD 曲线)

新古典综合学派利用汉森提出的 IS-LM 曲线推导出了总需求曲线,下面用几个简单的函数关系说明总需求曲线的推导过程。

1. 产品市场

假设在一个只包含企业和居民的两部门经济中,总产出水平为 y,居民消费函数为:$c=a+\beta y$,企业投资函数为 $i=e-dr$,其中 $a,e,d\geqslant0,0<\beta<1$,则根据产品市场均衡条件 $i=s$ 可得:

$$i=s\Rightarrow e-dr=y-(a+\beta y) \tag{3.8}$$

把 y 表示为 r 的方程就可得到 IS 函数,其形式为:

$$y=\frac{a+e-dr}{1-\beta} \tag{3.9}$$

2. 货币市场

采用凯恩斯的货币需求函数:$L=ky-hr$,货币供给为 $m=\frac{M}{P}$,则根据货币市场均衡条件 $m=L$ 可得:

$$\frac{M}{P}=ky-hr \tag{3.10}$$

把 y 表示为 r 的方程就可得到 LM 函数,其形式为:

$$y=\frac{hr}{k}+\frac{M}{kP} \tag{3.11}$$

3. 总需求函数

联立方程(3.9)、方程(3.11),消掉利率 r,把 y 表示为 P 的函数:

$$y=\frac{(\alpha+e)h}{kd+(1-\beta)h}+\frac{1}{P}\frac{Md}{kd+(1-\beta)h} \tag{3.12}$$

方程(3.12)就是新古典综合学派的总需求函数。

令:$\frac{(\alpha+e)h}{kd+(1-\beta)h}=b,\frac{Md}{kd+(1-\beta)h}=c$,总需求函数可简写为:

$$y=b+\frac{c}{P} \tag{3.13}$$

(二)总供给曲线(AS 曲线)

1. 劳动供给

根据凯恩斯的理论,在存在货币幻觉假定下,工人只对名义

工资做出反应。则劳动供给为名义工资的函数,用公式表示为:
$N_s = N_s(W) = N_s(wP)$,其中 N_s 表示劳动供给,W 为名义工资,
w 为实际工资,P 为价格水平,且满足 $\frac{\partial N_s}{\partial P} > 0$。为说明方便,假设
劳动供给函数的特殊形式为:

$$N_s = aW = awP, a > 0 \tag{3.14}$$

2. 劳动需求函数

根据古典学派的理论,对劳动的需求取决于劳动的边际产品,
由于劳动的边际产品随劳动的增加而递减,所以劳动需求是真实工
资的递减函数。用公式表示为:$N_d = N_s(w)$,且满足 $\frac{\partial N_d}{\partial w} < 0$,假定
其特殊形式为:

$$N_d = b - cw \tag{3.15}$$

3. 均衡分析

当劳动市场均衡时,满足 $N_d = N_s$,所以:

$$awP = b - cw \tag{3.16}$$

$$w = \frac{b}{aP + c} \tag{3.17}$$

$$W = wP = \frac{bP}{aP + c} \tag{3.18}$$

由方程(3.17)、方程(3.18)可得:

$$\frac{\partial w}{\partial P} < 0, \frac{\partial W}{\partial P} > 0 \tag{3.19}$$

上式说明,名义工资随价格水平上升而上升,实际工资随价
格水平上升而下降,因此,名义工资上涨的幅度要小于价格上升
的幅度。

再把方程(3.17)代入方程(3.15)可得:

$$N = N_d = b - \frac{cb}{aP + c} \tag{3.20}$$

由方程(3.20)可得:

$$\frac{\partial N}{\partial P} > 0 \tag{3.21}$$

因此,当工资存在名义刚性时,就业量是价格水平的增函数,其原因为:名义工资上涨幅度小于价格上升的幅度,实际工资下降,企业对劳动的需求增加。

4. 总产出水平

按照新古典综合学派的假定,在短期内产出是就业量的增函数,假定其特殊形式为:

$$y = \delta N^2 \tag{3.22}$$

代入方程(3.20)可得:

$$y = \delta \left(b - \frac{cb}{aP + c}\right)^2 \tag{3.23}$$

方程(3.23)即为在特定函数设定下,由名义刚性推导出的总供给函数。

由方程(3.23)可知:

$$\frac{\partial y}{\partial P} > 0 \tag{3.24}$$

因此,由名义刚性推导出的总供给函数是价格水平的增函数。

三、AS-AD 模型与货币非中性

把以上推导出的总需求函数与总供给函数画在同一坐标轴内,就可以得到相应的总需求曲线与总供给曲线,下面用 AS-AD 模型分析名义工资刚性假定下的货币非中性效果。如图 3-3 所示,假设经济最先处在 AD_1 与 AS 的相交点 a[①],对应的产出水平为 Y_0,价格水平 P_0,Y_0 是同时满足产品市场、货币市场与劳动市场均衡的总产出,从图中可以看出,此时的收入水平 Y_0 小于充分就业的产出水平 Y_f,经济中存在失业。现在货币当局想通过采用扩张性货币政策使经济达到充分就业水平,于是中央银行增加货

[①] 由公式(3.13)、公式(3.24)可知,AD_1 曲线向右下方倾斜,AS 曲线向右上方倾斜.

币供给,直到总需求曲线右移到 AD_2 这个位置时[①],此时与 AS 相交于新的均衡点 b,对应的均衡产出刚好等于充分就业产出 Y_f,与 a 点相比,价格水平上涨。从图 3-3 中还可以看出,货币政策效果取决于 AD_1 与 AS 曲线的斜率。如果经济中工资刚性很强,名义工资越不容易改变,则供给曲线 AS 越趋平缓,在 AD_1 曲线斜率不变的情况下,货币政策效果越明显,货币非中性效应越强;相反,如果经济中工资刚性较弱,名义工资比较容易改变,则供给曲线 AS 越趋陡峭,货币政策效果就越小;在工资完全弹性的条件下,AS 变成一条垂直线,则无论货币增加的量有多大,产出都不会有任何反应,货币是中性的,此时符合古典学派的情形。

新古典综合学派利用 AS-AD 模型不仅可以从总需求的角度考察货币政策效果,还可以从总供给的角度分析名义工资刚性下的货币政策效果。

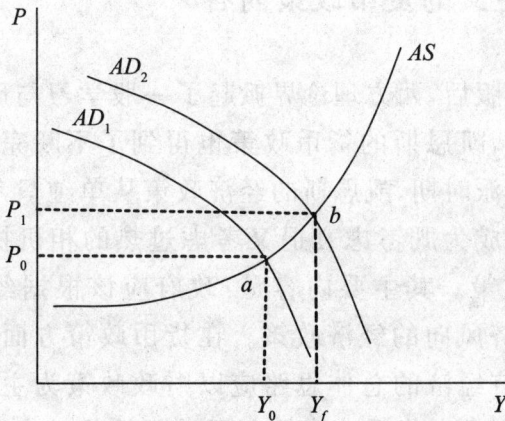

图 3-3　AS-AD 曲线对货币非中性的分析

此外,AS-AD 模型还可以观察到由货币政策带来的价格水平变动,促进了原凯恩斯主义货币非中性理论的发展。相比凯恩斯,新古典综合学派的经济学家更加重视对货币政策的运用,托

---

① 由方程(3.12)可知,当货币供给 M 增加时,在第一象限内,总需求曲线会向右移动.

宾写道:"现在几乎没有一个人会认为货币无关要紧,货币政策与名义国民生产总值无关。"①他甚至断言:"在美国,标准的凯恩斯学说,至少从 1950 年以来便认为货币是具有重要作用的。至少从 1951 年签订了财政部——联邦储备系统协议以来,政府就已根据这种看法制定政策了。"②萨缪尔森也强调:"经济科学已经知道如何使用货币政策和财政政策来使衰退不致滚雪球式地变成一次持续而长期的不景气。"③

第五节　凯恩斯主义的货币短期非中性理论在政策上的应用

一、凯恩斯主义的货币政策内容

《通论》出版后,西方理论界掀起了一股学习与研究凯恩斯经济思想的高潮,凯恩斯的货币政策也得到了不断完善与发展,到新古典综合学派时期,凯恩斯的经济政策从单纯只考虑衰退的扩张性政策发展成为既考虑衰退又考虑过热的相机抉择的有效需求管理经济政策。其主要内容是:政府应该根据经济发展的形势,采取逆经济风向的经济政策。在货币政策方面,新古典综合学派认为,调节经济的总体思路应以财政政策为主,货币政策为辅,两者相互配合。货币政策的主要手段是通过中央银行增加或减少货币供应量,引起利息率水平的下降或上升,从而促使企业增加投资或者减少投资,以达到提高总需求或者减少总需求的目的。具体措施为:在萧条时期,中央银行应该降低商业银行的法定准备金率以及再贴现率,在公开市场上买进政府债券;在经济

---

① 　[美]托宾:《十年来的新经济学》,商务印书馆,1980 年,第 55-56 页.
② 　同上.
③ 　[美]萨缪尔森:《经济学》(上册),商务印书馆,1979 年,第 375 页.

高涨时期,则与此相反,提高法定准备金率以及再贴现率,在公开市场上卖出中央银行持有的政府债券。

另外,新古典综合学派还认为,由于可供选择的经济政策工具种类较多(税收、政府支出、法定准备金率、贴现率,以及公开市场业务),这些政策工具对经济作用的时间快慢、影响面大小、市场反应程度差异很大,政府究竟采用哪些工具,如何配合使用,还要视具体经济情况而定。

二、凯恩斯主义的货币政策实践

《通论》出版之时,许多西方国家刚刚摆脱大萧条,正为如何快速复苏经济绞尽脑汁,刚刚过去的大萧条让这些国家的经济学家对传统经济政策心存疑虑,《通论》的出版让他们如获珍宝。

美国最先成为凯恩斯经济政策的实验地,早在罗斯福新政时期,美国政府就采用了大规模增加政府支出的财政政策,以帮助经济走出大萧条。1945 年,美国政策通过《芒内就业法案》,正式把凯恩斯主义奉为国策,此时,美国主要是通过财政政策来调节经济,尽管当时有经济学家提出,美国 1929—1933 年和 1937—1938 年发生的两次经济危机都与美联储实施紧缩性货币政策有关,但美国政府还是严格遵守凯恩斯的经济理论,认为货币政策对经济影响有限。1951 年 3 月,美联储从财政部独立出来,正式具有独立制定货币政策的权力,此后,货币政策也开始成为影响美国经济的主导力量。相机抉择、相互配合开始成为美国经济政策的新标准,这一政策的实施使得美国经济获得了将近二十年的高速增长,尤其是进入 60 年代以后,美国经济连续 8 年以5.9%的平均增长率快速增长。1944 年 5 月,英国政府发表了《就业政策白皮书》,正式把维持充分就业作为政府的责任,从此,凯恩斯主义货币政策在英国开始了长达三十几年的政策实践。继美英之后,瑞典、加拿大、澳大利亚等国家也纷纷转向凯恩斯主义的货币政策,进入 20 世纪 50 年代,全世界绝大多数国家都已经采用了凯恩斯主义的货币政策。

三、对凯恩斯主义货币政策的评价

从 20 世纪 40 年代中期至 20 世纪 60 年代中期,这近 20 年时间被一些经济学家称作"黄金时代",美国经济学家莱卡契曼(Lekachman)也把这 20 年称作"凯恩斯时代",主要原因是凯恩斯经济政策的实施使得整个资本主义世界经济出现了一个快速平稳时期,它与 30 年代相比,失业率是较低的,经济活动的整个趋势是增长的,不仅信奉凯恩斯的人这样看,甚至非凯恩斯学派的经济学家也这样认为,加尔布雷思(Galbraith)在评论这段时期时曾这样写道:"从 1948 年到 1967 年这 20 年,很可能被历史学家当作工业经济史和经济学说史上最美好的时代来庆祝,这 20 年没有恐慌、危机、萧条,至多只有小的衰退。只有 1954 年和 1958 年这两年,美国的产量才没有增长,这些年内的失业是低的,至少按 30 年代标准来说是如此,只有 1958 年和 1961 年这两年的平均失业率大于 6%。"[1]加尔布雷思接着说:"这些年内的成就主要归功一种思想和两种制度,当然,这种思想就是凯恩斯的财经政策与货币政策……在所有的工业国,它都被接受。"[2]1966 年 9 月 19 日,美国全国工业会议理事会在纽约举行庆祝成立 50 周年的讨论会,来自美国、英国、法国、德国、加拿大、拉丁美洲等各个国家的代表在会上就资本主义前途发表演说。在讨论会上,几乎人人都认为自从 20 世纪 30 年代危机以来,西方世界的经济形势从来没有像 60 年代中期这样好过,他们把这样美好形势的出现归因于凯恩斯和奉行凯恩斯主义政策的结果。美国全国工业会议理事会主席布劳(Blough)这样说道:"在现代资本主义之下已经达到的人类的进步,即更大的个人自由,更多的物质产品,更

---

[1] [美]加尔布雷思:《神秘的货币》,河南人民出版社,2002 年,第 230 页.
[2] [美]加尔布雷思:《神秘的货币》,河南人民出版社,2002 年,第 255-256 页.

丰富的文化发展,更高的教育和科学成就,以及精神信仰的复活,这些难道不是人类在这种生活方式之下经繁荣昌盛的证据吗?这个制度在过去的 50 年内,以其灵活性和对于变化的适应性,已证明在市场结构之下,自由的人们一起工作能够更大地改进人类的信念,而人类历史存在过的其他任何经济制度是办不到这一点的。"①美国垄断资本家里尔逊(Learson)在发言中说得更直截了当,他说:"虽然统制经济这种说法最早是社会主义者提出的,但直到 20 世纪 30 年代以前,这个概念一直被认为是令人讨厌的字眼,在资本主义环境中一直未被运用。然后,30 年代以来,情况已经根本变化,人们要求政府对经济进行管理,包括对投资、货币的供求,甚至消费品的供求的管理,这就是现代经济学的成就。"②

第六节　本章小结

凯恩斯是"在旧说下熏陶出来的"经济学家,他对货币中性与非中性的认识,经历了一段"长期的挣扎"的过程,从《货币改革论》、《货币论》、《通论》这三部著作中,我们看到了 20 世纪 20 年代凯恩斯货币思想逐渐挣脱古典货币长期中性的轨迹,并最终在《通论》一书中完成了从长期中性到短期非中性的转换。在凯恩斯的理论体系中,货币供求利率论和工资刚性都能导致货币非中性,其中他主要分析了货币供求利率论,该理论认为货币可以通过如下途径来影响产出:中央银行增加货币供给→利率下降→刺激投资→有效需求增加→就业增加;如果中央银行减少货币供给,则会得到一条相反的路径。此后,凯恩斯的追随者继承并发展了凯恩斯的货币短期非中性理论,其中以希克斯和汉森提出的

---

① 胡代光、厉以宁、袁东明:《凯恩斯主义的发展与演变》,清华大学出版社,2003年,第59-60页.
② 胡代光、厉以宁、袁东明:《凯恩斯主义的发展与演变》,清华大学出版社,2003年,第60页.

IS-LM,以及新古典综合学派提出的 AS-AD 模型最具有代表性,这两类模型不仅可以很方便地说明凯恩斯基于货币短期非中性的货币政策,而且还能够分析劳动力市场出现非均衡时的货币政策效果,发展了凯恩斯的货币非中性理论。

基于上述短期货币非中性理论,凯恩斯主义提出了相机抉择的货币政策,在 20 世纪 20 世纪 50 年代以后,绝大多数西方国家都已经开始采用这一货币政策,20 世纪 40～60 年代的世界经济繁荣也似乎向人们证实了凯恩斯主义货币政策的有效性。但是从 20 世纪 70 年代开始,西方国家普遍出现了滞胀现象,一些经济学家把这一问题的出现归罪于长期实施凯恩斯主义经济政策的结果,于是许多经济学家对凯恩斯的货币非中性理论进行了反驳,反驳的焦点主要集中在凯恩斯的利率理论上,这些经济学家提出了两种以上的利率理论以攻击凯恩斯的利率理论。

（一）自然利率理论[①]对凯恩斯货币非中性的反驳

凯恩斯认为在资本主义市场经济体系中,利率主要是货币因素决定的,且实体经济必须根据这个利率来调整,然而相信自然利率的经济学家认为这个因果关系刚好相反。他们认为利率首先是由实物资本借贷所决定的,且不会被货币政策所改变,因此货币是中性的,如果中央银行企图设定一个不同于自然利率的银行利率,结果只会引起通货膨胀或通货紧缩。关于自然利率的理论最早可以追溯在桑顿的著作中,桑顿认为商业利润率取决于真实资本的数量。李嘉图也认为:"关于货币的利息,它并非由银行发放贷款的利率所控制,不论这一利率是 5％、4％、3％,而是由使用资本可以得到的利润率来决定,而该利润率完全独立于货币的数量或价值。"[②]维克塞尔在《利率与价格》一书中更是对自然利率和货币利率进行了明确的区分,他解释道:"自然利率与现实经济中的真实利率大致相同,如果将它看作没有货币干扰时,真实资

---

① 自然利率也被称为真实利率.

② ［英］李嘉图:《政治经济学及赋税原理》,商务印书馆,1962 年,第 229-230 页.

本的供求所决定的利率,那么我们就会得到一个更为准确的,尽管有些抽象的判断准则。"[1]

在凯恩斯对自然利率理论进行批判之后,一些经济学家重新将它作为经济的一个基本定律加以复燃,并且在当今主流货币经济学中得到了广泛的认可。弗里德曼成为最先复活古典自然利率的经济学家之一,在弗里德曼的模型中,他将自然利率等同为资本的边际产品(Fridman,1974),并且以此对凯恩斯的货币非中性理论进行了批判,他写道:"凯恩斯的货币政策是行不通的……无法通过对名义数量的控制来钉住一个真实的量——真实利率、失业率以及国民收入的真实水平。"[2]一些主流的经济学家更是把真实利率当成一种不言而喻的真理运用到模型中,正如麦卡勒姆(McCallum,1991)所说:"对于今天的主流经济学所使用的正规模型,这一特征(自然利率)必须作为一个初始条件而被施加于这些模型之上。"[3]巴罗(Barro,1991)也写道:"在这一详细阐述中,一个主要约束就是:预期的真实利率的运动独立于货币干扰……模型中相当重要的一点是,货币政策不能影响预期利率。……因此货币是中性的。"[4]

(二)外生利率理论对凯恩斯货币非中性理论的反驳

此后,Moore(1988)、Kaldor(1986)、Lavoie(1984)等人也对凯恩斯的货币非中性理论进行了批判,他们提出了一种外生利率理论,该理论认为短期利率是由中央银行政策外生决定的一个常量。在这种情况下,货币供给由货币需求决定,在任何给定的利率水平上,货币供给曲线都是一条垂直的直线。他们的理论依据是,中央银行在实践中并不能按照基础货币控制方法所暗示的那

---

①　[瑞]维克赛尔:《利息与价格》,商务印书馆,1959年,第60页.

②　[美]弗里德曼:《弗里德曼文萃》,首都经济贸易大学出版社,2001年,第308页.

③　McCallum,Bennett T.,"Postwar Developments in Business Cycle Theory:A Moderately Classical Perspective",Journal of Money,Credit,and Banking,1988,20:459-471.

④　Barro,Robert J.,"Economic Growth in a Cross Section of Countries",Quarterly Journal of Economics,1991,106:407-433.

样,关闭"再贴现窗口",因为这将意味着放弃他们对整个体系的流动性所负有的责任及"最后货款人"的地位,他们所能做的是通过调高"再贴现率"来限制商业银行向"再贴现窗口"提出申请。因此,他们认为凯恩斯想通过货币供给来改变利率的做法是行不通的,因为货币供给具有很强的内生性,而利率则更能被中央银行所控制。

此外卢卡斯还认为凯恩斯主义的货币短期非中性理论是建立在适应性预期假定之上的,而适应性预期本身是一种不合理的预期,所以凯恩斯的货币非中性理论是错误的。卢卡斯还用理性预期假设取代了传统的适应性预期假设,并认为在理性预期假设之下,政府想通过改变货币供给量的方法来影响产出与就业是无效的。理由如下:"如果政府采用的是规则性货币政策,政府的行为就会被公众提前预期,货币政策效果会因公众提前采取预防性对策而抵消,如果政府采用的是欺骗性货币政策,在政策实施的初期,会产生一定的效果,但理性的公众会很快发现政府的意图,并迅速进行相反的调整,政府的货币政策效果也会随之消逝。"①

---

① [美]卢卡斯:《经济周期理论研究》,商务印书馆,2000年,第78页.

第四章　货币主义的货币中性与非中性理论

第一节　货币主义及其代表人物简介

一、货币主义简介

货币主义是 20 世纪 50 年代在美国出现的一个经济学流派，其创始人为 1976 年诺贝尔经济学奖获得者、美国芝加哥大学教授弗里德曼（Fridman，1912—2006）。货币主义的其他重要代表人物还有哈伯格（Harberger）、布伦纳（Brenner）、安德森（Anderson）、莱德勒（Laidler）等。布伦纳于 1968 年首先使用"货币主义"一词来表达这一流派的基本特点，此后被广泛运用于西方经济学文献之中。在货币理论上，货币主义认为货币是经济中最重要的因素，在短期内货币的大幅波动是商业周期产生的主要原因；但从长期看，货币主义认为决定经济增长的主要因素独立于货币供给变化，真实产出的长期增长率与货币供应量的变动无关，由此可以看出，货币主义的货币理论本质属于一种短期非中性、长期呈中性的货币理论。鉴于弗里德曼是货币主义的创始人，并且货币主义的货币思想主要体现在弗里德曼的货币理论中，本章将主要介绍弗里德曼的货币短期中性与长期非中性理论。

二、米尔顿·弗里德曼简介

弗里德曼于 1912 年 7 月 31 日生于美国纽约州的布鲁克林

市,1928 年考入路特吉斯大学,受伯恩斯和琼斯的影响,弗里德曼开始系统学习经济学。1932 年,琼斯推荐弗里德曼进入芝加哥大学经济系研究生院。弗里德曼在那里接触到了一批著名的经济学者,其中有奈特(Knight)、瓦伊纳(Viner)、西蒙斯(Simons)、明茨(Mints)、舒尔茨(Schultz)等。1934 年弗里德曼转到哥伦比亚大学学习了一年。此后,又回到芝加哥大学,给舒尔茨当了一年研究助理。1936 年,到美国全国资源委员会工作。1937 年,到国民经济研究局协助库兹涅茨研究收入问题。1941—1943 年,在美国财政部研究战时赋税政策。1943—1945 年,在哥伦比亚大学参加统计研究小组工作。1945—1946 年,在明尼苏达大学任教。1946 年,接受芝加哥大学的聘请,在芝加哥大学任教,直到 1977年退休。退休后弗里德曼又担任过斯坦福大学胡佛研究所高级研究员,里根政府经济顾问等职务。为了奖励他在货币理论上所做出的贡献,弗里德曼于 1976 年被授予诺贝尔经济学奖。

三、弗里德曼对货币中性与非中性理论的贡献

弗里德曼被认为是自凯恩斯以来,20 世纪最伟大的货币经济学家。他一生著作很多,大多数都与货币理论有关,其中比较重要的著作有:《消费函数理伦》(1957)、《货币稳定方案》(1959)、《价格理论》(1962)、《1867—1960 年美国货币史》(1963)、《通货膨胀:原因与后果》(1963)、《货币最优数量及其他论文集》(1969)、《货币分析的理论结构》(1971)。

弗里德曼对货币中性与非中性理论的贡献主要体现在两个方面:(1)他受托宾的资产组合理论与凯恩斯货币需求理论的启发,将古典货币数量论发展为一种新式的货币需求理论,赋予了古典货币数量论新的含义,重新复活了古典学派的货币长期中性理论。(2)他在《1867—1960 年美国货币史》一书中对美国1867—1960 年各个时期的货币供给与产出波动关系进行了系统研究,找出了许多货币短期非中性与长期中性的历史证据。以下

是从弗里德曼的相关作品中,选取的他关于货币与经济关系的五种观点:

(1)货币数量的增长率和名义收入的增长率之间存在一致的但不十分精确的关系,如果货币数量增长很快,名义收入也同样增长很快。在短期内这种关系并不能很明显地观察到,因为货币增长的变化影响名义收入存在时滞效应,当前的货币增长率和当前的收入增长率并不是紧密相关的,平均来说,货币增长率的变化引起的名义收入增长率的变化平均存在 6~9 个月滞后。然而即使货币增长会影响名义收入,这种关系仍然是不十分确定的,因为从货币的变化到收入的变化之间存在很多其他影响因素。

(2)名义收入增长率的改变首先会体现在产出上,然后在更长的时间内会体现在价格上。一般而言,在 5~10 年的短期,货币的变化主要影响产出,在超过 10 年的长期中,货币增长率的变化主要影响价格。

(3)通货膨胀在任何时候、任何地方都是一种货币现象,当然只有当货币数量增长远远快于产出增长时,才会产生通货膨胀。

(4)货币增长的变化一开始会从一个方向影响利率,但是一段时间后则会从相反的方向影响利率。快速的货币增长一开始会趋于降低利率,但是稍后,随着货币供给增长提高了经济中的总支出并刺激了价格上涨,企业就会增加对贷款的需求;反之,利率就会提高。另外,价格的提高会造成实际利率和名义利率的差异。

(5)政府支出增加如果是由印造货币,取得铸币税实现的,那就一定会引起通货膨胀,如果政府支出是依靠收税或发行公债实现的,则不会造成通货膨胀,主要的影响就是政府借纳税人的钱代替纳税人支出[①]。

上述五点又被弗里德曼归纳为货币主义的三个基本命题:

---

① 转引自[澳]刘易斯:《货币经济学》,经济科学出版社,2008 年,第 142 页.

（1）货币最重要，货币的变化是说明产量、价格变化的最主要因素。

（2）货币存量（或者说货币供应量）的变动，是货币推动力的最可靠的测量标准。

（3）货币当局的行为，支配着经济周期中货币存量的变动。因而通货膨胀、经济萧条或经济增长都可以而且应当唯一地通过货币当局对货币供应量的管理来加以调节。

由上述观点可知，弗里德曼的货币理论是一种短期非中性、长期中性的货币理论。古典学派的货币理论重视货币对经济的长期效应，凯恩斯主义的货币理论重视货币对经济的短期效应，弗里德曼综合了两个学派的思想，把对货币的长短期效应综合起来进行研究，他写道："因此，我们似乎不能怀疑，在相当短的时期内，货币供给的较大变动会使得收入和价格发生方向相同的变动；反过来，在相当短的时期内，在货币供给没有发生较大变动的情况下，收入和价格的较大变动（即相当大约短期通货膨胀或通货紧缩）将非常不可能发生。而在相当长的时期，货币对经济的真实产出的短期影响逐渐消失，经济会朝着一种均衡可持久的增长率收敛，该增长率独立于货币因素，它只取决于生产率与储蓄的真实力。"[①]

第二节　弗里德曼的货币需求函数与货币长期中性

一、弗里德曼的货币需求函数

弗里德曼的货币中性与非中性理论是以其货币需求理论为基础的。《通论》出版后，理论界逐渐淡化了对传统货币数量论的

---

① （1）、（2）、（3）见［美］弗里德曼：《弗里德曼文萃》，首都经济贸易大学出版社，2001年，第230-288页。

研究,转而信奉凯恩斯的货币需求理论。尽管如此,以芝加哥大学为核心的少数学术中心仍然坚持把货币数量论作为重要的经济理论加以讲授。在这里,奈特、瓦伊纳、西蒙斯和明茨等经济学家都对传统货币数量论的继承与发展做出过贡献,他们试图改造传统的货币数量论,使之能够用来解释短期经济现象。弗里德曼受上述经济学家的影响,于 1956 年发表了《货币数量论:一种新的表述》,在这篇文章中,他把传统的货币数量说发展成一种包含多种资产在内的新型货币需求理论,赋予了古典货币数量论新的定义,为货币主义的货币长期中性理论奠定了基础。弗里德曼对他的货币需求理论进行了四点说明:

(1)货币数量论首先是一种货币需求理论,它既不是一种产出理论,也不是一种货币收入理论和价格水平理论。

(2)对最终财富所有者来说,货币是持有财富的一种形式,财富持有者根据已知和预期的收益,在多种资产中进行选择,就像选择债券、股票、耐用消费品一样,这样就形成了对资产的供给。对于企业而言,货币是一种生产资料,企业生产产品形成了对货币资产的需求。

(3)对最终财富所有者来说,对货币的需求主要取决于三种因素:①公众以各种形式持有的总财富,它相当于预算约束;②货币财富与其他形式财富的价格和收益比较;③财富所有者的兴趣和偏好。

(4)个人的总财富是决定货币需求的主要因素。总财富是一个广泛的概念,它包含了收入、消费、劳务的所有来源。

弗里德曼分析了人们以 5 种不同形式资产持有财富的收益与成本,它们分别为:“(1)货币(M);(2)债券(B);(3)股票(E);(4)非人力实物商品(Q);(5)人力资本(H)。”[1]其中债券、股票和实物资产被弗里德曼列为货币的主要替代品,这三种资产的收益构成了持有货币的代表性机会成本。

_____

[1]　[美]弗里德曼:《弗里德曼文萃》,首都经济贸易大学出版社,2001 年,第 307 页.

1. 货币

弗里德曼认为货币同其他任何资产一样,能对其持有者提供劳务流量。这些劳务流量可以是货币收益,也可以是现金余额带来的便利性、安全性、流动性等隐性收益。单位名义货币得到的这种"实际收益"的大小,取决于与它相对应的商品的多少或一般价格水平。

2. 债券

弗里德曼认为,标准债券是用名义单位表示的对一个永久收入流的请求权。它的收益由两部分组成:一是债券票面利息,二是因债券价格变动而引起的资本收益。在时间 $t=0$ 时,投资 1 美元债券能获得的收益可用公式表示为:

$$[r_b]_0 + [r_b]_0 \times \frac{\mathrm{d}}{\mathrm{d}t}\left[\frac{1}{[r_b]_t}\right] \tag{4.1}$$

式中,$\frac{1}{[r_b]_t}$ 为每年收益为 1 美元的债券在时间 t 时的价格;$\frac{\mathrm{d}}{\mathrm{d}t}\left[\frac{1}{[r_b]_t}\right]$ 为债券价格的变化率;$[r_b]_0 \times \frac{\mathrm{d}}{\mathrm{d}t}\left[\frac{1}{[r_b]_t}\right]$ 为一美元债券的价格改变率。

对式(4.1)的时间求积分可得:

$$[r_e]_0 + \frac{1}{p_t}\frac{\mathrm{d}p_t}{\mathrm{d}t} - \frac{1}{[r_e]_t}\frac{\mathrm{d}[r_e]_t}{\mathrm{d}t} \tag{4.2}$$

当时间逼近零时,式(4.2)可以近似地表示为:

$$[r_b]_0 - \frac{1}{[r_b]_t} \times \frac{\mathrm{d}[r_b]_t}{\mathrm{d}t} \tag{4.3}$$

式(4.3)近似地表示了投资 1 美元债券可得到的名义收入。

3. 股票

弗里德曼认为股票持有人的名义收益具有三种形式:(1)在价格不变条件下,每年能获得的固定的名义股息量;(2)价格变动后,该名义量的增量或减量;(3)随着时间的推移,股票名义价值发生的变化。投资 1 美元股票能获得的收益可用公式表示为:

$$[r_e]_0 \frac{p_t}{p_0} + \frac{[r_e]_0}{p_0} \times \left[\frac{p_t}{[r_e]_t}\right] \tag{4.4}$$

式中，$[r_e]_0$ 是股票的股息；$\frac{1}{[r_e]_t}$ 是 1 美元的股票在时间 t 时的价格；$\frac{\mathrm{d}}{\mathrm{d}t}\left[\frac{1}{[r_e]_t} \times \frac{p_t}{p_0}\right]$ 是每一时刻股票价格的变化率，对式(4.4)求积分，在时间逼近零时，可近似地得到：

$$[r_e]_0 + \frac{1}{p}\frac{\mathrm{d}p}{\mathrm{d}t} - \frac{1}{[r_e]_t}\frac{\mathrm{d}[r_e]_t}{\mathrm{d}t} \tag{4.5}$$

式(4.5)就是投资 1 美元股票可得到的名义收入。

4. 实物商品

弗里德曼认为实物商品也构成财富。与债券和股票不同，实物商品的收入流是实物形态，而不是货币形态。在这个意义上，实物商品当作资本资产储存，根据一般价格水平增值或是贬值，可以产生两种名义收益：(1)提供的服务流量。(2)价格变化产生的收益。在时间 $t=0$ 时，1 美元实物商品能获得的收益可用公式表示为 $\frac{1}{p_t}\frac{\mathrm{d}p_t}{\mathrm{d}t}$，由此可以看出，通货膨胀率的增加提高了以货币形式持有财富的成本。

5. 非人力财富与人力财富在总财富中的比例

除上述变量外，弗里德曼还认为非人力财富与人力财富在总财富中的比例，以及财富所有者对不同形式财富所提供劳务的偏好也会影响货币的需求。他说："大多数财富持有者的主要资产是他们的个人赚钱能力，但是由人力财富向非人力财富的转化，或者作相反的转化，则由于制度方面的约束而受到很大限制。"[1]弗里德曼认为人力财富与非人力财富间的替代率受经济周期影响，当经济不景气时，更难以把人力财富转变为非人力财富。因此，为了防止人力财富不能有效转化为收入，人力财富在总财富中的比例越大，对货币的需求也就越大。

---

[1]　[美]弗里德曼：《弗里德曼文萃》，首都经济贸易大学出版社，2001年，第98页.

综上所述,弗里德曼认为影响货币需求的主要因素为总财富、债券的收益、股票的收益、实物资产的收益、非人力财富对人力财富的比例。据此,弗里德曼提出了如下货币需求函数:

$$M_t = f(P_t, [r_M]_t, [r_b]_t - \frac{1}{[r_b]_t}\frac{d[r_b]_t}{dt}, [r_e]_0 + \frac{1}{p}\frac{dp_t}{dt}$$

$$- \frac{1}{[r_e]_t}\frac{d[r_e]_t}{dt}, \frac{1}{p}\frac{dp_t}{dt}, W_t, w_t, u_t) \tag{4.6}$$

式中,M_t 为名义货币需求量;P_t 为价格水平;W_t 为总财富;w_t 为非人力财富点总财富的比例;u_t 为货币偏好变量。

弗里德曼假定,证券市场套利行为可使得债券收益和股票收益相等,且债券和股票的预期收益随着时间变化是稳定的,则有:

$$[r_b]_t - \frac{1}{[r_b]_t}\frac{d[r_e]_t}{dt} = [r_e]_0 + \frac{1}{p}\frac{dp_t}{dt} - \frac{1}{[r_e]_t}\frac{d[r_e]_t}{dt} \tag{4.7}$$

$$\frac{d[r_b]_t}{dt} = \frac{d[r_e]_t}{dt} = 0 \tag{4.8}$$

则需求函数(4.6)可以变为如下形式:

$$M_t = f(P_t, [r_M]_t, [r_b]_t, [r_e]_0, \frac{1}{p}\frac{dp_t}{dt}, Y_t, w_t, u_t) \tag{4.9}$$

假设需求函数与名义变量相互独立,并且满足 Y 和 P_t 齐次性假设,则两边除以 P_t,方程可变化为:

$$\frac{M_t}{P_t} = \frac{1}{V([r_M]_t, [r_b]_t, [r_e]_0, \frac{1}{p}\frac{dp_t}{dt}, \frac{Y_t}{P_t}, w_t, u_t)} \tag{4.10}$$

其中

$$V([r_M]_t, [r_b]_t, [r_e]_0, \frac{1}{p}\frac{dp_t}{dt}, \frac{Y_t}{P_t}, w_t, u_t)$$

$$= \frac{1}{f([r_M]_t, [r_b]_t, [r_e]_0, \frac{1}{p}\frac{dp_t}{dt}, \frac{Y_t}{P_t}, w_t, u_t)}$$

再利用 $\frac{Y_t}{P_t} = y_t$,方程可变化为:

$$\frac{M_t}{P_t} = y_t f\left([r_M]_t, [r_b]_t, [r_e]_0, \frac{1}{p}\frac{dp_t}{dt}, w_t, u_t\right)$$

$$= \frac{y_t}{V([r_M]_t, [r_b]_t, [r_e]_0, \frac{1}{p}\frac{\mathrm{d}p_t}{\mathrm{d}t}, w_t, u_t)} \tag{4.11}$$

方程(4.11)可以简写为：

$$M_t V = y_t P_t \tag{4.12}$$

方程(4.12)就是弗里德曼推导出来的货币需求方程式。其形式和古典货币数量方程式完全一样,但此时的 V 不再是一个在古典数量论里饱受争议的常数,而是受多种因素影响的一个不确定的变量。尽管弗里德曼在随后的经验检验中发现 V 在短期内确实是一个较稳定的量,但它也能以一种可预测的方式随影响货币需求变量的变化而改变。帕廷金(Patinkin,1968)认为:"费里德曼的货币需求函数并不是全新的,而仅仅是对凯恩斯货币需求理论的发展。"[1]因为按弗里德曼的货币需求方程,货币需求余额随收入的增加而增长,随利率的上升而下降,与凯恩斯的货币需求方程结论一致。但与凯恩斯的货币需求理论不同,弗里德曼的货币需求模型并没有根据区分人们持有货币的不同动机。对于作为货币的美元,弗里德曼认为:"并不能根据人们是出自于这种目的持有美元还是出自于其他目的持有美元而进行区分。相反,我们可以认为每1美元都在提供多种劳务,货币持有者在不断地改变他的货币持有量,直到在他的货币存量中增加1美元所增加的总劳务流对于他的价值,等于在他持有的任何一种其他形式的资产中减少1美元所减少的劳务流对于他的价值。"[2]

二、弗里德曼的需求函数与货币长期中性

弗里德曼以货币需求函数为基础,从以上各种资产的相对价格调整角度说明了货币短期非中性与长期中性的调整过程。弗

---

① Patinkin. D. and D. Levhari,"The Role of Money in a Simple Growth Model," American Economic Review,1968,58:29-50.

② [美]弗里德曼:《弗里德曼文萃》,首都经济贸易大学出版社,2001年,第318页。

里德曼把货币作用于经济的过程分为三种效应：初期的冲击效应、中期的收入和价格水平效应、长期的价格预期效应。

（一）初期的冲击效应

弗里德曼认为，初期的冲击效应是由流动效应和第一轮可贷基金效应组成的。而流动性效应来源于期初的货币供给变化使得人们重新安排资产结构造成的利率变化。

假定在初始状态下，产出和货币数量的年增长率都是 3％，货币流通速度和价格相对稳定，名义利率为 4％。这时，如果经济中的货币供给速度由 3％增加到 8％，这意味着人们手中的现金余额相对增长了 5％，假设这种增长是不可预期的，弗里德曼认为："在货币速度增长的较短一段时间内，现金被当作一种存量的吸收器而持有，公众除持有超额现金之外最初不会发生什么事。"[①]这种短暂的时期过后，超额货币的积累使得货币持有者很快发现他们的资产构成已经失调，理性的公众出于最大化总财富的考虑会重新调整自己的资产结构，在这个过程中，他们会减少货币资产的持有，增加对债券、股票、商品资产等其他资产的需求，其他资产的价格也因此上涨，并迫使经济中利率下降，这就是弗里德曼所说的流动效应。

第一轮可贷基金效应是在利率和名义货币量变动率之间产生的一种关系。如果把货币增长率由 3％升到 8％看成是中央银行进行公开市场业务操作的结果，商业银行就会相应增加货币储备，其用于发放贷款的货币也会增加，如果不考虑增加的贷款支出对产出和价格形成的后续影响，则商业银行可贷资金供给的增长会促使利率下降。当流动效应和第一轮可贷基金效应共同起作用时，这两种"联合效应"就构成了弗里德曼的第一轮冲击效应，结果将会使整个经济的投资支出增加，总收入和价格水平也会相应增加。

---

① ［美］弗里德曼：《弗里德曼文萃》，首都经济贸易大学出版社，2001 年，第 46 页.

(二)中期的收入效应和价格水平效应

在弗里德曼看来,持续上升的货币余额和利率的下降产生的冲击效应将会刺激投资和消费需求,同时总产出也会因需求增加而增加,价格水平上涨,这些效应反过来又会重新增加人们对货币余额的需求,中期的收入效应和价格水平效应开始取代冲击效应对经济产生影响。对货币的需求主要来自两方面:(1)良好的经济形势会刺激企业扩大生产的积极性;(2)收入的增长会引起人们对交易需求所需的现金余额增加,这些变化反过来又会刺激利率上升,抵消来自第一轮冲击效应引起的利率下降压力,并且时间越长,利率上升的趋势越明显,于是,经济中的投资开始减速,达到一定程度后,产出的增长方向也开始逆转,经济增长率最终会恢复到货币增长率没有变化时的水平。从长期来看,弗里德曼认为经济增长率不会受货币变化的影响,他受奈特资本理论中"芝加哥特例"的影响,认为资本主义或多或少都能够以某一稳定的速率无限扩张,要么是因为投入的生产要素最终可以相互替代,要么是由于技术进步可以消除任何物质世界的约束,因此资本的边际产出总可以保持为一个常量,这意味着经济中也总存在一个真实的自然利率,它不会因为货币政策而永久性地改变。因此,弗里德曼认为货币供给的变化并不会改变实际收入的长期趋势,实际收入的最初加速必然会相应出现一个随之而来的减速过程。

(三)长期的价格预期效应

弗里德曼认为冲击效应和中期收入效应的共同作用还会形成价格预期效应。他写道:"在初期,8%的货币增长率能够大致与8%的名义收入增长率相适应,其中5%为物价上涨率,3%为实际收入增长率,但是,这实际上不是一个长期稳定的均衡状态,当价格每年都上涨5%时,公众迟早会形成一种预期,于是,经济中的指数化合同开始流行起来,贷款者将要求在真实利率的基础上加上 5% 的通货膨胀率;工会在和厂方议价时,也会要求工人工资能够按照实际价格水平进行调整,这些行为最终会导致实际利率向真实利率回归,而名义利率远高于最初水平。"①

综上所述,弗里德曼关于货币长期中性的传递机制可归纳为:(1)货币传递机制的内容由可贷出基金效应、收入效应、价格预期效应三个过程组成,货币变动对经济的调整过程会持续很长时间,而且会影响到许多经济变量。(2)货币对名义收入的短期效应是由于名义货币需求变动率与名义货币供给变动率的差异形成的,名义收入的这种变化,既可以表现在价格变化上,也可以表现在产量变化上。(3)长期来看,真实产出会回归到货币供给改变之前的真实就业率水平,货币供给的变化会完全反映在名义收入的价格变化上,这种短期调整过程与长期均衡状态之间的转变,是通过公众不断地修正预期而实现的。

另外,弗里德曼认为货币之所以在短期表现为非中性,是因为有一些经济主体没有很快意识到货币增长率发生改变,因而在预期通货膨胀时,这些经济主体没能充分考虑这种预料之外的变化,导致整个经济体系呈现名义刚性和货币幻觉。名义刚性的存在将会造成产品价格的上涨幅度超过名义工资的上涨幅度,企业利润增加,企业家就会有更大的激励去增加生产和扩大投资,企业增加的利润也为企业家增加投资提供了资金来源。另外,如果名义利息水平存在刚性,价格上涨就会使企业家向银行借款的实际利率下降,企业成本降低,利润增加,这也增加了企业家扩大生产的意愿。由于货币幻觉,工人们会把名义工资的上涨理解成实际工资的上涨,他们就会增加劳动供给,整个社会的产出也会增加。但上述货币刺激生产的过程并不会持续很长时间,一旦人们认识到这是物价水平上升的结果,工人们就会调整预期,这些由名义刚性和货币幻觉带来的货币非中性效果就会因自动调整条款而消失。如果要保持这种价格上涨的好处,那么价格的上涨率

---

① [美]弗里德曼:《弗里德曼文萃》,首都经济贸易大学出版社,2001 年,第 318 页.

将不得不加速,这就会造成价格与工资交替加速上升的局面,最终将会导致恶性通货膨胀,对总产出产生更加不利的影响。

第三节　弗里德曼对货币中性与非中性的实证检验

弗里德曼和施瓦茨在《美国货币史》一书中,实证研究了美国1867—1960年货币供给与产出变化的关系,这部著作也可以看作是对他的货币中性与非中性理论的实证检验。按照经济发展情况和货币供给变化情况,他把1867—1960年期间的93年划分为许多不同的时期,然后分别研究了这些不同时期内货币供给变化对真实产出的影响。他得出的结论是,在短期内,货币供给的变化基本上与商业周期一致,特别是在商业周期的衰退阶段,必定伴随着货币存量的下降。但如果把研究时期延伸得更长一些,比如10年以上,弗里德曼的统计结果表明,与短期内货币和真实产出明显的顺周期效应不同,货币变动和真实产量变动的长期关系非常复杂,他并没能找到货币变动影响真实产出的长期证据,或者说在他看来,影响产出增长率的因素独立于货币存量的变化,他说道:"产量变动首先取决于一些基本因素,如可以得到的资源、这个社会的产业组织、知识和技术的增长、人口的增长以及资本的积累等,货币变动和价格变动只能作为配角在其中发挥作用。"①

一、货币短期非中性的证据

弗里德曼和施瓦茨从持续时间相对较短的商业周期中找到了货币短期非中性的证据。在《美国货币史》中,他们从1867—1960年这93年间找出了6个经济严重衰退期,分别为1873—1879年、

---

① [美]弗里德曼:《弗里德曼文萃》,首都经济贸易大学出版社,2001年,第343页.

1893—1897 年、1907—1908 年、1920—1921 年、1929—1933 年、1937—1938 年，其中最严重的经济衰退发生在 1929—1933 年，这些经济衰退期的平均持续时间都只有 2～4 年，这为他们研究货币供给与真实产出的短期关系提供了极好的条件。他们研究发现，尽管上述 6 个衰退时期衰退程度并不相同，但每一次衰退都伴随着货币存量的明显下降，其中货币存量最严重的下降发生在 1929—1933 年的大萧条期间。在上述 6 个严重紧缩期内，有两个时期(1920—1921 年和 1937—1938 年)货币存量的下降是联邦储备银行的政策导致的结果，其他 4 个时期货币存量下降则是因为发生了银行扰动或货币扰动。以 1920—1921 年、1929—1933 年、1937—1938 年这三次经济衰退为例，联邦储备银行分别在 1920 年 1 月到 6 月、1931 年 10 月、1936 年 7 月到 1937 年 1 月这 3 个时期，发布了具有强烈约束力的法令。在 1920 年 1 月，当商业银行从储备银行的借款超过了它们的总准备金余额时，联邦储备体系将贴现率从 4.75％提高到 6％，在 1920 年 6 月，联邦储备体系又将贴现率进一步提高到 7％；在 1930—1931 年，银行倒闭的浪潮袭卷美国所有商业银行，商业银行对联邦储备体系的负债也不断增长，在 1931 年 10 月，联邦储备银行将贴现率从 1.5％提高到 3.5％；在 1936 年 7 月和 1937 年 1 月，美国财政部采取黄金冻结措施，这等价于大规模地限制公开市场业务，同时，联邦储备银行宣布分 3 个阶段将法定准备金提高 1 倍，有效期至 1937 年 5 月 1 日。联邦储备银行的这些行动使得货币减少非常明显，在 1920 年 1 月到 6 月、1931 年 10 月，货币存量在联邦储备银行政策实施之后的几个月出现了急剧下降；而在 1931 年，货币存量在联邦储备银行政策实施之后，立即就发生了急剧下降，这些下降是 1867—1960 年联邦储备银行历史上最剧烈的 3 次，分别下降了 9％(1920 年)、14％(1931 年)和 3％(1937 年)。与此同时，与这些货币变动相联系的产出变动也表现得非常剧烈，以上 3 次货币存量的下降都导致了美国工业生产的急剧下降。在 1920 年和 1936—1937 年，在货币政策实施几个月以后，发生了工业生产的急剧紧缩;而在 1931 年,在货币政策实施以后,工业生产立刻就出现了急剧紧缩,以上 3 个时期的工业产值在 12 个月的时间内分别下降了 30%(1920 年)、24%(1931 年)、34%(1937 年)。这些数据无疑是货币影响产出的最直接可靠证据,特别是 1929—1931 年的经济紧缩,它是 1929—1933 年大萧条的第一阶段,这次经济紧缩与其他任何经济时期相比,更能直接说明短期内货币变化对经济波动的直接影响,在这次危机中,联邦储备银行错误的货币政策致使这期间的货币存量下降 1/3,也没有出台阻止经济活动的相应措施。危机过后,联邦储备体系做出解释说,由于导致紧缩的非货币力量非常强大,使得联储无力阻止这种衰退的态势,而且联储还认为货币存量下降的程度应该与产出下降的程度相一致,而不是弗里德曼所证实它们之间相反的因果关系,即货币存量下降导致了总产出下降。

弗里德曼还认为,货币存量的谷底经常与经济周期谷底重合,以 1873—1879 年为例,这段时期的严重紧缩是由于人们争论是使用美钞还是恢复硬币支付以及 1873 年的银行危机引起的,他写道:"货币存量在 1870 年 12 月的经济周期谷底前加速增长,此后在 1873 年 10 月经济周期顶峰前减速增长,然后又在 1879 年 3 月的经济周期谷底前加速增长,对于 1879 年的经济周期谷底,货币存量的相对加速表现为 32,与以前相比,下降速度更慢,因而货币存量水平的绝对低点同时也与经济周期谷底同步,我们可以在半年数据中看到。我们发现,货币存量在经济周期谷底之前增长、在经济周期顶峰之前下降的现象(两者都存在相当长的时间间隔),在以后的实践中反复出现。"①

二、货币长期中性的证据

经济学家一致认为恶性通货膨胀会严重扭曲资源的有效配

---

① [美]米尔顿·弗里德曼:《美国货币史》,北京大学出版社,2009 年,第 482-483 页.

置,阻碍经济发展。在凯恩斯提出货币短期非中性理论后,一些经济学家开始相信由价格缓慢增加引起的温和通货膨胀有利于长期经济增长。持这种观点的人提出了 3 种理由:(1)工资存在刚性。一部分人认为,工人们往往会对企业削减自己的名义工资产生不满情绪,但相对容易接受由价格水平上升导致的实际收入水平下降,这样,在温和的通货膨胀下,由货币供给增加引起的产品价格上涨将会快于名义工资上涨,企业利润就会增加,在这种情形下,一方面,好的经济环境会刺激企业提高产量、扩大生产;另一方面,企业增加的利润也能够为其扩大生产提供资金,整体经济将会进入一个良性的增长通道。(2)工人工资上涨的趋势。一些经济学家认为,由于存在强大的工会,工人的工资水平即使在经济形势不好的情况下,也会存在上涨的趋势。如果货币增长率一直保持不变,企业就会因为成本上升导致利润下降,而通过增加货币供给促使名义价格上涨的方法将会增加企业利润,抵消工资上涨的压力。(3)名义利率黏性。持这种观点的人认为,利率对价格上涨进行调整的速度相对缓慢。例如,如果价格水平每年上涨 2%,那么,4% 的名义货币贷款利率就相当于 2% 的实际利率,如果价格水平由每年上涨 2% 变为 4%,由于利率对价格上涨进行调整的速度相对缓慢,4% 的名义货币贷款利率很难调整到 6% 的水平,因此,对生产企业而言,他们从银行借款的实际成本相对降低,这将刺激他们进行更多的投资。

另外一些经济学家则对上述观点进行了反驳,他们认为:(1)普遍上升的价格将会降低企业提高效率的动力,这会对长期生产率的提升产生不利影响。(2)较大幅度的价格上涨会刺激企业更愿意进行投机而不是进行生产活动,消费者也会因为通货膨胀税的提高而减少储蓄,银行提供给企业投资的资金就会减少。(3)各种产品价格的快速变动打乱了产品间正常的相对价格体系,这样不利于资源的合理配置。(4)一旦人们普遍认识到价格正在上升,那么在前面列出的好处就会因自动调整条款而消失。

弗里德曼在《美国货币史》中对货币长期中性问题进行了实证研究,结果表明:"价格变动和产量变动之间的长期关系非常复杂,数据分析的结果并没有为上述观点中的任何一方提供明确的支持。"①弗里德曼从美国 1867—1960 年这期间划分出 4 个经济增长相当较长的稳定阶段,分别为 1882—1892 年、1903—1913年、1923—1929 年、1948—1960 年。他研究发现,在以上 4 个稳定时期内实际收入增长率大致相同,但是每一时期的货币存量增长率和价格增长率却完全不同,在一个时期价格出现上升,而在另外一个时期价格可能出现下降。其详细结果如下:(1)1865—1879 年是一个发展极其迅速的时期,虽然在这个时期内,价格变动和产量变动都没有呈现有规律地变化,但总的来说,在这期间,价格水平下降了一半,产量则迅速增长。(2)1897—1913 年是一个货币供给增长较快,价格普遍上涨的时期,1880—1897 年则是货币供给下降,且价格普遍下降的时期。如果中等程度的通货膨胀有助于经济增长的结论成立,那么 1897—1913 年平均产出增长率应该会比 1880—1897 年平均产出增长率更快,但是实际情况却并不是这样。如果排除 19 世纪 90 年代早期这个货币非常不确定的时期和随之而来的一个货币迅速扩张时期,在剩下的时期内,19世纪 80 年代价格出现了普遍下降,而在 20 世纪初期价格出现了普遍上涨,但这两个时期人均实际产出增长率却基本相同。此外,尽管 1908—1914 年价格出现快速上涨,但产出增长率却要缓慢得多。(3)弗里德曼还以英国为例对货币长期中性进行了验证。在 19 世纪 80 年代以前,英国出现了价格水平普遍下降的现象,而在 19 世纪 80 年代以后直到第一次世界大战前价格又出现了普遍上涨,但前一时期人均产量比后一时期的产出增长率要高得多。此外,英国政府在 20 世纪 20 年代曾采用降低货币增长率的方法来控制价格水平上升,但随之而来的是产出增长率快速下降。

---

① ［美］米尔顿·弗里德曼:《美国货币史》,北京大学出版社,2009 年,第 216 页.

弗里德曼从以上的实例分析中得出结论:产出的长期增长率并不受货币供给变化的影响,并且在价格相当稳定时期的增长率要快于价格波动较大时期的增加率。因此,在弗里德曼的政策建议中,他一直把价格稳定放在首要位置。

第四节　货币主义的货币政策

一、货币主义基于货币短期非中性与长期中性的货币政策

弗里德曼是以一个经济自由主义的捍卫者身份出现在以凯恩斯经济理论为主导的西方经济世界的,同古典经济学家一样,他相信市场机制是配置资源、组织生产最有效率的方式。对于 19 世纪中期到 20 世纪中期资本主义世界的几次经济危机,他认为是政府错误的货币政策或是其他意外原因导致的货币存量大幅波动造成的,他相信,只要政府实施一种与经济增长相适应的稳定货币供给政策,资本主义就不会发生大的经济危机。具体来说,弗里德曼主张货币当局实施一种保持价格水平稳定的单一规则的货币供给政策,这种货币供给政策应该满足以下条件:

(1)为了使价格水平保持稳定,货币存量的增长率必须满足新增产出和新增人口对货币的需求。经济增长会使人们实际收入增加,实际收入的增加又会使公众增加交易所需货币量,另外,人口的增长也需要政府发行更多的货币来满足新增人口对货币的需求。弗里德曼根据过去的经验提出:"在考虑经济增长和人口增长的因素下,为了保持长期价格稳定,货币存量必须每年增长 3%～5%。"[①]

(2)为了避免通货膨胀和通货紧缩,弗里德曼认为既要避免货币存量快于 3%～5% 的增长率,又要避免货币存量慢于这个增

---

① ［美］弗里德曼:《弗里德曼文萃》,首都经济贸易大学出版社,2001 年,第 366 页.

长率。按照弗里德曼的分析,通货膨胀和通货紧缩完全是一种货币现象,当经济中货币供给太多,就会发生通货膨胀;反之,货币供给下降,就会引起通货紧缩。他写道:"持续的通货膨胀不可能在货币供给没有迅速增长的情况下发生,同样,持续的通货紧缩不可能在货币供给快速增长的情况下发生。"

(3)货币存量增长率必须让公众容易理解,使他们形成正确的预期。弗里德曼很重视预期因素对经济产生的影响,他认为公众错误的预期也是经济产生波动的原因。

从以上三点可以看出弗里德曼的货币政策核心是维持价格稳定,他提倡的 3‰～5‰ 的货币供给增长率是根据美国在1867—1960 年这段时期的实际情况提出的经验法则。他认为这种政策不可能导致价格水平变动严重偏离相对稳定,从而保证产出持续增长。

二、弗里德曼对凯恩斯货币政策的批判

凯恩斯主义的货币政策认为,在经济周期的下降阶段,政府应该实施扩张性财政政策和扩张性货币政策的"双扩组合",而在经济周期的上升阶段,政府应该实施紧缩性财政政策和紧缩性货币政策的"双紧组合",人们也把凯恩斯的这种逆经济风向而动的经济政策称为相机抉择。早期的弗里德曼也曾赞同过凯恩斯主义的这种经济政策,他在 1948 年提出的一套政策方案中,弗里德曼明确考虑了货币政策与财政政策之间的相互作用,他认为政府税收与支出应该考虑调节联邦政府的预算,使其在一个较高的就业水平上实现平衡,这就意味着在繁荣的年份里会出现盈余,而在萧条时,则会出现赤字。更进一步地说,萧条时应该通过发行货币而不是发行债券来弥补,而当出现盈余时,就应该减少货币供给,因而,财政与货币两方面的综合反应就可以提供对经济周期的深度防范,这些早期政策表明弗里德曼曾受凯恩斯主义自动稳定器和功能性财政经济思想的影响,但随着时间的推移,弗里

德曼有关货币政策的观点出现了改变。1960年,弗里德曼的货币政策主张就有些不同了,他开始怀疑政府实施相机抉择货币政策的能力,并第一次提出了稳定货币增长率的建议,从此以后,弗里德曼一直对稳定性货币政策深信不疑,转而开始了对凯恩斯主义经济政策进行批判。他指出:"尽管可以得到的证据表明,与在较长的时期内一样,在经济周期中,货币变动与产量变动和价格变动之间存在一种密切的联系,但是,它也使得我们严重怀疑存在着通过微调货币政策来微调经济活动的可能性。"①弗里德曼之所以反对采用这种逆经济风向的货币政策,是因为他认为货币政策作用于产出的过程存在时滞,而这种时滞有很强的不确定性,政府很难准确把握。比如在某个时期,经济出现了衰退迹象,货币当局启动一项扩张性货币政策,假如政策起作用的时间是10个月,而经济在5个月的时候依靠市场的自我修复能力已经自动走出了衰退,而且在接下来的5个月内,逐渐走进了经济周期的上升通道,那么10个月前制定的这项扩张性货币政策显然会对此时的经济起到火上加油的作用。弗里德曼举了两个因时滞使货币政策失效的例子:(1)美联储为了抑制发生在美国1956年下半年和1957年上半年的通货膨胀,在这期间美联储实施了紧缩性货币政策,但由于时滞的原因,这项紧缩政策一直到1959年年底才起作用,这直接导致了1960年美国的经济衰退。(2)弗里德曼认为,1956年的通货膨胀是美联储为了抵消1953—1954年衰退而采取的扩张性货币政策的一个滞后影响。因此,他说道:"对相机抉择的货币政策的可能性存在着严重的限制,而且这样的货币政策具有非常大的危险,它很可能是把事情搞糟而不是使事情变好。与联邦储备体系建立以来的任何较早时期内它所遵循的政策相比,它在1951年以来所遵循的政策之所以明显较好,主要是因为它已经避免了货币供给增长率的大幅度波动。"②

---

① [美]弗里德曼:《弗里德曼文萃》,首都经济贸易大学出版社,2001年,第411页.
② [美]弗里德曼:《弗里德曼文萃》,首都经济贸易大学出版社,2001年,第348页.

第五节　本章小结

弗里德曼被公认为是自凯恩斯以来在货币领域最具影响力的经济学家,正是在他和他的合作者的努力下,用货币主义这个新概念,使得 20 世纪 30 年代被凯恩斯货币短期非理论取代的古典货币数量理论再次复苏,在货币中性与非中性方面,他提出了两个重要命题:(1)在短期,货币供给的变动会影响真实产出,并认为货币供给在较短时间内发生的大幅变动是经济周期产生的主要原因。(2)在长期,货币供给的变动会完全反映在价格水平上,货币具有长期中性的特征。基于以上两种认识,弗里德曼提出了著名的单一规则货币供给政策。

然而事实证明弗里德曼并没能成功复活古典货币长期中性理论,理论上的缺陷和政策实践上的失败注定了弗里德曼的货币中性与非中性理论只是昙花一现,20 世纪 80 初期,它的光芒逐渐被经济自由主义的另一分支——理性预期学派所掩盖。以下是弗里德曼的货币理论招致的一些批判:

(一)传递机制的不明确

布伦纳和梅尔泽认为,弗里德曼在用货币数量论解释货币短期非中性向长期中性过渡时存在两个缺陷:"(1)弗里德曼并没有说明调整的时限和速度问题。(2)弗里德曼的货币数量论不能解释为什么(或怎么样)名义货币的变动会导致居民或企业购买更多的产品和劳务。因为在他包含微分方程的货币数量论中,既找不到短期的实际余额效应,也没有包括相对价格的改变。"[1]正如卡尔多所说,弗里德曼在描绘货币增加如何导致价格和收入增加时,货币仿佛是在空中从直升机上散发给民众的。

---

① ［美］米尔顿·弗里德曼:《弗里德曼的货币理论结构——与批评者商榷》,中国财政经济出版社,1989 年,第 145-148 页.

(二)来自内生货币供给理论的批判

从 20 世纪 80 年代开始流行的内生货币供给理论认为,货币数量论 MV＝PY 的因果关系应该是从右边到左边,而不是从左边到右边,即应该表述为:PY＝MV,这种情况经常在一个信用经济中出现,因为不论由何种原因引起的名义总收入增加,总会带来对银行体系融资需求的增长,而这些增长的融资需求大部分是在现行利率上提供的,他们提供了一个解释的原因:"在工资成本占总成本很大比例的情况下,通货膨胀基本上是一种'成本推进'的现象,名义工资的增长总会伴随着银行为这些成本融资所提供的贷款的增加,因此也伴随着货币供给的增长。"[1]

内生货币理论对弗里德曼提出了挑战,因为它为货币增长率与名义收入之间的统计关系提供了一种反向的、内在统一的解释,而货币主义者一直将这种统计关系奉为其研究的基础,内生货币理论认为:"仅仅依靠这些统计资料本身并不能为货币主义的货币中性与非中性理论提供证据,原因很明显,相关性不是因果性。"[2]弗里德曼以后拿出他所整理的数据回应了这一挑战,尤其提出了有关货币影响产出在时间先后方面的证据,尽管也考虑到了一些相反方向上的反馈效应,但这些证据确实指出了主要的因果关系是从货币到收入,不过莱德勒(Laidler,1989)认为:"关于货币与名义收入之间的因果关系的经验性证据并非是结论性的,而且任何善于思考的人都可以对这些证据提出异议。不过,接受这种观点就从根本上削弱了弗里德曼所得出的经验相关性的影响力。"[3]

(三)货币政策实践的失败

货币主义之所以失去影响力,还归结于 20 世纪 80 年代英美

[1] [加]史密斯:《货币经济学前沿:争论与反思》,上海财经大学出版社,2003 年,第 54 页.

[2] Moore,B.J.,"The endogenous money supply",Journal of Post Keynesian Economics,1988,10:372-386.

[3] Laidler,D.E.W. "Dow and Saville's, A critique of monetary policy-A review essay." Journal of economic literature,1989,87:1147-1159.

等国"货币主义试验"的失败。1979 年到 1982 年之间,以英国和美国为代表的多个西方国家相继开始了货币主义政策实践,这些国家的货币当局在许多方面都接受了货币主义的观点,比如降低目标货币增长率以抑制通货膨胀,为任何统计意义上的货币总量的增长率设定一个目标。

英国从 1979 年 5 月开始,正式实行货币主义的货币政策。英国政府第一年将货币供应量 M3 的增长率控制在 7%~11% 之间,以后逐年下降 1%。结果英国从 1979 年 7 月开始,发生了严重的经济危机,并一直持续到 1982 年下半年。在这次危机中英国工业生产受到了沉重打击,工业生产指数由危机前的最高点(1979 年 6 月的 116)下降到 1981 年 5 月的 98.4,创战后历次危机的最高纪录。

美国联邦储备委员会主席沃尔克于 1979 年 10 月 6 日宣布,美联储将通过公开市场活动来保证 M1 缓慢而稳定的增长,这标志着货币主义政策正式在美国开始实践,结果美国在 1980—1981 年出现了反常的高利率,1982 年经历了严重失业,紧接着 1981—1982 年又出现了通货膨胀的急剧下降。

从货币主义理论的角度来看,这些实验的结果是令人困惑的,这一系列事件似乎与货币主义先前对此过程所作的预测完全不同,货币量的稳定变化并没有保证这些国家价格和利率的相对稳定,特别是萧条的出现和失业率的上升直接让人对货币主义产生了怀疑。

20 世纪 70 年代西方国家普遍出现的滞胀现象一度使人们对凯恩斯主义的货币政策失去信心,这也为弗里德曼的货币中性与非中性理论的兴起提供了良好的机遇,弗里德曼也不负众望地发表了一系列货币理论著作,正是弗里德曼及其追随者的摇旗呐喊使人们似乎看到了又一个凯恩斯出世,人们曾一度冀希望于弗里德曼的货币主义能够帮助资本主义经济摆脱 20 世纪 70 年代的困境,然而货币主义在英美等国的速败也使得货币主义的货币中性与非中性理论很快就成为历史的过客。

第五章　理性预期学派的货币中性与非中性理论

第一节　理性预期学派及其代表人物简介

一、理性预期学派简介

　　理性预期学派是在 20 世纪 60～70 年代西方国家经济普遍陷入滞胀、凯恩斯主义陷入困境时从货币主义学派中分化出来的一个自由主义学派,其主要代表人物是 1995 年诺贝尔经济学奖获奖者卢卡斯(Lucas,1937—　)。1961 年穆思在其论文《理性预期和价格运动理论》[①]中最先提出了理性预期这个概念。在这篇文章中,穆思运用理性预期分析了有关微观经济学的一些问题。1972 年经济学家卢卡斯发表了《预期与货币中性》一文,首次将理性预期假说引入到宏观经济问题分析。之后,理性预期概念被广泛运用到各种经济问题分析中,一些崇尚自由主义的经济学家卢卡斯、萨金特、华莱士、巴罗等人发表了一系列论文,他们以理性预期和市场出清为假设,从微观个体最优化行为出发、试图建立与微观经济学相一致的宏观经济学。卢卡斯及其追随者也因此被称为理性预期学派,并被誉为西方经济学说史上的第六次革命。

---

　　① Muth,J. F. ,"Rational Expectations and the Theory of Price Movement",Econometrics,1961,29:315-335.

二、卢卡斯简介

卢卡斯生于美国华盛顿州的亚基马市,1955 年,卢卡斯从西雅图的罗斯福公立学校高中毕业,并获得芝加哥大学全额奖学金,成为芝加哥人文学院的一名本科生,主修历史。1959 年,卢卡斯获得了伍德罗·威尔逊博士奖学金,进入加州大学攻读历史专业研究生。在加州大学伯克利分校,他通过选修和旁听一些经济理论课程,对经济学产生了浓厚的兴趣,并决定改学经济学,之后他再次回到芝加哥大学,系统学习经济学理论,并于 1964 年获得芝加哥大学哲学博士。工作后,卢卡斯开始了自己的教学和研究生涯,1970—1974 年任卡内基——梅隆大学的经济学教授,1974—1975 年任芝加哥大学福特基金会的客座经济研究教授,1975 年开始任芝加哥大学经济系副主任、经济学教授,1980 年被评为芝加哥约翰·杜威有优异贡献的教授。1995 年 10 月 10 日,瑞典皇家科学院授予他诺贝尔经济学奖,以表彰他对理性预期假说的应用和发展所作的贡献。卢卡斯一生著作比较多,涉及多个研究领域。在货币理论方面,比较重要的论文有:《预期和货币中性》(1972)、《一个均衡的经济周期模型》(1975)、《理性预期与经济计量实践》(1981)、《经济周期理论研究》(1981)、《经济周期模式》(1987)。在这些论文和著作中,卢卡斯坚持以古典经济理论基本原则为基础,对货币主义的基本研究思路、分析方法、假设前提等进行了修改与发展,对货币中性与非中性理论做出了重要贡献,因此以他为首的理性预期学派也被称为第二号货币主义。

三、理性预期学派对货币中性与非中性理论的贡献

理性预期学派是打着反凯恩斯主义经济干预政策的旗帜登上历史舞台的,因此在货币中性与非中性理论方面,他们反对凯恩斯主义的货币短期非中性理论,并基于理性预期和市场出清假

设,发展了货币主义的货币长期中性理论。总的来说,理性预期学派对货币中性与非中性理论的贡献主要有以下四点:

(1)卢卡斯首次将货币区分为预期货币与未预期货币两部分,并认为预期货币供给不会对产出产生影响,而未预期的货币供给变化会因为给公众造成信息障碍而带来产出的暂时改变,但他同时也认为理性的公众会很快修正错误的预期,这种短期效应也会随之消失,所以在长期,无论是预期货币还是未预期货币都是中性的。卢卡斯还把未预期货币供给导致的产出波动看成是经济周期产生的根源,据此他提出了有名的货币周期理论。

(2)萨金特和华莱士在卢卡斯的影响下,分别于 1975 年和 1976 年连续发表了《理性预期,最优货币工具和最优货币供给规则》、《理性预期与经济政策理论》两篇论文,提出了著名的随机货币中性定理。该定理认为,中央银行根据共同信息集合制定的任何有反馈规则的货币政策都是无效的,这种货币政策会通过公众提前做出反应而被价格完全中和,只有意料之外或者愚弄大众的货币政策才会影响产出,但这只能加剧经济波动。因此,萨金特和华莱士认为:"货币当局利用货币政策来消除经济周期的努力是徒劳的。"[①]

(3)巴罗、基德兰德、普雷斯科特等人将政府决策作为政策制定者与公众之间的一个博弈,利用博弈论的方法证明了货币政策无效性。他们认为:"公众和政策制定者都应该是理性预期的最优化者,双方都存在一个最大化目标函数,货币政策的实施过程是两者相互博弈的结果。"[②]通过运用博弈论方法研究,他们最终证明了货币政策的无效性。

(4)理性预期学派的经济学家以一般均衡方法为基础,通过

① Sargent, T. J. and N. Wallace. ,"Rational Expectations, the Optimal Money Supply Instrument, and the Optimal Money Supply Rule", Journal of Political Economy, 1975, 83:241-254.

② Kydland, R. E. and E. C. Prescott, "Rules Rather Than Discretion: The Inconsistency of Optimal Plans", Journal of Political Economy, 1982, 7:473-491.

理性预期、市场出清、行为人最优化选择等假设条件为货币中性与非中性理论构建了微观基础。与古典学派和货币主义的货币长期中性理论相比,通过这种改进,理性预期学派的货币长期中性理论更加牢固地扎根于瓦尔拉斯传统。

第二节　理性预期学派的货币中性与非中性理论

一、卢卡斯的预期货币中性模型

卢卡斯1972年在《预期和货币中性》一文中提出了一个货币周期模型,在这篇文章中,卢卡斯利用未预期货币供给造成的信息障碍证明了货币短期非中性、长期呈中性的结论。

模型的基本内容如下,考虑一个OLG模型,假定人口增长率为0,每一时期出生完全相同的N个人,每个人存活两期——年轻时期和年老时期,在每年年末,老人死去,年轻人变成老人,新的年轻人出生。其中年轻人能够自由地选择n单位劳动生产商品,老人没有能力生产商品,但政府每年会按一定比例分配货币给老人,这样老年人就可以通过货币购买年轻人的产品,年轻人依靠交换来的货币到年老时再使用,不存在遗产的继承及两代人之间的财政上的支持。卢卡斯还假定整个经济由两个互不交往的市场组成,其中老年人被交叉分配到这两个市场以便使两个市场的货币总需求相等,年轻人则被随机分配到这两个市场。经济中存在两个扰动源:一种扰动来源于年轻人在两个市场的随机分布引起的相对需求冲击,这种扰动会引起两个市场之间的相对价格发生改变;另一种扰动来源于货币数量随机变动引起的名义价格波动。在交易开始后,由于市场不存在任何形式的交流,一个特定的价格变化可能由相对需求变化引起,也可能由名义货币供给变化引起,"价格只是不完全地传递这一信息,迫使经济机构猜测一种特定的价格变动是源于相对的需求变动还是源于名义的(货币的)变动。这一猜测行为导致了货币的非中性。"[①]在该模型中,货币作用于产出的过程如下:假设货币当局突然增加货币供给,总体价格水平出现上涨,市场上的年轻人被迫判断它是由需求扰动引起的相对价格上涨,还是由货币冲击引起的全局性价格水平上涨。在信息不完全的情况下,年轻人会把它看作是两种情况共同作用的结果,组合的比例取决于价格水平过去的均值和方差,若价格水平一直比较稳定,则此次的价格变化会更多地看成是由相对价格变动引起的;若价格长期以来起伏很大,则当前的价格上涨更可能被看作是货币冲击引起的。于是年轻人就会增加劳动供给,总产出增加。但此时市场上的供给变化关系不会像相对价格变化所反映的那样,经过市场间的相互作用趋于平衡,年轻人在增加供给时发现自己产品需求在收缩,他们会很快发现价格上涨是由货币变化引起的,于是就会减少劳动供给,总产出相应减少,经济恢复到货币供给之前的状态。在卢卡斯的理性预期假设下,经济人纠正系统偏差非常容易,这个过程不需要为处理信息付出任何成本。经过一段时间上的延迟,产出和劳动供给将会回复到货币供给以前的水平。由此可见,卢卡斯认为:"在货币供给没能正确预期的前提下,货币在短期表现为非中性,并且这种货币冲击会造成经济波动,波动的传导机制是由于市场分割和货币政策的不透明造成的信息障碍,但在长期,随着理性经济人迅速调整错误预期,经济重新恢复平衡,货币表现为中性。"[②]我们用两个简单的模型对卢卡斯的这种思想加以描述。

(一)完全信息的情形

1. 生产行为分析

假设经济中存在无数个生产某一产品 i 的生产者,对单个生

① [美]卢卡斯:《经济周期理论研究》,商务印书馆,2000 年,第 77 页.
② Lucas,R. E.,"Expectations and the Neutrality of Money",Journal of Economic Theory,1972,April:103-124.

产者而言,其生产函数简单地假设为:

$$Q_i = L_i \tag{5.1}$$

式中,L_i是单个生产者工作的劳动时间;Q_i是其生产的产品数量。假设单个生产者的消费C_i等于其真实收入,其消费量等于P_iQ_i除以整个市场的价格水平,用方程表示为:

$$C_i = y_i = \frac{P_iQ_i}{P} \tag{5.2}$$

再假定单个生产者的效用函数可以用以下方程来表示:

$$U_i = C_i - \frac{1}{\lambda}L_i^\lambda, \lambda > 1 \tag{5.3}$$

上述效用函数表示单个生产者的效用与消费正相关,与劳动时间负相关,且具有消费的边际效用不变、劳动边际效用的递减的性质。

把方程(5.1)和方程(5.2)代入方程(5.3)可得:

$$U_i = \frac{P_iL_i}{P} - \frac{1}{\lambda}L_i^\lambda \tag{5.4}$$

由于是完全竞争市场,单个生产者对市场价格水平具有完全信息,则追求效用最大化的消费者的劳动供给满足:

$$\frac{dU_i}{dL_i} = \frac{P_i}{P} - L_i^{\lambda-1} = 0 \tag{5.5}$$

$$L_i = \left(\frac{P_i}{P}\right)^{1/(\lambda-1)} \tag{5.6}$$

把上述方程式改写为对数形式,并用其小写字母表示与其相对应的对数,可变形为:

$$l_i = \frac{1}{\lambda-1}(p_i - p) \tag{5.7}$$

从方程(5.7)可以看出,单个生产者的劳动供给是其产品价格的增函数。

2. 需求分析

假定对既定产品的需求受真实收入、产品的相对价格以及偏好的随机扰动三种影响,其函数形式为:

$$q_i = y + z_i - \lambda(p_i - p) \qquad (5.8)$$

式中,q_i 是对 i 产品的市场需求;y 是真实收入的对数形式;z_i 是对产品偏好的随机扰动,也可理解为随机事件对产品 i 的需求的冲击,其均值为零;γ 是产品 i 的需求价格弹性;p_i 的期望值为 p。从方程中可以看出:真实收入 y 越高、产品价格 p_i 相对于价格水平 p 越低、个人对该产品的偏好增强,对该产品的需求就会越多。对方程(5.8)两边取期望可得:$y = q_i$。

假定模型的总需求函数可表示为:

$$y = m - p \qquad (5.9)$$

从方程(5.9)可以看出,总需求函数意味着总产出与价格水平成反比,与货币供给成正比。

3. 均衡分析

当产品 i 市场的供给与需求相等时,产品刚好出清,市场达到均衡,用方程可表示为:

$$\frac{1}{\lambda - 1}(p_i - p) = y + z_i - \lambda(p_i - p) \qquad (5.10)$$

把上式变换成 p_i 的表达式:

$$p_i = \frac{\lambda - 1}{1 + \gamma\lambda - \gamma}(y + z_i) + p \qquad (5.11)$$

方程(5.11)两边取期望可得:

$$p = \frac{\lambda - 1}{1 + \gamma\lambda - \gamma} y + p \qquad (5.12)$$

要使方程(5.12)成立,必有:

$$\frac{\lambda - 1}{1 + \gamma\lambda - \gamma} y = 0 \qquad (5.13)$$

当 $\lambda > 1$ 时,$\frac{\lambda - 1}{1 + \gamma\lambda - \gamma} \neq 0$,所以:

$$y = 0 \qquad (5.14)$$

将方程(5.14)代入方程(5.9),可得:

$$m = p \qquad (5.15)$$

因此,在完全信息模型中,单个生产者能准确知道市场价格,货币的变化会全部被价格水平吸收,无论是在短期还是长期,货币都是中性的。

(二)不完全信息的情形

由于不完全信息,假设生产者只能观察到自己产品价格变化,无法观察到总价格水平变化。

1. 生产者的行为

用 $e_i=(p_i-p)$ 定义产品 i 的相对价格,则有:

$$p_i = p+(p_i-p) = p+e_i \tag{5.16}$$

在方程(5.16)中,单个生产者产品 i 的价格等于总价格与产品 i 的相对价格之和。单个生产者只能把其生产决策建立在 e_i 上,但生产者并不能观察 e_i,他只能在给定 p_i 的观察值的条件下先估计出 p,再得出 e_i,然后单个生产者再按 e_i 的估计值来生产产品,因此在不完全信息下单个生产者的产品供给 $l_i=\dfrac{1}{\lambda-1}(p_i-p)$ 转变为 $l_i=\dfrac{1}{\lambda-1}E[e_i\mid p_i]$。为了确定预期相对价格 e_i,卢卡斯假定货币冲击 m 以及对个人产品需求的冲击 z_i 均服从正态分布,其中 m 的均值为 Em,方差 V_m;z_i 的均值为 0,方差为 V_z,并且 z 与 m 互不相关,这些假定意味着 p 与 e_i 也都服从相互独立的正态分布。统计学上证明当两个变量成联合正态分布时,一个变量的期望值是另一个变量观察值的线性函数,因此我们可把 $E[e_i\mid p_i]$ 写成 p_i 的线形方程,其形式为:

$$E[e_i\mid p_i] = a+\beta p_i \tag{5.17}$$

先假定:$a=-\dfrac{V_r}{V_r+V_p}Ep$,$\beta=\dfrac{V_r}{V_r+V_p}$,则方程(5.17)可变为:

$$E[e_i\mid p_i] = \frac{V_r}{V_r+V_p}(p_i-Ep) \tag{5.18}$$

从方程(5.18)可以看出,如果 p_i 等于其均值,e_i 也等于其均值 0,且 p_i 偏离其均值的份额为 e_i 偏离其均值的 $\dfrac{V_r}{V_r+V_p}$,把方程

(5.18)代入方程(5.7)便可得出如下单个劳动者的供给方程:

$$l_i = \frac{1}{\lambda - 1} \frac{V_r}{V_r + V_p} (p_i - Ep) \equiv b(p_i - Ep) \qquad (5.19)$$

对方程(5.19)两边取平均数,可以推导出总供给函数:

$$y = b(p - Ep) \qquad (5.20)$$

方程(5.20)也被称为卢卡斯总供给曲线,它表明产出对其正常产出的偏离是价格水平扰动的增函数。

2. 均衡分析

联立卢卡斯总供给曲线方程(5.20)与总需求方程(5.9),可解出价格水平 p 与 y:

$$p = \frac{1}{1+b}m + \frac{b}{1+b}Ep \qquad (5.21)$$

$$y = \frac{b}{1+b}m - \frac{b}{1+b}Ep \qquad (5.22)$$

在方程(5.21)两边取期望,可得:

$$Ep = \frac{1}{1+b}Em + \frac{b}{1+b}Ep \qquad (5.23)$$

由此可得:

$$Ep = Em \qquad (5.24)$$

再利用 $m = Em + m - Em$,把方程改写为:

$$p = Em + \frac{1}{1+b}(m - Em) \qquad (5.25)$$

$$y = \frac{b}{1+b}(m - Em) \qquad (5.26)$$

从方程(5.25)和方程(5.26)可知,预期的货币冲击 Em 只影响价格,不影响真实产出,但没有预期的货币冲击 $m - Em$ 具有真实效应,卢卡斯对这种结论的解释为:"当未预期的货币供给 $m - Em$ 增加时,经济中的总需求会增加,由于不知道增加的原因,每个生产者的最佳理解就是把对其产品需求增加归结为产品相对价格的变化和货币供给增加共同作用的结果,于是生产就会增加产出,货币在短期内表现为非中性。而对预期的货币冲击 Em,每个生产者都清楚其产品需求的增加是因为扩张性货币政策的结果,产品间的相对价格并没有改变,理性的生产者也并不会增加其产出,因此货币是中性的。"[1]

二、萨金特和华莱士的货币中性定理

另外两位重要的理性预期学派经济学家萨金特和华莱士在卢卡斯的影响下,在 1975 年和 1976 年分别发表了《理性预期,最优货币工具和最优货币供给规则》和《理性预期与经济政策理论》两篇著名论文,文中萨金特和华莱士把古典生产函数、卢卡斯的总供给曲线以及凯恩斯主义的 IS-LM 模型三者结合起来,证明了在理性预期假定下,货币在短期也表现为中性,他们写道:"如果公众与货币当局拥有相同的信息集合,则货币当局制定的任何有确定反馈规则的货币政策都是无效的,只有意料之外或者愚弄大众的货币政策才会影响产出,但这只能加剧经济波动。因此,货币当局利用货币政策来消除经济周期的努力是徒劳的。"[2]这就是萨金特和华莱士提出的随机货币中性定理,也称政策无效性定理。

萨金特—华莱士模型由总供给函数、总需求函数、货币供给函数和价格预期函数四个主要方程构成。

(一)总供给函数

萨金特和华莱士把基于预期误差的卢卡斯总供给曲线改造成以下形式:

$$dy_t^s = ady_{t-1} + b(p_t - p_t^e) + \mu_t, a,b > 0 \qquad (5.27)$$

上述小写字母变量表示相应的对数形式,其中 y 代表总产出,y^m 代表充分就业的产出,dy_t 代表第 t 期总产出对充分就业

---

① [美]卢卡斯:《经济周期理论研究》,商务印书馆,2000 年,第 127 页.

② Sargent, T. J. and N. Wallace. ,"Rational Expectations, the Optimal Money Supply Instrument, and the Optimal Money Supply Rule", Journal of Political Economy, 1975, 83: 241-254.

产出的偏离$(y_t - y_t^m)$，p 代表总价格水平，p^e 代表对总价格水平的理性预期，μ 为随机项，其期望值为零并且独立于模型中的其他变量。与卢卡斯总供给曲线相比，方程(5.27)包含了产出的滞后项 dy_{t-1}，这是因为现实经济中产出由于工资与价格不及时调整等原因具有序列相关性，上一期的产出水平会影响到下一期，从而劳动的边际产品既取决于本期产出水平，也取决于上一期的产出水平。

（二）总需求函数

总需求函数是利用凯恩斯主义的 IS-LM 方程推导出的，其表达式为：

$$y_t^d = \delta(m_t - p_t) + \eta_t, \delta > 0 \tag{5.28}$$

式中，y^d 代表经济中总需求；p_t 代表价格水平；m 代表名义货币供给量；η 为随机项，代表其他影响总需求的冲击。总需求函数形式表明，总产出随名义货币供给量增加而增加，随价格水平上升而下降。

（三）货币供给函数

萨金特和华莱士把货币供给函数看成是上一期产出的动态反馈函数，其形式为：

$$m_t = m_0 + \gamma dy_{t-1} + \varepsilon_t, \gamma < 0 \tag{5.29}$$

方程(5.29)对央行的货币政策做出了如下的假设，如果 $dy_{t-1} < 0$，也就是如果上一期的产出低于充分就业产出，货币当局就增加货币供给。同样，如果 $dy_{t-1} > 0$，货币当局就减少货币供给。

（四）价格预期函数

同卢卡斯模型一样，萨金特和华莱士假设公众和政府对价格水平的预期是在理性预期基础上做出的，其形式为：

$$p_t^e = Ep_t \tag{5.30}$$

其中，Ep_t 代表在 $t-1$ 期可获得的全部信息基础上对第 t 期价格做出的理性预期。

（五）均衡分析

萨金特和华莱士假定当商品市场处于均衡时，必须满足：

$$y_t = y_t^d = y_t^s \qquad (5.31)$$

上式等式每边减去 y^m，可转换为：$dy_t = dy_t^d = dy_t^s$，在方程 (5.27)两边取期望值，并由方程(5.30)、(5.31)及 $E\mu_t = 0$ 可得：

$$Edy_t = aEdy_{t-1} + b[Ep_t - E(Ep_t)] + E\mu_t = ady_{t-1}$$
$$(5.32)$$

再把式(5.31)代入式(5.28)，方程两边取期望值，由 $E\eta_t = 0$ 可得：

$$Ey_t = \delta(Em_t - Ep_t) + E\eta_t = \delta(Em_t - Ep_t) \qquad (5.33)$$

由式(5.28)减去式(5.33)，再在方程两边同时减去 y^m 得：

$$dy_t = Edy_t + \delta(m_t - Em_t) - \delta(p_t - Ep_t) + \eta_t \qquad (5.34)$$

对方程(5.28)两边同时取期望：

$$Em_t = m_0 + \gamma dy_{t-1} \qquad (5.35)$$

再用方程(5.35)减去方程(5.29)得：

$$m_t - Em_t = \varepsilon_t \qquad (5.36)$$

再根据式(5.27)、式(5.30)、式(5.31)可得：

$$p_t - Ep_t = (1/b)(dy_t - ady_{t-1}) - (1/b)\mu_t \qquad (5.37)$$

再把式(5.32)、式(5.36)、式(5.37)的相关项代入式(5.34)中，可得：

$$dy_t = ady_{t-1} + \frac{\delta\mu_t + b\delta\varepsilon_t + b\eta_t}{b + \delta} \qquad (5.38)$$

进一步简写为：

$$dy_t = ady_{t-1} + A_t \qquad (5.39)$$

其中：

$$A_t = \frac{\delta\mu_t + b\delta\varepsilon_t + b\eta_t}{b + \delta} \qquad (5.40)$$

由方程(5.38)可知，货币供给函数中的政策参数 m_0 和 γ 不包含在产出 dy_t 方程中，而货币供给函数的随机项 ε_t 则包含在式中,所以中央银行不能运用系统的货币政策来改变 y_t,而随机化的货币政策能够影响产出水平,但如果中央银行利用增加这种误差的随机化政策来增加产出,同样也会增加 y_t 的方差,造成产出的波动和经济的不稳定性。萨金特和华莱士模型的结论类似于卢卡斯模型推导出的结果,其政策含义是:和系统的货币政策不能改变产出和就业一样,其他刺激投资、消费、净出口的相关政策也不能通过影响总需求来改变产出和就业,因此凯恩斯主义所提倡的相机抉择的总需求管理政策是无效的。之所以得出上述结论是因为凯恩斯主义模型主要是从货币供给影响实际利率,从而影响私人投资的角度来建立模型的,而萨金特和华莱士模型则是建立在卢卡斯总供给函数基础上的,在理性预期和市场出清理想化的假定下,央行所有的货币政策都是公开透明的,公众不会对货币供给的变化做出任何反应。

通过令方程(5.29)中的 $\gamma=0$,萨金特和华莱士模型也能用来评价弗里德曼的不变货币供给政策建议。由于 γ 没有出现在方程(5.38)的产出方程中,因此对于 γ 的任何取值并没有实质区别,也就是说,弗里德曼的不变货币供给政策和凯恩斯主义的货币供给政策实质是一样的,从方程形式来看弗里德曼的不变货币供给规则就是凯恩斯主义的货币供给政策的一种特例,产出同样也不受这种政策的影响。

(六)萨金特—华莱士模型中的价格变化

上面萨金特—华莱士模型分析了货币供给对产出的影响,下面在考察货币供给对价格水平的影响,把方程(5.38)代入式(5.28)可得到模型关于 p_t 的简化式:

$$p_t = m_t - \frac{1}{\delta}y_t^m - \frac{a}{\delta}dy_{t-1} - \frac{1}{\delta}A_t + \frac{1}{\delta}\eta_t \qquad (5.41)$$

对方程(5.41)求价格关于货币供给的导数可得 $\partial p_t/\partial m_t = 1$,因此,名义货币供给的增加完全被价格水平所吸收。另外,在方程(5.41)中,本期产量、上一期产量、系统因素 γ、随机因素 ε_t 都没有包括在价格水平方程中,因为这些因素的变化不会影响价格水平的变化。

方程(5.41)两边取期望,再利用价格预期方程 $p_t^e = Ep_t$ 可得:

$$p_t^e = E(m_t) - (1/\delta)y_t^m - (a/\delta)dy_{t-1} \qquad (5.42)$$

再代入 $Em_t = m_0 + \gamma dy_{t-1}$ 可得,

$$p_t^e = m_0 - (1/\delta)y_t^m + \{\gamma - (a/\delta)\}dy_{t-1} \qquad (5.43)$$

在式(5.42)中,同样可得出 $\partial p_t^e / \partial Em_t = 1$,因此在同一时期,预期价格水平与名义货币供给成等比例上升,它是对系数政策参数 γ 和 m_0 的反映,而不是对货币供给中的随机变量 ε_t 的反映,因此,中央银行系统的货币供给增加,使价格水平和预期价格水平会按等同比例变化,但不改变公众的预期价格。

在该模型中,系统的货币政策之所以呈中性,是因为根据方程(5.28),只有当公众对价格预期出现误差时,产出才对需求变化做出反应。但是,方程(5.31)中的理性预期假设保证了公众不会犯这种错误,公众和中央银行同时拥有完全信息,因此在这种理想化的模式下,中央银行的货币政策当然是无效的,如果放弃这些假设或者是这些假设中的任何一个,结果都有可能是货币短期非中性。

(七)卢卡斯的货币中性理论与萨金特—华莱士货币中性定理的比较

卢卡斯是从自由市场分割造成的信息不完全来说明未预期的货币供给在短期表现为非中性的。在他提出的货币周期模型中,当某次货币当局突然变动货币供给时,单个生产者由于缺少必要的信息很容易对自己产品价格水平上涨原因形成错误的判断,从而造成增加产出的错误决策,当经济中绝大多数生产者都这样做时,社会总产出就会增加,货币表现为非中性。然而等到这些生产者发现自己多生产的产品在市场上并不好卖时,他们就会认识到当初自己错误地判断了价格上涨的原因,于是这些生产者又会纠正前期的产出策略,减少产出,这样的一个增加产出和减少产生过程就会引起产出的周期性波动,由此引申出的含义是:在理性预期和完全信息下,单个生产者不会犯这种错误,货币是中性的。而萨金特和华莱士提出的货币中性定理则暗含了政府与公众之间存在一个博弈过程,对于政府预期公布的一项货币政策,公众会基于上有政策、下有对策的理念使这项货币政策失去效果,只有当政府采用欺骗的方式随机实施一项货币政策,公众在无法预知的情况下就会对产出产生影响,然而萨金特和华莱士认为公众在理性预期假定下纠正错误的能力非常强,他们很快就会发现受到政府的欺骗,从而采取相反的生产策略,这样就会引起经济波动,由此引申出的货币政策含义是:系统的货币政策无效,随机的货币政策有害。从以上分析可以看出,卢卡斯模型与萨金特-华莱士模型对造成货币短期非中性的原因分析存在一定差异,卢卡斯模型把它归结于信息障碍,萨金特-华莱士模型则强调由政府的欺骗手段引起,但他们都强调理性预期的重要性,并都认为在理性预期假定下,行为人很容易纠正错误预期,并最终修正自己的错误,因此他们都把产出波动的原因归罪于未预期的货币供给变动。此外,在货币政策上,他们都赞成规则类货币政策,这种政策使得公众对经济形势的反应符合事先约定的某种规则,这样公众更容易形成正确的预期,从而减少经济波动。

三、理性预期学派关于预期货币中性的图形分析

理性预期学派关于预期货币呈中性的结论也可以用图形来分析。图 5-1 显示了预期货币供给与未预期货币供给对产出的影响。货币量没有变动之前,斜率为正的总供给曲线 AS 和斜率为负的总需求曲线 AD 相交于 E 点,假设 E 点对应的产出 y_n^m 处于自然率水平。此时,如果中央银行实施一项意料之中的扩张性货币政策,总需求曲线 AD 会向右上方移动到 AD',按照理性预期假设,公众会完全预料到这项政策带来的结果,他们会提高对未来价格的预期水平,于是总供给曲线 AS 向左上方移动,直到和总

需求曲线 AD' 相交于 C 点,经济重新回到充分就业产出水平 y_t^m 为止,但此时的价格水平会从 P_1 上升到 P_2。

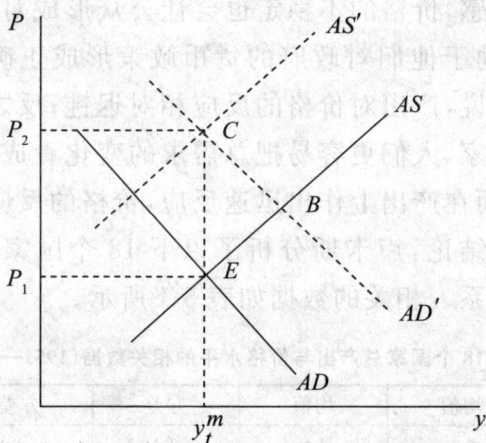

图 5-1 理性预期学派关于预期货币中性的图形分析

如果中央银行实施的是一项意料之外的扩张性货币政策,央行的行为起初并没有被公众预料到,公众对未来的价格预期水平也不会改变,供给曲线不会发生移动。但需求曲线却从 AD 移到 AD',与 AS 曲线交于均衡点 B,B 点的价格和产出相比 E 点都有提高,但是理性的公众会很快察觉到政府的行为,一旦他们重新形成正确的预期,AS 曲线又会左移到 AS',产出还是会回到自然率水平 y^m。因此,预期的货币供给呈中性,但未预料到的货币供给增加能使产出暂时增加,但最终经济又会重新回到初始水平,结果是经济经历了一次小的波动,所以未预期货币供给表现为短期非中性。

第三节　理性预期学派对货币中性与非中性的检验

与弗里德曼一样,卢卡斯也认为资本主义发生的经济周期都与货币供给变动有关,并据此提出了货币周期理论。他还运用美国、加拿大等 18 个国家 1951—1967 年的经济数据对其提出的货币周期理论进行了检验,并得出了支持其货币周期理论的一些证据。

卢卡斯认为:"在通货膨胀率较高且易变的国家,公众对价格的反应十分敏感,价格的不稳定也会让公众形成对通货膨胀预期的习惯,这有助于他们对政府的货币政策形成正确的预期,因此对这些国家来说,产出对价格的反应相对迟钝;反之,在通货膨胀比较稳定的国家,人们更容易把总需求的变化看成是产品相对需求的变化,从而在产出上作出迅速反应,价格的反应相对迟钝。"[①]为了检验上述结论,卢卡斯分析了以下 18 个国家的实际产出与价格之间的关系。相关的数据如表 5-1 所示。

表 5-1　18 个国家总产出与价格水平的相关数据(1951—1967 年)

国家	均值 Δy_t	均值 Δp_t	方差 $var(\Delta p)$	方差 $var(\Delta AD)$	产出比 π
阿根廷	0.026	0.220	0.0199	0.0155	0.011
奥地利	0.048	0.038	0.0011	0.0012	0.319
比利时	0.034	0.021	0.0003	0.0007	0.502
加拿大	0.043	0.024	0.0001	0.0013	0.759
丹麦	0.039	0.041	0.0003	0.0008	0.571
西德	0.056	0.026	0.0002	0.0007	0.820
危地马拉	0.046	0.004	0.0007	0.0009	0.674
洪都拉斯	0.044	0.012	0.0008	0.0011	0.287
爱尔兰	0.025	0.038	0.0006	0.0011	0.430
意大利	0.053	0.032	0.0004	0.0004	0.622
荷兰	0.047	0.036	0.0004	0.0010	0.531
挪威	0.038	0.034	0.0003	0.0009	0.530
巴拉圭	0.054	0.157	0.0319	0.0345	0.022
波多黎各	0.058	0.024	0.0002	0.0007	0.689
瑞典	0.039	0.036	0.0004	0.0004	0.287
英国	0.028	0.034	0.0003	0.0001	0.665
美国	0.036	0.019	0.0001	0.0006	0.910
委内瑞拉	0.060	0.016	0.0006	0.0012	0.514

资料来源:转自卢卡斯《经济周期理论研究》,商务印书馆,2000 年,第 108 页。

---

① Lucas, R. E., "Some international Evidence on output-inflation Tradeoffs". American Economic Review, 1973, 63:326-334.

其中，Δy_t 表示平均每年的产出增长量，Δp_t 表示平均每年的价格上涨率（通货膨胀率），π 表示以百分比记的产出对总需求增长的短期反应，$\text{var}(\Delta p)$ 表示通货膨胀率的方差，$\text{var}(\Delta AD)$ 是名义总需求的方差。

卢卡斯把上述资料大致分为两类：一类为采用多变的扩张性货币政策的阿根廷和巴拉圭，另一类为其余 16 个采用相对温和扩张性货币政策的国家。检验结果表明，"这两类国家确实存在很大差异，在高通货膨胀率国家阿根廷和巴拉圭，需求方差的估计值是价格稳定国家的 10 倍以上；另外对各国估计的 π 值表明，对于 16 个价格稳定的国家，π 分布在 0.287 到 0.910 之间；对两个价格不稳定的国家阿根廷和巴拉圭，这个估计值小于前者的 1/10，因此阿根廷的总需求和通货膨胀变化率都远大于美国。"[①]结果正如货币周期模型所预测的那样，其产出对总需求变化的反应显著地小于美国，而价格的反应则比美国灵敏得多。为了进一步证实上述结论，卢卡斯还估计出了上述两类代表性国家——美国和阿根廷的产出和价格的拟合方程。

对美国估计的结果为：

$$y_d = -0.049 + 0.910\Delta x_t + 0.887 y_{c,t-1}$$

$$\Delta P_t = -0.028 + 0.119\Delta x_t + 0.758\Delta x_{x-1} - 0.637\Delta y_{c,t-1}$$

对阿根廷估计的结果为：

$$y_d = -0.06 + 0.011\Delta x_t - 0.126 y_{c,t-1}$$

$$\Delta P_t = -0.047 + 1.14\Delta x_t - 0.083\Delta x_{x-1} + 0.102\Delta y_{c,t-1}$$

在对美国产出方程的估计中，解释变量 Δx_t 前的系数为 0.91，而价格变化率方程中 Δx_t 前的系数为 0.119，更加显著地证实了像美国这样的价格稳定的国家，提高名义收入的政策趋向于对实际产出有一个较大的初始影响，同时对通货膨胀率有一个小的正向的初始影响，货币非中性效应明显；在对阿根廷产出方程的估计中，解释变量 Δx_t 前的系数只有为 0.91，而价格变化率方程中

---

① ［美］卢卡斯：《经济周期理论研究》，商务印书馆，2000 年，第 156 页.

Δx_t 前的系数为 0.119 也显著地证实了在一个像阿根廷这样价格不稳定的国家,名义收入变化带来相等的暂时的价格波动,而对实际产出没有可观察的影响,货币中性特征较强。当且仅当货币当局成功地欺骗了劳动者和产品的供给者,使他们认为相对价格朝有利于他们的方向移动时,货币供给才会刺激实际产出增长。

第四节　理性预期学派的货币政策

《通论》出版后,西方经济学家逐渐接受了凯恩斯的经济思想,认为市场机制存在固有的缺陷,私人投资和消费不足会让社会总需求低于充分就业水平,只有依靠政府干预才能消除上述资本主义经济固有矛盾。西方国家在采用凯恩斯主义的经济政策后,普遍迎来了第二次世界大战以后的黄金增长期。但从 70 年代以后,这些西方国家的经济开始陷入滞胀困境,凯恩斯主义的理论既无法解释这种现象,也没能提出解决此问题的良方,人们逐渐开始对凯恩斯主义的经济政策失去希望,同时这种背景也为理性预期学派经济理论的崛起提供了良机。以卢卡斯为代表的理性预期学派与货币主义站在一起,共同反对凯恩斯主义相机抉择的经济政策,主张政府减少对经济的干预,重新回到古典自由主义,他们认为政府政策的主要任务应该是消除经济中的各种非竞争性因素,为私人部门提供稳定的和可预测的环境。

理性预期学派的货币理论在一程度上是在货币主义的理论基础上发展而来的,因此它也被称为"第二号货币主义"。在货币政策方面,理性预期学派的观点与货币主义大致相同,他们都认为货币因素是经济周期发生的根源,因此强烈反对凯恩斯主义相机抉择的货币政策。同时他们又都认为货币是经济增长的润滑剂,随着总产出增长,货币必须增长,且两者的增长速度要保持一致;另外,他们都重视预期因素对经济的影响,强调政府制定货币政策应该取信于民,可信度高,以便能让公众形成正确的预期。为了能让中央银行严格执行该规定,理性预期学派甚至提出了从制度上对中央银行行为做出有效制约的建议。在具体的货币政策建议上,理性预期学派也赞成货币主义提出的单一货币供给规则,只是不同意弗里德曼提出的货币每年以 4% 的速度增长的具体建议,卢卡斯认为存在很多种固定货币供给规则,具体选哪一种,应该综合考虑经济的各个方面,但卢卡斯本人也没能提出一个具体的建议,就像他所承认的那样,在当时,理性预期学派也没能提出一种更加理想的货币政策。受货币主义和理性预期学派的货币中性与非中性理论影响,70 年代中期以后,公众反对政府干预的意向逐渐加强,一些限制联邦政府预算和更加透明的货币政策也开始纳入美国政府的政策议案中,以卢卡斯为首的理性预期学派深受鼓舞,大力宣传弗里德曼提出的固定货币供给政策规则建议,认为这种政策要强于对短期问题解决得时好时坏,而对中长期问题则毫无办法的凯恩斯主义政策。

第五节　本章小结

以卢卡斯为代表的理性预期学派把理性预期引入到对货币中性与非中性问题分析中,并在完全信息、市场出清前提下,为货币中性与非中性理论构造了坚实的微观基础。卢卡斯通过把货币区分为预期货币与非预期货币,得出了预期货币呈中性,非预期货币会引起产出波动的结论,并由此提出了货币周期理论。从这些角度来说,理性预期革命可以与它半个世纪前的凯恩斯革命相比,但鉴于理性预期学派反对各种刚性存在、反对政府干预、反对适应性预期、坚持理性预期,使得它不可避免地遭到一些外来攻击。

首先,人们对它的一些理论假设提出了各种疑问。阿罗就曾带有讽刺性地说:"理性预期假说把经济人当作高明的统计学家,能够分析经济制度未来的一般均衡状态。"①希勒也认为："要想达到理性预期的条件,每个个人交易者都必须具备难以置信的能力和意愿去计算,交易本身显然没有如此复杂。"②并且由于经济中各行为主体获取信息、处理信息的方式不同,承担获取信息成本的能力不同,以及对所获信息有效利用的程度不同,每个主体的预期也不会完全相同,从而很难得出货币政策中性的结论。另外,理性预期学派的市场出清假设也引致了一些类似对古典学派市场出清假设的批判。

　　另外,理性预期学派把经济周期产生的原因归结于市场分割造成的信息障碍也难以让人信服。经济学家普遍认为,官方货币供给数据的大范围公布只存在短期时滞,因此,对于理性预期意义上的未预期到的货币供给,其重要性是微不足道的,以至于很难将实践中观察到的经济周期的剧烈波动归咎于它。一些计量经济学家在考察由名义利率、货币供给、价格水平、产出量四变量组成的自回归模型中,发现并不存在由货币供给到产出的格兰杰原因,此外,萨金特、巴罗等人也用实际数据检验了货币周期模型,他们并没有得出像卢卡斯那样乐观的结论,他们的检验结果表明："货币周期理论在解释极端情况方面是很不错的,但对于价格水平和产出水平一直比较稳定国家的解释则并不理想。"③还有一些政策与模型预测的结果则是相反的,比如在里根政府执政时期,为了降低通货膨胀率,里根明确表示将实行减缓货币增长率的政策,按照卢卡斯的观点,这种系统化的货币政策属于被预期到的事件,不会对产出产生影响,但随之而来的经济衰退似乎否认了卢卡斯的理论,这一事实对货币周期理论形成很大打击。

　　① Arrow,K. J. General economic equilibrium:purpose,analytic techniques,collective choice. American Economic Review,1976,3:253-258.
　　② [澳]刘易斯:《货币经济学》,经济科学出版社,2008年,第205页.
　　③ Sargent, T. J. and N. Wallace. ,"Rational Expectations, the Optimal Money Supply Instrument,and the Optimal Money Supply Rule",Journal of Political Economy,1975,83:241-254.

真正给予理性预期学派货币中性与非中性理论致命一击的是真实周期学派,该学派通过对现实经济周期的模拟实验表明:"来自技术进步、偏好改变等真实因素冲击能够解释经济周期期间 70％的产出波动,而货币变动对产出造成的影响则十分有限,"[①]因此他们认为货币并不是造成经济周期的主要原因,他们还提出货币不仅在长期,而且在短期也是中性的。此外,实际经济周期理论还认为货币是内生于经济的,货币供给受制于实际产出的变动,在经济扩张时期,交易的扩大或对未来交易扩大的预期会导致对货币需求的扩张并引致货币供给的调整,同理,在经济衰退时期交易的减少和悲观的预期也会导致对货币需求减少引致货币供给的调整,中央银行并不能随意控制货币量的变动。总之,在一系列真实周期模型中,货币都被当成一种与产出无关的名义变量被排除在模型之外,货币在短期也是中性的。

尽管理性预期学派的货币中性与非中性理论在实践中受到了上述各种各样的质疑,就连卢卡斯本人也承认,理性预期学派的理论很少关心实践问题和预测能力。但我们并不能因此否定理性预期学派对货币中性与非中性理论所做出的巨大贡献。就像物理学经常以光滑的平面为假设研究物体的运动特征一样,理性预期学派以理性预期、持续市场出清、完全信息、个体最优化行为为前提,为研究货币中性与非中性问题提供一种最原始最基础的微观基础模型,为研究其他更复杂的现实货币经济情形奠定了理论基础,逐渐放弃那些基础假设,我们就可以得出与现实相关的结论。

---

①　Kydland,R. E. and E. C. Prescott,"Time to Built and Aggregate Fluctuations", Econometrics,1982,50:1345-1370.

第六章　新凯恩斯主义的货币中性与非中性理论

第一节　新凯恩斯主义简介

一、新凯恩斯主义的产生

20 世纪 70 年代滞胀问题使凯恩斯主义陷入危机,以卢卡斯为代表的新古典主义经济学家趁势而起,他们以理性预期和市场出清为假设,证明了凯恩斯主义相机抉择的经济政策并不能促进经济稳定,相反,政府干预只能造成经济更大的波动和经济的非效率,因此他们主张政府减少对经济的干预,重新回归到古典经济学所提倡的自由主义。另外,他们还认为宏观经济学必须建立在微观经济基础上,以实现宏微观经济学的真正统一。在新古典宏观经济学咄咄逼人的态势下,20 世纪 80 年代,一批仍然坚信凯恩斯主义的经济学者对原凯恩斯主义理论进行了修改与补充。他们在坚持原凯恩斯主义基本理论的同时,吸收了新古典宏观经济学派的理性预期、自然率假说等理论成果,以现实市场不完善性为基础,为原凯恩斯主义构造微观基础。其代表人物有费希尔(Fischer)、费尔普斯(Phelps)、泰勒(Taylor)、鲍尔(Ball)、曼奎(Mankiw)、罗默(Romer)、布兰查德(Blanchard)、阿克洛夫(Akerlof)、耶伦(Janet Yellen)等。

二、新凯恩斯主义有关货币中性与非中性的一些命题

在货币中性与非中性问题上,新凯恩斯主义经济学家继承了凯恩斯关于工资刚性的论断,他们积极寻找实现生活中存在各种刚性的原因,并认为这些刚性的存在导致了市场的不完全,在这种情况下,货币在短期会表现为非中性,他们还接受了凯恩斯主张利用货币政策调节经济的思想,认为在各种刚性的存在下,货币政策能够有效地抵消各种外来冲击,能够促进经济平衡发展。费希尔 1977 年在《长期合同,理性预期和最佳货币供应规则》[①]一文中,证明了在名义刚性条件下,即使存在理性预期,货币政策也是有效的。随后泰勒(1979)[②]和卡尔沃(1983)分别在费希尔的模型中引入工资和价格的批次调整和随机调整因素,同样证明了货币政策有效性。阿克洛夫和耶伦 1989 年在《效率工资和失业》一文中,利用一个近似理性模型解释了货币的非中性。鲍尔和罗默[③] 1990 年在《在实际刚性与货币非中性》一文中认为名义刚性不足以解释经济中存在的持久刚性现象,并提出了实际刚性和货币非中性论。曼昆和罗默曾明确表示:"'新凯恩斯主义经济学'意味着对如下两个问题作出解答:(1)这个理论违背古典二分法吗? 它断定名义变量(如货币供应)的波动影响实际变量(如产出和就业)的波动吗? 即货币呈非中性吗? (2)这个理论假定经济中的实际市场不完善性是理解经济波动的关键吗? 如不完全竞争、不完全信息和相对价格黏性这些思考是理论的核心吗?"[④]新

---

①　Fischer, S. , "Long Term Contracts, Rational Expectations, and the Optimal Money Supply Rule", Journal of Political Economy, 1977, 85: 191-205.

②　Taylor. J. "Staggered Price Setting in a Macro Model. " American Economic Review, 1979, 69: 108-13.

③　Ball, L. and Romer, D. , "Real Rigidities and the Non-Neutrality of Money", Review of Economic Studies, 1990, 93: 88-120.

④　Mankiw, C. N. , D. Romer and D. N. Weil, "A Contribution to the Empirics of Economic Growth", Quarterly Journal of Economics, 1992, 107: 407-437.

凯恩斯主义经济学对上述两个问题的回答是肯定的,并且构成了与其他学派的主要区别。

第二节　劳动市场的名义工资刚性与货币非中性

一、劳动市场的名义刚性分析

面对新古典宏观经济学货币政策无效性的质难,早期的新凯恩斯主义者企图根据名义工资刚性来应对挑战。他们认为新古典宏观经济学者之所以得出货币政策无效性的结论,一个很重要原因就是它采用了理性预期和市场出清假设,正是因为这个假定,中央银行任何系统性的货币政策都能被公众预期到,公众基于"上有政策,下有对策"的心理,让货币变动的效果全部体现在灵活变动的价格水平上,就业、实际产出水平因此不会受到影响。新凯恩斯主义者费希尔认为:"即使在理性预期条件下,只要市场并非连续出清,那么名义冲击就依然能够产生真实效应。将此观点运用到劳动力市场,意味着如果名义工资呈刚性,货币当局就能够通过调整货币供给来影响实际工资,从而影响当期就业和产量。"[1]

新凯恩斯主义更加注重理论的现实性,他们认为在西方发达国家,工资合同普遍都以长期劳动合同形式签订,相对于多变的经济形势,工资表现出明显的刚性。以美国为例,在美国存在工会的行业里,劳动合同的签订一般是以一年到三年为期限的,在此合同期限内,名义工资率是比较固定的。劳动市场为什么会普遍采用长期劳动合同呢? 阿克洛夫用近似理性说明了这是企业和工人最优化选择的结果。他写道"对工人来说,他们一般都是

---

[1]　Fischer, S., "Long Term Contracts, Rational Expectations, and the Optimal Money Supply Rule", Journal of Political Economy,1977,85:191-205.

风险厌恶者,与不断变动工资相比,一份稳定固定的工资合同更能满足他们平稳的生活需要。对企业而言,劳资双方频繁的工资谈判会耗费企业大量的物质成本和时间成本,这些成本既包括由谈判本身引起的各种费用支出,还包括因谈判而被扰乱正常的生产经营活动所带来的损失。因此企业和工人都愿意签订一份长期稳定的劳动合同。"①

二、名义工资刚性模型对货币短期非中性的证明

费希尔 1977 年利用一个二期劳动合同模型证明了在工资刚性假定时,即使公众存在理性预期,货币政策同样具有消除经济波动的效果。他假定存在一个增长速度为零的经济体,经济中存在很多影响产出的随机冲击,既包括对真实总供给的冲击,也包括对名义总需求的冲击。这些冲击在每一期都会影响真实产出和价格水平,货币政策被设定为抵消这些冲击。与理性预期学派得出的预期货币中性结论相反,费希尔得出的结论是:"尽管存在理性预期,与劳动合同的期限相比,货币当局调整货币供给的时间更加频繁,并由此使得货币政策在短期内具有真实效应,货币短期内表现为非中性。"②

费希尔考察了三种工资合同下的货币政策效果,分别为:(1)单期合同;(2)交错合同;(3)指数化合同。

（一）单期合同

费希尔的单期合同模型由三部分组成:工资调整行为、产量的供给方程、总需求方程。

1. 工资调整行为

假定所以名义工资合同都只能持续一期,$t-1$ 时期签订 t 期

---

①　王健:《新凯恩斯主义经济学》,经济日报出版社,2004 年,第 78 页.

②　Fischer, S., "Long Term Contracts, Rational Expectations, and the Optimal Money Supply Rule", Journal of Political Economy, 1977, 85:191-205.

工资合同,名义工资调整的原则是为了保持实际工资不变,则 t 期名义工资的条件期望值为:

$$_{t-1}W_t = \gamma +_{t-1}P_t \qquad (6.1)$$

其中,$_{t-1}W_t$ 表示 $t-1$ 期制定的第 t 期合同工资的对数,γ 是决定真实工资的比例因子,为了方便假定它为 0,$_{t-1}P_t$ 是在 $t-1$ 期信息基础上对 t 期价格水平进行预期的对数。

2. 产量的供给方程

产量的供给方程被假设为实际工资的递减函数,其形式为:

$$Y_t^s = a + \beta(P_t - W_t) + u_t \qquad (6.2)$$

其中,Y_t^s 是总产出的对数,P_t 是价格水平对数,W_t 是工资水平对数,a 是产出中不受价格与工资变化的部分,为了方便证明假定它为 0,β 为产出对真实工资的变动系数,假定它为 1,u_t 为随机扰动项,则方程可以简写为:

$$Y_t^s = (P_t - W_t) + u_t \qquad (6.3)$$

把方程(6.1)代入方程(6.3)得:

$$Y_t^s = \frac{1}{2}(\varepsilon_t + \eta_t) + u_t \qquad (6.4)$$

3. 总需求方程

费希尔把总需求方程假定为如下动态形式:

$$Y_t = M_t - P_t - \upsilon_t \qquad (6.5)$$

M_t 为第 t 期货币存量的对数形式,υ_t 为随机扰动项。在没有扰动时,以方程(6.1)、方程(6.4)、方程(6.5)构成的宏观模型组成的经济系统处于充分就业均衡状态,并隐含了货币中性的含义,因为所有的劳动合同只持续一期,货币政策的潜在效应只能通过扰动 u_t 和 υ_t 显现出来,假设设扰动项 u_t 和 υ_t 服从如下一阶自回归方程:

$$u_t = \rho_1 u_{t-1} + \varepsilon_t \quad -1 < \rho_1 < 1 \qquad (6.6)$$

$$\upsilon_t = \rho_2 \upsilon_{t-1} + \eta_t \quad -1 < \rho_2 < 1 \qquad (6.7)$$

ε_t 和 η_t 都是序列不相关的随机项,它们的均值都为 0,方差分别为 σ_ε^2 和 σ_η^2,当价格调整到总供给与总需求相等时,由方程(6.4)

和方程(6.5)消去 Y_t 可得：

$$2P_t = M_t + {}_{t-1}P_t - (\mu_t + \upsilon_t) \tag{6.8}$$

对式(6.8)取 $t-1$ 期结束时的期望值，由 $E_{t-1}({}_{t-1}P_t) = {}_{t-1}P_t$ 可得：

$${}_{t-1}P_t = {}_{t-1}M_t - {}_{t-1}(\mu_t + \upsilon_t) \tag{6.9}$$

其中，${}_{t-1}X_t$ 表示在 $t-1$ 期期末基于全部信息对 X_t 形成的条件期望。

假设货币供给规则根据 t 期以前的扰动信息进行调整，具体规则由以下方程式表示：

$$M_t = \sum_{i=1}^{\infty} a_i u_{t-i} + \sum_{i=1}^{\infty} b_i \upsilon_{t-i} \tag{6.10}$$

方程(6.10)中，t 期以前的扰动项都能从以前信息中取得，由方程(6.10)可得：

$${}_{t-1}M_t = M_t \tag{6.11}$$

式(6.8)减式(6.9)可得：

$$P_t - {}_{t-1}P_t = \frac{M_t}{2} - \frac{{}_{t-1}P_t}{2} - \frac{u_t + \upsilon_t}{2} = \frac{{}_{t-1}(u_t + \upsilon_t)}{2} - \frac{u_t + \upsilon_t}{2}$$

再把式(6.6)、式(6.7)、式(6.9)代入上式可得：

$$P_t - {}_{t-1}P_t = \frac{1}{2}[\rho_1 u_{t-1} + \rho_2 \upsilon_{t-1} - (\rho_1 u_{t-1} + \varepsilon_t + \rho_2 \upsilon_{t-1} + \eta_t)]$$

$$= \frac{1}{2}(\varepsilon_t + \eta_t) \tag{6.12}$$

再把式(6.12)代入式(6.4)可得：

$$Y_t^s = \frac{1}{2}(\varepsilon_t + \eta_t) + u_t \tag{6.12'}$$

从式(6.12′)可以看出，货币供给系数 a_i 和 b_i 都不在方程中，所以系统化的货币政策对产出没有影响。因为经济人在每一时期都能准确预期到下一期的货币供给量，在每期期末工资合同重新进行调整时，名义工资调整的比例都会与货币供给变化比例保持一致，以使得实际工资为常数。于是，上述单期合同模型证实了理性预期学派货币中性理论。

（二）二期交错非指数化劳动合同与货币非中性

上述一期劳动合同在经济中属于一种理想化的情形。在发达市场化国家,企业与工人签订劳动合同并不是同时进行的,而是交错进行的,一年中的每一天都有企业与工人重新签订劳动合同,同样每一天也存在大量新工人进入劳动市场或者老工人重新找工作签订新的劳动合同,因此经济中的劳动合同并不是集中于某一天的,而是每天都有新的劳动合同签订。从全社会看,企业与工人的工资签订是交错进行的,费希尔通过引入一个二期的交错劳动合同模拟了现实生活中普遍存在的交错劳动合同问题。与单期劳动合同名义工资能同时得到调整不同,二期劳动合同由于一个合同签订后能持续二期,在每一期签订劳动合同时,从全社会看平均来说只有一半的合同会到期重新签订新的合同,而没到期的另一半则只能等到下一期才能重新签订合同。到下一期时,上一期没到期的合同可以重新签订劳动合同,而上一期新签订的合同则因为没到期而不能重新签订劳动合同,所以在二期劳动合同中,因为总存在一半的合同不能当期签订使得工资具有黏性,这种黏性的存在也使得交错合同与单期合同不同,货币不再呈中性。

在二期合同中,在 t 期末签订的合同,规定了 $t+1$ 期和 $t+2$ 期工人的名义工资。与单期合同一样,假定名义合同的签订是为了保持实际工资不变,假设名义工资满足如下方程:

$$_{t-i}W_t = {}_{t-i}P_t, i = 1, 2 \tag{6.13}$$

$_{t-i}W_t$ 是根据 $t-i$ 期期末合同签订的第 t 期工资, $_{t-i}P_t$ 是根据第 $t-i$ 期期末信息预期的第 t 期工资,从与真实工资接近程度和最小化真实工资方差角度来看,单期合同要比二期合同更有效一些,但是企业与工人之间更多的谈判需要更多的成本,工人们也会希望得到一份有保障的长期劳动合同,这样他们会很安心地去为企业工作,所以一份时间更长的二期合同也会给企业带来很多好处。

在第 t 期,一半的企业会执行按 $t-1$ 期所签订的第一期劳动合同的工资标准,另一半的企业会执行按 $t-2$ 期所签订的第二期劳动合同的工资标准,但是对整个市场来说,只有一个价格水平,假设工资都是被企业提前决定的,则总供给曲线可以表示为:

$$Y_t^s = \frac{1}{2} \sum_{i=1}^{2} (P_t -_{t-i} W_t) + u_t \qquad (6.14)$$

$$Y_t^s = \frac{1}{2} \sum_{i=1}^{2} (P_t -_{t-i} P_t) + u_t \qquad (6.14')$$

由于 $E_{t-2}(_{t-1}P_t) =_{t-2} P_t$,再根据理性预期,结合式(6.14')和式(6.5),有:

$$_{t-2} P_t =_{t-2} M_t -_{t-2} (u_t + v_t) \qquad (6.15)$$

$$_{t-1} P_t = \frac{2}{3}_{t-1} M_t + \frac{1}{3}_{t-2} M_t - \frac{1}{3}_{t-2} (u_t + v_t) - \frac{2}{3}_{t-1} (u_t + v_t)$$

$$(6.16)$$

由假设可知,M_t 是由到 $t-1$ 为止的信息决定的,$_{t-1}M_t = M_t$,因此上式可变为:

$$2P_t = \frac{4}{3} M_t + \frac{2}{3}_{t-2} M_t - (u_t + v_t) - \frac{1}{3}_{t-1} (u_t + v_t) - \frac{2}{3}_{t-2} (u_t + v_t)$$

$$(6.17)$$

$$Y_t = \frac{M_t -_{t-2} M_t}{3} + \frac{1}{2} (u_t - v_t) + \frac{1}{6}_{t-1} (u_t + v_t) + \frac{1}{3}_{t-2} (u_t + v_t)$$

$$(6.18)$$

假设货币供给由式(6.10)所确定的规则所决定,则有:

$$_{t-2} M_t = a_1 \rho_1 u_{t-2} + \sum_{i=2}^{\infty} a_i u_{t-i} + b_1 \rho_2 v_{t-2} + \sum_{i=2}^{\infty} b_i v_{t-i} \qquad (6.19)$$

$$M_t -_{t-2} M_t = a_1 (u_{t-1} - \rho_1 u_{t-2}) + b_1 (v_{t-1} - \rho_2 v_{t-2}) = a_1 \varepsilon_{t-1} + b_1 \eta_{t-1}$$

$$(6.20)$$

由方程式(6.20)可知,t 期的实际货币供给量与第 $t-2$ 期对第 t 期估计的货币供给量的差额为发生在第 $t-1$ 期的扰动项 ε_{t-1} 和 η_{t-1} 引起的,显然这些扰动不能影响 $t-2$ 期签订合同的名义工资。

把式(6.20)和式(6.10)代入到式(6.18),显然当 $i>2$ 时,货币供给函数的系数 a_i 和 b_i 对产出没有影响,为了方便把它们都设为零,则有:

$$Y_t = \frac{1}{3}[a_1(u_{t-1} - \rho_1 u_{t-2}) + b_1(v_{t-1} - \rho_2 v_{t-2})] + \frac{1}{2}(u_t - v_t)$$
$$+ \frac{1}{6}_{t-1}(u_t + v_t) + \frac{1}{3}_{t-2}(u_t + v_t) \tag{6.21}$$

从上式可以看出,影响产出的因素只有系数 a_1、b_2、ρ_1、ρ_2,在理性预期假设下,即使这些参数全部被企业、工人以及政府预期到,货币量的变化仍然会影响产出。因为,当政府变动货币供给时,只有合同已到期的那一半工人的名义工资可以得到调整,另一半合同名义工资则不能进行调整,此时经济中出现的扰动不能影响到这一半工人的名义工资,政府针对经济中的扰动而制定的相应货币政策,虽然不能影响到合同已到期的那一半工人的实际工资,但合同未到期的那一半工人的实际工资则会因为名义工资不能发生相应变化而受到影响,全社会的平均实际工资水平就会因此偏离均衡水平,货币不再呈中性。

由公式(6.21)可求得 Y_t 的方差为:

$$\sigma_Y^2 = \sigma_\varepsilon^2\left[\frac{1}{4} + \frac{4}{9}\rho_1^2 + \frac{\rho_1^2}{1-\rho_1^2} + \frac{a_1(4\rho_1 + a_1)}{9}\right]$$
$$+ \sigma_\eta^2\left[\frac{1}{4} + \frac{4}{9}\rho_2^2 - \frac{b_1(2\rho_2 - b_1)}{9}\right] \tag{6.22}$$

当 $a_1 = -2\rho_1$,$b_1 = \rho_2$ 时,σ_Y^2 可得到最小值:

$$\sigma_Y^2 = \sigma_\varepsilon^2\left[\frac{1}{4} + \frac{\rho_1^4}{1-\rho_1^2}\right] + \frac{1}{4}\sigma_\eta^2 \tag{6.23}$$

从式(6.21)可以看出,当期干扰项 $\varepsilon_t - \eta_t$、上一期干扰项 ε_{t-1} 和 η_{t-1} 和前二期的真实冲击 u_{t-2} 都会对产出产生影响,货币政策不能抵消掉这些影响,式(6.23)表明当 $a_1 = -2\rho_1$,$b_1 = \rho_2$ 时,σ_Y^2 可得到最小值,此时上一期干扰项 ε_{t-1} 和 η_{t-1} 对总产出的影响能够被货币政策抵消掉,而前二期的真实冲击 u_{t-2} 在前二期合同签订时已经考虑到它的变化了,所在货币政策不能抵消它对产出的影响。

式(6.17)更能解释货币政策规则,式中真实冲击 u 和名义冲击 v 都会导致价格水平下降,相应的货币规则可以抵消名义冲击和实际冲击的影响,使价格水平上升。这种货币政策规则可根据能够观察的变量表示为:

$$M_t = \rho_2 M_{t-1} + (2\rho_1 - \rho_2)P_{t-1} - (2\rho_1 + \rho_2)Y_{t-1}$$
$$- \rho_1(_{t-2}W_{t-1} + _{t-3}W_{t-1}) \tag{6.24}$$

上式都是可观察的变量,因此可以利用实证分析方法来估算变量前面的参数,得到唯一的货币供给表达式。

（三）指数化合同与货币政策

尽管上述长期交错合同固定了未来一段时期内的工资水平,但考虑到未来的通货膨胀风险,劳资双方在谈判时往往会将工资水平与物价水平挂钩,签订一个指数化工资水平的长期劳动合同。根据指数化程度不同可以将长期劳动合同分为完全指数化和非完全指数化两类。完全指数化是指工资水平调整与通货膨胀率变化同步进行,这种精确的完全指数化劳动合同往往会导致实际工资刚性。非完全指数化是指工资水平的变化部分地与通货膨胀的变化相联系,但两者变化幅度没有完全指数化那样严格,这种劳动合同往往会导致名义工资刚性。在实际签订的长期劳动合同中,绝大多部分劳动合同都是采用非完全指数化形式,主要是因为:"第一,完全指数化对于企业风险太大。因为引起通货膨胀率的变化有多种原因,如果某次通货膨胀是由供给冲击引起的,那么完全指数化劳动合同就会使得厂商遭受很大损失。第二,如果经济中发生了结构性通货膨胀,那么完全指数化的工资水平会使一部分企业受损,一部分受益,对于保守性的企业来说也不愿意接受这种情况。第三,签订完全指数化合同是一个非常复杂的过程,工厂和企业都会每时每刻关注通货膨胀率的变化,与此相反,一个简单明了且易于改变的合同却更容易被企业和工人接受。第四,完全指数化合同中的一些应变性条款会使实际工资水平更加不稳定,因此工人也愿意选择非完全指数化的工资水平以规避未来的不确定性。"[1]费希尔首先给出了一个在特定的指数化合同下,货币不影响产出的模型。

假定工资合同按如下方式制定:

$$_{t-i}W_t = _{t-i}P_t, i = 1,2,3 \qquad (6.25)$$

产出由下式给出:

$$Y_t = \frac{1}{2}(\varepsilon_t - \eta_t) + \rho_1 u_{t-1} \qquad (6.26)$$

式(6.25)暗含的使货币政策无效的特定的工资指数化形式可表示为:

$$W_t = -\rho_2 M + (\rho_1 + \rho_2)P_{t-1} + (\rho_2 - \rho_1)Y_{t-1} - \rho_1 W_{t-1} \qquad (6.27)$$

按式(6.27)制定指数化工资合同,货币政策就会和产出等实际变量无关。当 $\rho_1 < 0$(实际扰动为序列负相关),且 $\rho_1 + \rho_2 > 0$ 时,式(6.27)等同于一个详尽的指数化价格和利润分配的指数化合同,但是实际经济中很难找到这样的合同,最主要的原因是计算上述合同的细节太困难。式(6.27)中产出 Y 的方差为:

$$\sigma_Y^2 = \sigma_\varepsilon^2 \left[\frac{1}{4} + \frac{\rho_1^2}{1 - \rho_1^2} \right] + \frac{1}{4}\sigma_\eta^2 \qquad (6.28)$$

式(6.28)中的方差要比式(6.23)二期非指数化合同最优化货币政策的方差大。指数化合同的目标是维持真实工资不变,从式(6.28)的方差可以看出,指数化合同会使产出波动更厉害,这与保持产出稳定的货币政策目标并不一致,因此一些政府并不喜欢指数化工资。

当指数化用于交错合同时,费希尔假定按如下形式指数化交错合同:

$$_{t-i}W_t = _{t-i}W_{t-i+1} + P_{t-1} - P_{t-i} \qquad (6.29)$$

---

① Fischer, S. , "Long Term Contracts, Rational Expectations, and the Optimal Money Supply Rule", Journal of Political Economy, 1977, 85:191-205.

式(6.29)中 t 时期的工资合同是 $t-1$ 期期末签订的,并且要根据 $t-i$ 期物价的变动指数化 $_{t-i}W_t$。同样,假设价格调整的目的是使真实工资保持不变。供给函数用式(6.14)表示,需求函数用式(6.5)表示,对价格的理性预期用式(6.29)表示,采用滞后算子形式,则可得如下方程式:

$$Y_t(6 - 4L + 2L^2) = 2M_t(1-L)^2 + u_t[3 - (1-\rho_1)L + \rho_1 L^2]$$
$$- v_t[3 - (3+\rho_2)L + (2-\rho_2)L^2] \qquad (6.30)$$

从以上方程可知,M_t 存在于产出决定方程中,所以货币政策会对产出有影响,这种影响可以通过如下政策规则体现出来。

$$M_t = Lu_t[-(1+4\rho_1) + (1+\rho_1)L - \rho_1 L^2][2(1-L)^2]^{-1}$$
$$- Lv_t[(1-2\rho_2) + (-1+3\rho_2)L - \rho_2 L^2][2(1-L)^2]^{-1}$$
$$(6.31)$$

其方差为:

$$\sigma_y^2 = \frac{\sigma_\varepsilon^2}{4} + \frac{\sigma_\eta^2}{4} \qquad (6.32)$$

式(6.32)表明:当经济经历真实冲击时,上述货币政策规则破坏了在两期非指数化合同中最优货币规则下的真实工资稳定性,假设劳动者的目标是想得到一份更加稳定的工资合同,则上述指数化合同与模型第二部分的非指数化合同相比更缺少吸引力。

以上交错合同表明:即使公众和政府都存在理性预期,长期合同的存在仍然会使货币政策影响实际产量,货币表现为非中性。货币中性仅在一种特殊情况下才会出现,即单期合同按方程(6.27)的方式来指数化,但这种特殊情况在经济中是难以实现的,经济个体也更希望能得到一份更加稳定的工资合同,所以在现实经济中货币政策是非中性的。如果货币政策规则能够像方程(6.21)那样正确地设定,货币政策就能有效地抵消各种实际冲击与名义冲击,这与原凯恩斯主义关于货币政策稳定经济的主张是相一致的。

由以上证明可以看出,在理性预期条件下,只有在单期劳动合同和一种特定指数化条件下,货币才是中性的;只要存在交错工资,无论工资是否指数化,货币都是非中性的,货币政策能够有效抵消各种外来冲击,原因如下:(1)在交错工资合同中,与劳动合同的期限相比,货币当局调整货币供给的时间更加频繁,并由此使得货币在短期内表现为非中性。(2)在指数化交错合同经济中,货币存量连续几个时期的变动会直接影响产出,从而导致货币非中性。因此费希尔认为政府为了实现稳定产出的经济目标,最优的货币政策是与引起产出变动的名义扰动反向行事。

第三节　产品市场的名义价格黏性与货币非中性

在费希尔、泰勒等早期新凯恩斯主义者提出名义工资刚性理论之后,很快就遭到了新古典宏观经济学派的批评,巴罗认为:"这种合同的存在性不能从稳固的微观经济理论中得到解释"[①]。另外,按照名义工资刚性理论,货币供给增加时,总需求相应增加,价格水平上升,而名义工资由于存在黏性赶不上价格水平的上升,真实工资因此有下降的趋势,同理,当货币供给下降时,真实工资呈上升趋势,新古典学派经济学家则认为这种实际工资逆经济周期变化的结论并不能得到经验上的支持。为了给市场非出清提供更合理的解释,一些新凯恩斯主义者将目光从劳动市场转移到了产品市场的名义价格黏性问题,其中具有代表性的成果有曼丘提出的菜单成本理论,阿可洛夫和耶伦提出的近似理性周期模型。

---

① Barro,R. J. ,"Economic Growth in a Cross Section of Countries",Quarterly Journal of Economics,1991,106:407-433.

一、产品市场的名义价格黏性分析

（一）菜单成本理论与名义价格黏性

早期菜单成本论认为,厂家每次调整价格都需要在研究和确定新价格、编印价目表、更换价格标签等方面花费一定的支出,这类成本类似于餐馆制作与打印新菜单所花费的成本,所以早期的新凯恩斯主义形象地把这类成本叫菜单成本。但上述菜单成本一提出就受到新古典宏现经济学家的嘲笑,他们认为这类菜单成本实在太小,比如每天打印一个价目单的边际成本只有几分钱,相对利润而言,实在微不足道,企业在考虑是否调整价格时根本不会考虑。因此,早期菜单成本论显得颇为幼稚,后经过一些学者的发展与补充,菜单成本包含的内容更加广泛,相比早期菜单成本理论更具有说服力。当前新凯恩斯主义者认为:"菜单成本主要是指因价格变化带来的技术成本、管理成本、风险成本以及机会成本等。价格调整成本主要分为两类:一类与竞争对手和客户对价格变化的反应有关,如企业经常性的价格变动会导致客户流失,单方面调整价格会遭到竞争对手报复等;另一类为管理性成本,如重新标定价格,向销售商和客户传达价格调整信息等,由经验可知,这类成本与价格调整幅度无关。"[①]对每个厂商来说,每次调整价格的菜单成本可以大致当作一个固定的常数,从成本和收益分析,厂商对是否调整价格还要分析价格调整后取得的利润,如果菜单成本太大,超过价格调整后取得的收益,企业往往会选择保持现行价格不变,如果菜单成本小于价格调整后取得的收益,企业才会选择调整现行价格。

阿克洛夫和耶伦从近似理性假说出发,证明了企业调整价格后的收益只是一个二阶小项。也就是说,"当企业遭受总需求冲

---

①　Yun,T. Nominal Price Rigidity, Money Supply Endogeneity, and Business Cycles. Journal of Monetary Economics 1994,37:345-370.

击时,企业如果不对原来的价格进行调整,遭受的损失仅仅是一个二阶小项,而宏观经济的变化却是一阶的。这样,即使不存在菜单成本,企业选择维持原来的价格也可能是一种近似理性的行为。如果经济人采取了近似理性行为,货币供给的变化就会引起产出与就业的一阶变化。近似理性假说显然增加了价格调整收益小于菜单成本的可能性。"[1]

由菜单成本产生名义价格黏性的观点也受到了一些西方经济学家的批评。首先,他们认为微观个体层面的名义小摩擦并不会导致宏观经济的名义刚性,因为相对于厂商每年的利润变动而言,菜单成本实在是太小;其次,产量调整同样需要支付调整成本,事实上,产量调整的成本有可能会大于价格调整成本,尤其是对于具有很强市场控制力的厂商来说,进行随时的价格调整而不是产量调整可能是一个最优选择;最后,菜单成本论无法解释不同商品具有不同价格黏性这个具有普遍性的问题。

(二)长期价格合同和交错调整价格与价格黏性

在劳工市场上,工人与厂商会由于相互信任,或是为减小谈判成本,而将工资固定在较长的时间里,这种现象也会发生在产品市场上。交易双方为了避免屡次讨价还价所花费的成本,经常会签订非正式的长期价格合同,而合同一般规定,只有在合同期过后,或者发生了强大的名义需求冲击时,价格才可以进行调整。这与古典学派的拍卖者理论是不相符合的,按照古典学派理论,产品市场上的价格每时每刻都会因供求关系的变化而变化,而在现实生活中,这种现象只有在金融市场上才会出现,如证券市场上的股票交易,期货市场上的产品价格决定等。但在除金融市场以外的其他市场,产品的价格绝大部分都是事先制定的,例如零售商店标签上的标价,餐馆菜单上的菜价以及厂商价目表上的价

---

① Akerlof, G. A. and J. L. Yellen, "Can Small Deviations from Rationality Make Significant Differences to Economic Equilibrium?" American Economic Review, 1985a, 75: 708-721.

格等,这种事先制定的价格往往就是由长期价格合同所规定的,它们要么是零售商与消费者的约定俗成,要么是厂商与销售商之间的明文合约。这种正式或非正式的长期价格合同存在的理由是多方面的,首先,种类繁多的产品以拍卖的形式出售显然是无效率的;其次,交易双方通过事先制定价格可以避免因产品的异质性而产生拍卖时不可估量的交易成本;最后,长期合同保证了供给与需求的稳定,降低了市场的惩治确定性。

厂商与销售商之间、零售商与消费者之间之所以能够把未来一段时期内的产品价格固定下来,主要是运用加成定价法提前定价的结果。加成定价就是以商品的生产成本或价格的一定比例加入到成本或售价中,以获得市场价格。在许多行业中具有市场控制力的厂商往往会根据经验法则以一定比例的加成来与销售商签订长期销售合同。

对于单个厂商或零售商来说,长期价格合同固定了它在未来一定时期内的产品价格,而从全社会来看,由于存在许多在时间上相互交错的价格合同。当一些合同到期可以调价时,另有许多合同未到期而不能进行调价,结果总体价格水平就表现为一定的刚性,这就是交错调整价格理论。

二、名义价格黏性模型对货币短期非中性的证明

泰勒在费希尔之后引入了价格和工资的交错调整机制,研究了长期合同中货币中性与非中性问题。就像他本人所说的所样:"合同工资与合同价格分别会导致工资刚性和价格黏性,这两方面的结果都会造成市场的非出清,从而为货币政策作用经济提出了前提。"[1]下面我们结合泰勒的交错工资模型,用交错价格合同替代交错长期合同,分析在价格存在刚性时,货币供给与产出波动的关系。按照交错价格调整模型,经济中的企业不能同时制定

---

[1]　王健:《新凯恩斯主义经济学》,经济日报出版社,2004年,第73页.

产品价格,在每一时期都只有一部分企业能够制定价格合同,假定企业在 t 时期制定的价格合同期限是 $(t,t+2)$,在这期间内企业的名义价格为 t 时期制定的合同价格,不能变动,用方程可表示为 $X_t = P_t^t = P_{t+i}^t$,$X_{t-1} = P_{t-1}^t = P_{t-1+i}^t$,其中 $i=2$。上述长期合同变成了一个二期的长期合同,每一厂商每隔二期制定下两期的价格,把所以的企业分为两部分,有一半在本期可以制定价格合同,另一半在下期才能制定价格合同,在任一时点上,总价格水平等于这两部分企业的价格平均数。用公式表示为:

$$P_t = \frac{1}{2}(X_t + X_{t-1}) \tag{6.33}$$

假设代表性厂商的供给函数为:

$$Y_t = Y_t^* + h(P_i - P) \tag{6.34}$$

把 Y_{it}^* 正规化 0,经整理,厂商的最优定价可表示为:

$$P_{it} = \frac{1}{h}Y_{it} + P_t \tag{6.35}$$

假设社会总需求函数方程为:

$$Y_t = M_t - P_t \tag{6.36}$$

当经济处于均衡时,总需求与总供给达到平衡,把式(6.36)代入式(6.35),并令 $\gamma = \frac{1}{h}$,可得:

$$P_{it}^* = \gamma M_t + (1-\gamma)P_t \tag{6.37}$$

企业在第 t 期的价格合同可表示为:

$$X_t = \frac{1}{2}(P_{it}^* + E_t P_{it+1}^*) \tag{6.38}$$

把式(6.37)代入式(6.38)可得:

$$X_t = \frac{1}{2}\left[\gamma M_t + (1-\gamma)P_t\right] + \frac{1}{2}\left[\gamma E_t M_{t+1} + (1-\gamma)E_t P_{it+1}^*\right] \tag{6.39}$$

在假定货币当局货币供给遵循如下随机游走方程:

$$M_t = M_{t-1} + \varepsilon_t \tag{6.40}$$

其中 ε_t 为白噪声随机误差项,其期望值为 0,则下式成立:

$$EM_t = EM_{t-1} = EM_{t+1} \tag{6.41}$$

将式(6.41)代入式(6.39)可得：

$$X_t = \gamma M_t + \frac{1}{4}(1-\gamma)(X_{t-1} + 2X_t + EX_{t+1}) \qquad (6.42)$$

解上述方程，可得：

$$X_t = A(X_{t-1} + E_t X_{t+1}) + (1-2A)M_t \qquad (6.43)$$

其中：

$$A = \frac{1}{2}\left(\frac{1-\gamma}{1+\gamma}\right) \qquad (6.44)$$

假设 X_t 符合如下线性方程：

$$X_t = \mu + \delta X_{t-1} + \upsilon M_t \qquad (6.45)$$

方程式(6.42)作为一般模型的解适应于灵活价格下的各种情形，由垄断竞争企业供给模型的对称性，在灵活价格均衡下，$P_{it}^* = P_t = M_t$，这意味着 $P_{it-1}^* = M_{t-1}$，再根据(6.41)式有，$EP_{it}^* = E_{t-1}M_t = M_{t-1}$，如果取 $X_{t-1} = P_{it-1}^* = M_t$，则必有 $X_t = E_{t-1}P_{it}^* = E_{t-1}M_t = M_t$，代入式(6.45)可得：

$$\mu + \delta M_t + \upsilon M_t = M_t \qquad (6.46)$$

要使上式对所以的 M_t 都成立，必有：$\mu = 0$，$\delta + \upsilon = 1$，将这一条件代入式(6.45)，可得：

$$X_{t+1} = \delta X_t + (1-\delta)M_{t+1} \qquad (6.47)$$

式(6.47)两边取期望可得：

$$E_t X_{t+1} = \delta X_{t-1} + (1-\delta)E_t M_{t+1} = \delta X_t + (1-\delta)M_t \qquad (6.48)$$

把式(6.47)代入式(6.48)：

$$E_t X_{t+1} = \delta^2 X_{t-1} + (1-\delta^2)M_t \qquad (6.49)$$

再把式(6.49)代入式(6.43)可得：

$$X_t = (A + A\delta^2)X_{t-1} + [A(1-\delta^2) + (1-2A)]M_t \qquad (6.50)$$

同理：

$$X_{t+1} = (A + A\delta^2)X_t + [A(1-\delta^2) + (1-2A)]M_{t+1} \qquad (6.51)$$

比较式(6.51)和式(6.47)，要使两式成立，必有：

$$A + A\delta^2 = \delta \qquad (6.52)$$
$$A(1-\delta^2) + (1-2A) = 1-\delta \qquad (6.53)$$

解上述方程式可得：

$$\delta = \frac{1 \pm \sqrt{1-4A^2}}{2A} \qquad (6.54)$$

在把式(6.44)代入式(6.54)，可得：

$$\delta_1 = \frac{1-\sqrt{\gamma}}{1+\sqrt{\gamma}}, \delta_2 = \frac{1+\sqrt{\gamma}}{1-\sqrt{\gamma}} \qquad (6.55)$$

由式 $X_{t+1} = \delta X_t + (1-\delta)M_{t+1}$ 和 $P_t = 0.5(X_{t-1}+X_t)$ 可知：

$$Y_t = M_t - P_t = M_t - 0.5(X_{t-1}+X_t)$$
$$= M_t - 0.5[\delta X_{t-2} + (1-\delta)M_{t-1}] - 0.5[\delta X_{t-1} + + (1-\delta)M_t]$$
$$= M_t - 0.5\delta(X_{t-2}+X_{t-1}) - 0.5(1-\delta)(M_{t-1}+M_t)$$

$$(6.56)$$

把 $P_{t-1} = 0.5(X_{t-1}+X_{t-2})$ 和货币供给方程(6.40)代入式(6.56)可得：

$$Y_t = M_{t-1} + \varepsilon_t - [\delta P_{t-1} + (1-\delta)M_{t-1}] + 0.5(1-\delta)\varepsilon_t$$

$$= M\delta = 0 Y_{t+1} = 0.5\delta(1+\delta)\frac{\varepsilon_t}{2} \qquad (6.57)$$

从式(6.57)可以看出，货币供给函数的噪声项 ε_t 存在于产出方程中，所以货币供给会影响产出水平。并且当 $\delta=\delta_1$，$-1<\delta<1$ 时，方程有均衡解，当 $\delta=\delta_2$ 时，$\delta<-1$ 或者 $-1<\delta<0$，此时经济不存在均衡解，很小的货币变化就能让产出发生无穷波动。

当 $0<\delta<1$ 时，$0<\gamma<1$，货币冲击对产出有着持久性的影响。这种影响即使在所有价格制定者都已改变其价格之后还将持续下去。假定经济最初处于灵活价格均衡状态($Y=0$)并受到一个大小为 ε 的正向货币冲击。在冲击出现的那一期，并非所有的价格制定者都调整其价格，这样就改变了各厂商的相对价格，相对价格的变动必然会引起产出上升。由于价格的交错调整，导致各厂商的相对价格也交错改变，从而导致产出持续上升，由 $Y_t = 0.5(1+\delta)\varepsilon_t$ 可知：$Y_{t+1} = 0.5\delta(1+\delta)\varepsilon_t$、$Y_{t+n} = 0.5\delta^n(1+\delta)\varepsilon_t$，当 $0<\delta<1$ 时，货币冲出对产出的影响缓慢消失，直到恢复平衡。当

$\delta=0,\gamma=1$ 时,在冲击发生之前调整其价格的价格制定者对价格的调整幅度就等于冲击的大小,其余价格制定者在下一期也会这样选择,这样,在最初一期,Y 将上升 $\frac{\varepsilon_t}{2}$,而在下一期回到常态。当 $-1<\delta<0$ 时,$\gamma>1$,在冲击之后的那一期价格 P 的变动大于 M 的变动,此后经济向长期均衡的调整是振荡性的。如果价格制定者不愿看到其相对价格有太大的变化,那么他们就会选择 $0<\delta<1$ 时,$0<\gamma<1$,这样货币冲击对产出有着持久性的影响,并且经济最终走向稳态。而由于价格黏性的存在,货币政策产生的总体价格水平的变化就会对厂商的生产决策产生影响,并最终影响经济的产出和就业。

因此,新凯恩斯主义者认为,当存在名义价格黏性时,外来冲击将使市场机制失去资源配制作用。当经济遭受到负向冲击时,价格不会随着需求的减少而迅速地下降,市场上出现过剩产品,市场不能出清,供过于求的现象最终迫使厂商削减产量,以适应需求的变动。厂商不改变价格而采用变动产量的策略就会导致总产量出现大幅度的波动,失业率迅速上升,社会资源得不到充分利用,整个社会生产处于无效率状态。在这种情况下,货币表示为非中性,中央银行采用积极的货币政策将能够减少经济波动,消除部分价格黏性带来的影响。

第四节　实际刚性理论与货币非中性

名义刚性是指名义价格或名义工资无法进行充分调整,实际刚性则是指微观经济主体缺少调整实际工资和实际工资的激励。如果存在某个因素阻碍实际工资或价格的调整,或者存在以某一工资或价格为基准的工资或价格的黏性,那么工资或价格就会发生实际刚性。新凯恩斯主义经济学家鲍尔、罗默在批评菜单成本理论时指出:"在没有实际刚性的情况下,小的菜单成本能产生大的名义刚性这个结论只有在模型参数不合理时才成立,比如劳动力供给有高度弹性,而对于那些参数值,小的名义摩擦只能引起小的名义刚性……尽管小的菜单成本引起大的价格黏性的观点存在很大缺陷,但如果引入实际刚性,那么这个缺陷就可以得到弥补,实际刚性的存在减少了价格调整后的收益,使得名义需求冲击发生后,厂商不调整名义价格的区间扩大,可见,实际刚性隐含着较大的名义刚性。"[1]因此,鲍尔、罗默认为,如果实际刚性与阻碍名义量调整的小摩擦相结合,就可能导致更大的名义刚性,新凯恩斯主义研究劳工市场中的实际工资刚性最初的动力是来自对 20世纪七八十年代实际失业率持续高涨的现象,在劳工市场存在大量的失业人员时,为什么失业者不愿意或者不能通过接受比在职者更低的工资而获得工作? 企业又为什么宁愿支付较高的工资给已就业者,而不愿意接受失业者报价? 新凯恩斯主义对此的解释是存在实际工资刚性。而对为什么会存在实际工资刚性又可以分为三种解释,隐性合同理论、效率工资和内部人-外部人理论。

一、对实际工资刚性的分析

(一)隐性合同理论

隐性合同理论是初是由贝利(Belly,1974)和戈登(Gordon,1974)于 20 世纪 70 年代提出来的,罗森(Rosen)在 1985 年《隐性合同的考虑》一文中给出了一个全面的阐述。在新古典理论中,工人与厂商之间的结合是通过拍卖者安排的,而隐性合同理论却否定了这一说法,认为这种结合是工人和厂商之间达成的某种默契所决定的,这就是隐性合同或不成文合同。

贝利认为:"由于工人一般是风险厌恶者,不希望工资变动,而厂商则是风险中性者,因此,在确定工资时,两者会达成一种隐性的共识,即实际工资被相对固定下来,而不是随着经济冲击而

---

① Ball,L. and Romer,D. ,Real Rigidities and the Non—Neutrality of Money,Review of Economic Studies,1991,28(April):pp. 31-82.

波动。"①在这种隐含的共识下,工人的工资由两部分构成,即工资＝劳动的边际收益产品＋净保险。于是,除了特殊情况之外,工资水平不再等于劳动的边际收益产品,如果工资大于劳动的边际收益产品,那么工人得到的是一个正的净保险额;相反,如果工资小于劳动的边际收益产品时,那么就存在一个负的净保险额,这个保险额可以看成是工人为得到稳定而向厂商支付的保险费。可见,隐性合同通过厂商向工人提供保险的形式,使得工人的实际工资表示出实际刚性。而厂商之所以愿意这么做,一方面,是因为工人有了这种获得可靠稳定收入的保险之后,会愿意长期为厂商工作,尽管有时候工人得到的收入可能低于市场工资;另一方面,对于厂商自身利益来说由于它们更有能力进入资本市场和保险市场,因此更有能力承受比工人大得多的意外冲击。

(二)效率工资理论

索洛(Solow)于 1979 年为效率工资理论提供了一个基本架构,此后,耶伦、韦斯、斯蒂格利茨、阿克洛夫等新凯恩斯主义者进一步发展了该理论。效率工资理论是从厂商对工人的激励和监督机制来解释实际工资刚性的,它首先做了两个基本假设:(1)由于企业内部的信息不对称,工人总是有偷懒的动机;(2)工作效率并非与实际工资无关;相反,实际工资与工人的努力程度是相互依赖的。在这两个基本假设条件下,效率工资理论进一步指出,厂商在某个范围内降低工人的实际工资对自身来说是不利的,因为这种做法会降低工人的劳动生产率,最终不是导致成本的下降而是成本的上升,由于厂商考虑到降低实际工资会使自己的利益受损,所以一般不削减实际工资,而是将其维持在一个较高的工资水平,这就使得实际工资具有刚性。

效率工资理论认为效率工资水平总是大于市场出清的工资,该理论着重现实生活中的信息不对称、监督和激励等因

---

① 胡代光、厉以宁、袁东明:《凯恩斯主义的发展与演变》,清华大学出版社,2003年,第 150-161 页.

素。韦斯在 1980 年的逆向选择模型中认为:"由于劳动市场上的信息不对称,而厂商的交易成本又不可忽视,因此,厂商总是以较高工资的形成向劳动市场发出信号,以吸引生产率水平高的工人。"①萨洛普(Salop)1979 年在一个劳动力流失模型中指出:"厂商之所以提供高于市场的效率工资可能是为了减少劳动力流失的成本,由于监督工人偷懒的成本很高,因此高于均衡工资的效率工资可能是对工人偷懒的负激励。"②阿克洛夫于1982 年和 1984 年在一系列的文章中提出了公平模型,他认为工人从自己的心理出发,总是希望按劳取酬,而团队精神、工人对企业感情等因素总是使得工人提供的工作会大于企业的工作标准,对于这部分工作,工人同样也希望有所回报。而就企业来说,为了鼓舞工人的士气,企业也乐于支付这部分报酬,这样,工人的总体工资水平就会高于劳动市场的工资。

(三)内部人和外部人理论

该理论最早由林德贝克(Lindbeck)于 20 世纪 80 年代较为完善地提出。根据林德贝克的观点:"内部人是指受雇佣者,其职位总是受各种内生或外生的规则和措施保护,而外部人则没有这种保护。在内部人和外部人之间,还存在新进者这一类劳动者,即最近被雇用的劳动者,尽管这类劳动者已得到了就业机会,但他们的职位仍是不稳固的,他们必须经过一段时间与内部人的合作,以及边干边学,才能正式成为内部人。"③

在对劳动者进行划分之后,内部人-外部人理论做了如下两个假设:(1)厂商在更换劳动者时必须支付劳动力转换成本。劳动力转换成本是指厂商在用失业工人替代在业工人时需要花费

---

① 胡代光、厉以宁、袁东明:《凯恩斯主义的发展与演变》,清华大学出版社,2003年,第 163 页.
② 胡代光、厉以宁、袁东明:《凯恩斯主义的发展与演变》,清华大学出版社,2003年,第 164 页.
③ 同上.

的成本,包括厂商为招募员工进行的广告宣传、能力考核、人员选择等所支付的成本;以及对新进者进行培训,使其达到与内部人一样的工作技能和效率,必须在试用期或是更长一段时间内花费的成本。另外,如果企业转换内部人的决定引起内部人的不满,使他们感到其地位受到外部人的威胁,那么内部人就会对新进者采取排斥和不合作的态度,压制其劳动能力和积极性,最终降低新进者的生产效率。(2)在工资谈判中,内部人追求的是自身利益的最大化,而并不考虑外部人或新进者的利益,对于内部人来说,他们最关心的事情是尽可能高的工资和职位的安全性。因此,在与厂商的工资谈判中,内部人会要求得到高于市场出清水平的工资,但这个工资又不能超过其边际收益产品与劳动力转换成本之和,否则,内部人职位的安全性就得不到保障。基于以上两个假设,内部人-外部人理论认为,由于转换成本的存在,以及内部人自私自利的心态,使得厂商总是会将实际工资维持在一个较高的水平,从而导致了实际工资刚性。

二、对产品市场上的实际价格黏性分析

新凯恩斯主义者认为,不仅仅在劳动市场上存在实际刚性,产品市场上也同样存在实际刚性。在名义需求下降时,造成实际价格黏性的直接原因或者是边际成本不能迅速下降,或者是边际收益不能迅速下降,或者是两者的结合。因此,产品市场需求弹性的顺周期变化和边际成本的逆经济周期变化都能够导致价格黏性。新凯恩斯主义者利用垄断竞争厂商的加成定价说明了在名义需求下降时阻止实际价格下降的内在因素,在边际成本降低时,如果加成系数足够大,那么价格就不会下降,即使需求弹性不下降,如果随着劳动投入减少,边际产品上升不大,那么在小的名义摩擦存在的情况下,厂商降价的动机也很弱。另外,新凯恩斯主义者还提出了许多边际成本逆经济周期变化的理论,包括交易市场的外部性理论,消费者对高价的不对称反应理论,市场信息

不完全理论以及寡头垄断与进入障碍理论,这些理论都或多或少地解释了实际价格黏性。

三、实际工资刚性下的货币非中性分析

本章第二节和第三节内容研究了名义刚性假定下的货币非中性问题。本节内容将分析实际刚性假定下的货币非中性问题。由于研究实际刚性的模型很多,本节将以相对成熟的效率工资理论以例进行研究。

在效率工资假定下,假定企业的生产函数为如下形式:

$$y = f(m(w)n, \overline{K}) \tag{6.58}$$

其中,$f_m, f_n > 0, f_{mm} > 0, f_{nn} < 0, m(w) > 0, m_{ww} < 0$。方程(6.58)中,$m$ 代表"努力程度",$m(w)$ 表示"努力程度"是效率工资的函数,$m_w > 0$ 说明工资越高,工人越努力。在分析企业的短期生产情况时,假定资本 $\overline{K}$ 为常数,方程(6.58)表明:向工人支付超过市场的均衡工资会提高他们的生产率,企业的产出也会因此增长,这符合效率工资理论。

从利润最大化的角度,企业支付的工资要使每一效率单位的劳动成本最低,以 w^* 代表这一效率工资,追求利润最大化的企业会在工人的边际产品等于效率工资之前增加雇佣工人,直至两者相等,对于这一效率工资 w^*,就业由如下条件给出:

$$m(w^*) f'(m(w)n, \overline{K}) = w^* \tag{6.59}$$

在均衡状态下,所有具有生产函数(6.59)的企业将支付效率工资 w^*,按照效率工资理论,它比劳动者的均衡工资要大。效率工资模型采用了古典学派的劳动需求和劳动供给理论,劳动的需求和供给都是实际工资的函数,图 6-1 展示了在效率工资假定下,劳动市场的均衡状态,在高于市场出清水平的效率工资 w^*,$n_1^d < n^0 < n_1^s$,且就业量由劳动需求 n^* 决定,它低于充分就业水平 n^0,此时存在着 $n_1^s - n_1^d$ 的非自愿失业,尽管这些失业工人愿意接受现行的 w^* 甚至更低的工资,但他们对工作岗位的竞争不会减少市场

工资,因为这种较低的工资将降低企业现有雇员的生产率和企业利润。因此,在长期,劳动市场将维持等于 $n_1^s - n_1^d$ 的非自愿失业。为解释货币政策变动对就业与产出的影响,把方程(6.59)改写为:

$$p_i m(w^*) f'(m(w)n, \overline{K}) = Pw^* = W^* \tag{6.60}$$

其中,p_i 是本企业产品的价格,P 是价格水平,W^* 是名义工资,w^* 仍然是效率工资,方程(6.60)也可以写成:

$$m(w^*) f'(m(w)n, \overline{K}) = (P/p_i)w^* \tag{6.61}$$

现在假定对该企业产品的需求下降,以致其产品的相对价格 (P/p_i) 也下降。按照效率工资理论,这并不会改变企业的效率工资 w^*,但劳动需求曲线将向下位移,在劳动供给曲线不变的情况下,企业雇佣人数将减少;反之,该企业产品的相对价格上升时,效率工资也不会改变,但企业对劳动的需求将会增加。

现在假定所有产品价格都成比例提高,从方程(6.61)可以看出,企业对劳动的需求曲线并不会发生变化,所以效率工资和非自愿失业都维持原来的情势不变。因此从上面分析可以看出,在效率工资假定下,如果实施一项扩张性的货币政策,并不一定能够起到增加产出和就业的效果,下面再来分析同时存在效率工资和价格黏性的情况:

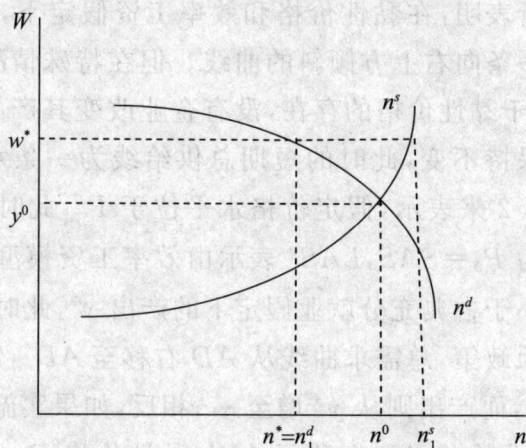

图 6-1　效率工资假定下的劳动供给与需求分析

假定因为存在菜单成本或是垄断竞争厂商的加成系数足够大,使得企业产品价格存在黏性,在需求发生变化时,这部分垄断竞争企业不改变其产品价格,但会通过改变产量以对需求的变化做出反应。但如果需求变化足够大,使得调整价格的收益超过了菜单成本,垄断竞争企业就会调整其产品价格。在整体经济中,总需求的变化对每个企业的需求影响是不同的,各企业的菜单成本也存在差异,因此,在受到总需求冲击时,一些企业会更快地调整它们的价格,而另一些企业则会保持价格水平不变,但会以改变产量的方法来应对需求变化。或者将整体经济看成是由完全竞争和垄断竞争企业组成的混合体,总需求变化时,也会产生同样的效果。如果此时中央银行实施一项扩张性货币政策,总需求增加的效果将一部分体现在价格上升,另一部分体现在产出增加上。在效率工资理论假定下,经济中长期存在一部分非自愿失业,而且这些工人愿意在现行实际工资下接受工作,因此,由扩张性货币政策带来的总需求的增长就会使这部分非自愿失业的工人得到就业机会,社会总产出也会因此增加。同理,因紧缩性货币政策导致的总需求下降会部分导致总产出减少,部分导致价格水平降低,企业会在效率工资不变的情况下解雇部分效率低下的工人,非自愿失业人数增加。

以上分析表明:在黏性价格和效率工资假定下,短期总供给曲线一般为一条向右上方倾斜的曲线。但在特殊情况下,当总需求变化时,由于黏性价格的存在,没有企业改变其产品价格,因而总价格水平保持不变,此时的短期总供给线为一条水平线,这种情况可用图 6-2 来表示,假定价格水平位于 P_0,此时的短期总供给曲线表示为 $P_0 = SAS, LAS^*$ 表示由效率工资模型给定的总供给为 y^*,它小于古典充分就业假定下的产出 y^0,此时如果实施一项扩张性货币政策,总需求曲线从 AD 右移至 AD',短期内,价格水平 P_0 不变,而产出则从 y^* 增至 y_1;相反,如果实施紧缩性货币政策,总需求曲线从 AD 左移至 AD',黏性价格 P_0 同样不变,产出则从 y^* 减至 y_2。这些变化都是沿着长期总供给曲线 LAS^* 移动的,这说明新凯恩斯主义也认为货币在长期是中性的。

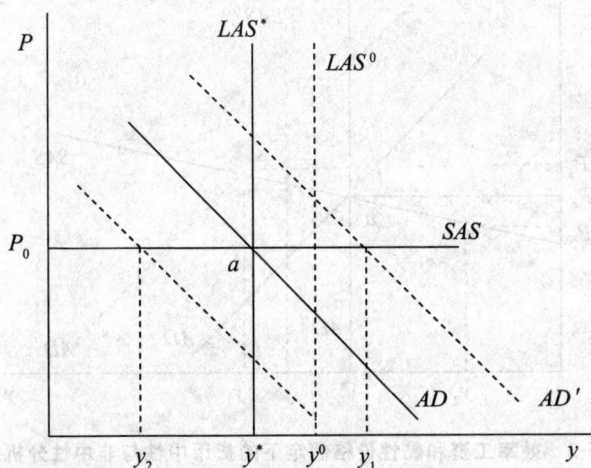

图 6-2　效率工资和黏性价格假定下的货币中性与非中性分析(1)

在一般情况下(或者将整体经济看成是由完全竞争企业和垄断竞争企业组成的混合体),短期总供给曲线为一条向上倾斜的曲线,如图 6-3 所示,假设经济处于价格为 P_0,产出为 y^* 的初始均衡点,此时如果实施一项扩张性货币政策,总需求曲线同样从 AD 右移至 AD',产出也从 y^* 增至 y_1,但价格水平 P_0 不再保持不变,而是从 P_0 上升到 P_1;相反,如果实施一项紧缩性货币政策,总需求曲线从 AD 左移至 AD',产出从 y^* 减至 y_2,价格从 P_0 下降到 P_1。

以上分析表明,在黏性价格和效率工资假定下,由微调的货币政策带来的总需求微小的变化,会导致产出和就业的同方向变化,价格水平保持不变;而由较强的货币政策带来的总需求较大的变化将会引起产出和价格的同方向变化。其含义是:如果货币政策导致总需求增加得越多,调整价格的垄断竞争厂商也就越多,价格水平上升就越快,总需求对实际产出的影响越小;而如果货币政策导致总需求增加的比较小时,只有少量垄断竞争厂商调整价格,总需求的影响全部体现在产出增加上。

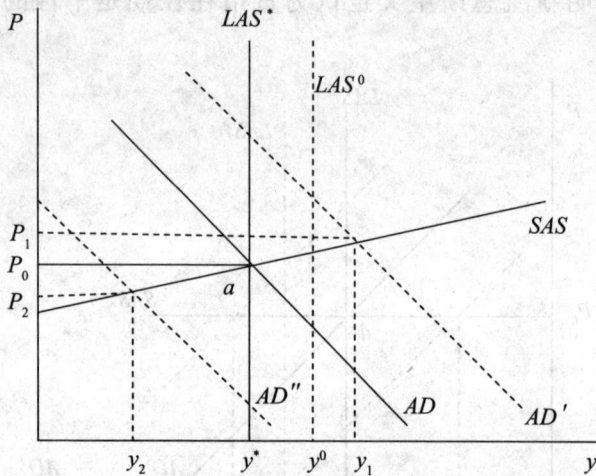

图 6-3　效率工资和黏性价格假定下的货币中性与非中性分析(2)

以上分析表明,在新凯恩斯主义黏性价格和效率工资假定下,货币在短期内呈非中性,长期内呈中性。货币政策在一定程度上可以用于解决失业问题,但其效果受价格黏性程度、工人对效率工资的敏感程度等因素影响,总的来说,在效率工资假定下,微调的货币政策相比较强的货币政策更有效果。

第五节　新凯恩斯主义的货币政策

新凯恩斯主义的一系列工资价格黏性模型表明,货币在短期呈非中性,在长期呈中性,且在短期内由货币政策导致的总需求变化会引起产出和就业同方向变化,因此,当经济处于衰退阶段时,货币当局可利用扩张性货币政策促进产出增长;当经济处于高涨时期时,货币当局可利用紧缩性货币政策控制通货膨胀。新凯恩斯主义的这一货币政策含义与其他凯恩斯主义模型完全相同。然而,新凯恩斯主义的货币政策还有其独特含义。凯恩斯本人强调货币供给通过利率中介对产出产生影响;新古典综合学派则利用菲利普斯曲线,得出扩张性货币政策会通过实际工资的减少引起产出增加,但是新凯恩斯主义放弃了前两种分析思路,他们更注意研究现实生活中各种刚性导致的货币非中性,在新凯恩斯主义提出的一系列工资价格黏性模型中,效率工资模型最具影响力。在效率工资模型中,货币当局实施扩张性货币政策并不一定会使效率工资下降,因为在新凯恩斯模型中,由扩张性货币政策引起的总需求增加并不一定会引起黏性价格水平上升。在没有价格的预先或伴随上升情况下,产出短期会增加,因而货币政策对产出的影响不是价格变化的函数,而是货币供给自身变化的函数,实际上,价格的任何上升都会减轻货币扩张对产出的影响。因此,对于货币扩张情况下的价格与产出之间的关系,新凯恩斯模型的结论与菲利普斯曲线模型的结论相反,前者是负相关而后者是正相关,而且在新凯恩斯模型中,产出和货币供给的关系是非线性的,因为后者的增加将引发价格更快地调整,其结果是产出增加得比较少。因此,新凯恩斯主义认为微调的货币政策比激烈的货币政策更有效果。

第六节 本章小结

20世纪80年代中期以来,西方经济学界兴起了一股新凯恩斯主义热潮,它与新古典宏观经济学相对立,大部分新凯恩斯主义经济学家的分析都吸收了理性预期和自然失业率假设,但新凯恩斯主义的分析并未结合市场连续出清的新古典学派假说,而是以不完全竞争和不完全信息为前提,分析并论证了名义与实际的工资刚性与价格黏性的存在,从而得出资本主义市场经济存在不稳定性的论断以及资本主义社会必然产生大量非自愿失业的现象。据此,新凯恩斯主义提出了政府采用财政、货币政策干预经济的必要性。在货币中性与非中性理论上,新凯恩斯主义认为货币政策在长期是中性的而在短期不是,此外,比较高的货币扩张率会引起比较低的产出增长,而比较低的货币增长率会引起比较高的产出增长,因此新凯恩斯主义主张采用微调的货币政策,这种货币政策不一定减少实际工资,但可能在实际效率工资不变时减少一些长期非自愿失业。

20世纪80年代以来掀起的研究新凯恩斯主义的高潮以及当前新凯恩斯主义在经济学界的巨大影响力使得许多经济学家认为,新凯恩斯模型正在替代原凯恩斯模型,但是,在原凯恩斯货币短期非中性模型中存在一些独特内容,例如,对利率理论的重视、预期错误、动态分析中协调机制的缺乏以及菲利普斯曲线分析方法中的不稳定劳动合同,都没有完全带入新凯恩斯模型,而这些现象在现实中似乎存在着坚实的基础。此外,新凯恩斯模型的一些内容,如强调短期实际工资刚性与价格黏性,强调理性预期和微观基础等内容与凯恩斯和凯恩斯主义的思想并不一致。新凯恩斯主义经济学家之所以承认理性预期,用意在于他们企图解释货币工资刚性和货币价格黏性,以及货币冲击能产生真实效应。然后,正如托宾所说:"我认为这并不是凯恩斯的思想,凯恩斯关心的主要内容并不是名义需求冲击,而是真实需求冲击,即使价格是灵活的,真实需求冲击也会带来问题,新凯恩斯主义者说他们所要做的只是证明名义价格无伸缩为什么是合理的,并且进一步推导出失业的结果,以便为货币政策提供理论基础。然而不仅仅是我,而且我相信凯恩斯也不会觉得菜单成本会造成大萧条或者经济活动的其他任何严重损失。"①因此,新凯恩斯主义货币短期非中性模型应当被视为对原凯恩斯主义货币短期非中性的补充而不是完全替代。

此外,理论界对新凯恩斯主义者为宏观经济学构建微观基础的行为也产生了分歧,一部分学者否定了新凯恩斯主义的这种做法,认为这是对凯恩斯经济学的一种扭曲,他们以系统论为例,认为"整体并不等于个体简单相加"。托宾就指出:"我认为那种较坚实的'微观基础'是一种方法论上的错误,已造成了许多危

---

① [英]斯诺登:《与经济学大师对话》,北京大学出版社,2000年,第190页.

害……这已经使我们在宏观经济学或所谓的宏观经济学中走上了错误道路。"[1]奇克(Chick)也说道:"我不相信只有建立在微观经济学基础上,宏观经济学才能存在下去,"[2]另外,罗宾逊夫人还认为新凯恩斯主义者为宏观经济学寻求微观基础的做法也不符合凯恩斯在《通论》中的本意,她指出:"凯恩斯革命从理论方面来说,就在于从均衡观向历史观的转变;在于从理性选择原理到以推测或惯例为基础的决策问题的转变,而由于未来的不确定性,所以严格的理性行为是不可能的。经济生活很大部分都是根据公认惯例来处理的。"[3]

综上所述,尽管新凯恩斯主义经济学家在货币中性与非中性理论上取得了丰硕成果,对指导货币政策实践具有重要参考价值。但在如何正确处理货币中性与非中性理论微观基础以及如何正确继承与发展原凯恩斯主义货币中性与非中性理论等问题上还有很长的路要走。

---

① 〔英〕斯诺登:《与经济学大师对话》,北京大学出版社,2000年,第115-116页.

② 〔英〕斯诺登:《与经济学大师对话》,北京大学出版社,2000年,第191页.

③ 〔英〕琼·罗宾逊著:《凯恩斯革命的结果怎样》,商务印书馆,1979年,第20-21页.

第七章　货币增长理论对货币长期中性与非中性的研究

第一节　货币增长理论简介

前面几章分别介绍了古典学派以来几个重要经济学流派的货币中性与非中性理论,本章将介绍近年来货币中性与非中性理论的另一种演进方式——货币增长理论的发展。该理论是在经济增长理论基础上发展而来的,与经济增长理论一样,货币增长理论主要研究经济长期增长问题,它通过货币与增长理论的融合,以此来研究货币长期中性与非中性问题。经济增长理论经历了新古典增长理论和内生增长理论两个阶段,货币增长理论也相应经历了新古典货币增长理论和内生货币增长理论两个阶段。由于当前在这一领域的研究成果争议很大,且没有形成一个统一的结论,所以货币增长理论并不像前面研究的几个学派那样拥有一套成熟的理论体系。

第二节　新古典货币增长理论对货币长期中性与非中性的研究

一、新古典经济增长理论简介

20 世纪 50 年代,以索洛(Solow)和斯旺(Swan)提出的新古典增长理论为标志,经济学的另一个重大分支经济增长理论得到了极大发展。鉴于经济增长问题本身的重要性,在索洛以前,人们就一直没有停止过对经济增长问题的研究。索洛在 1987 年诺贝尔经济学奖的颁奖仪式上就说过:"增长理论并非始于我 1957年和 1958 年的文章,也许它是从《国富论》开始的,而且很可能亚当·斯密之前也有一些先驱。"事实上,早在古希腊时期,经济学家色诺芬(Xenophon)就认识到了专业化、分工、人口规模和市场等因素有助于劳动生产率的提高。重商主义时期,人们片面地把金银当成整个社会唯一财富,致使一些重商主义经济学家把对外贸易当成经济增长的源泉,古典经济学鼻祖威廉·配弟纠正了重商主义错误的财富观点,认为财富就是具有使用价值的所有物品,它并不产生于流通领域,而是来源于人们的生产劳动。古典经济学集大成者亚当·斯密在其经典著作《国民财富的性质和原因的研究》一书中最先系统地论证了分工、资本积累以及新技术的运用对经济增长的影响。斯密以后,另一个古典经济学家大卫·李嘉图在《政治经济学与赋税原理》中利用比较优势理论证明了分工对劳动生产率的提高作用,并首次提出了资本积累的收益递减规律,这条规律后来成为新古典增长理论的核心命题之一。19 世纪末期,德国历史学派经济学家李斯特从保护幼稚产业的角度首次分析了发展中国家的经济增长问题。进入新古典主义以后,马歇尔、拉姆齐、杨格、奈特、熊彼特等经济学家都对经济增长理论做出过贡献。20 世纪 40 年代,英国经济学家哈罗德和美国的经济学家多马相继提出了经济思想史上第一个经济增长模型——哈罗德-多马模型。20 世纪 50 年代,索洛和斯旺各自发表了《对经济增长理论的一个贡献》和《经济增长和资本积累》两篇文章,他们在哈罗德模型的基础上引入了资本和劳动可以替代等三个假定条件,创造性地提出新古典生产函数,建立了著名了索洛一斯旺模型,解决了哈罗德一多马模型"刀刃一样脆弱"问题。此后,索洛一斯旺模型的思想经萨缪尔森、米德、托宾等人的补充和发展,最终形成了新古典经济增长理论。但新古典经济理论由于假定储蓄是产出的固定比例而没能考虑消费者的最优化决策行为,被一些经济学家认为缺乏微观经济基础。1965 年卡斯和库普曼斯继承了拉齐姆(1928)最优化消费和储蓄思想,并利用当时最新提出的哈密尔顿函数、庞特里来金最大值原理等数学工具,提出了一个分析跨期最优消费行为的无限期界模型,戴蒙德则沿着同样的思想提出了以个体决策者生命为时间界限的世代交叠模型,上述两个模型都能将新古典经济增长模型中的储蓄率内生化,对索洛模型作了重要补充,形成了一套比较完整的新古典增长理论。

二、新古典货币增长理论的发展

新古典增长理论的发展为研究货币中性与非中性理论提供了新的思路,正统的新古典增长理论并没有将货币因素纳入模型,他们继承了古典经济学的传统,认为货币并不构成经济长期增长的源泉。另外一些学者则从货币与经济的紧密联系出发,认为货币供给有助于经济长期增长,这些学者基于各种理由把货币纳入新古典增长模型,构成了分析货币中性问题的另一分支——新古典货币增长理论。托宾在1965年发表的《货币与经济增长》[①]一文中最先在新古典生产函数中引入货币,研究了货币与经济长期增长问题。托宾把货币与资本都当成人们持有资产的方式,通过模型分析,他发现由货币供给引发的通货膨胀会造成人们对资产的重新分配,整个社会的物质资本存量也会因此改变,社会总产出水平就会受到影响,货币呈非中性,这种因价格水平变化引起资本和产出变化的效应也被称为托宾效应。希德罗斯基(Sidrauski)1967年在《货币经济增长的理性选择与范式》[②]一文中,利用Ramsey-Cass-Koopman无限期界模型,把货币直接引入到效用函数,他发现当经济处于稳态时资本存量、产出水平和消费水平都独立于货币供给,与托宾不同,希德罗斯基得出了货币呈超中性

---

① Tobin,J.,"Money and Economic Growth",Econometrica,1965,33:671-684.

② Sidrauski,M.,"Inflation and Economic Growth",Journal of Political Economy,1967,75:796-810.

的结论。斯坦（Stein）、德拉赞（Drazen）和盖尔（Gale）等人将货币当成财富持有的一种方式，同希德罗斯基一样，假定货币能够带来效用，通过建立一个时代交叠模型（OLG 模型），德拉赞发现经济处于稳态时，货币增长率的提高能够增加长期均衡产出和资本存量。Dornbusch 和 Frenkel 则从商品购买需要占用物质资源的角度提出了一个购物—成本模型，得出了货币非中性的结论，但具体到货币增长率的提高会增加产出增长率还是会降低产出增长率，Dornbusch 和 Frenkel 则认为具有不确定性。随后，Brock 在购物—成本模型的基础上，提出了一个购物—时间模型，他认为商品购买不仅会占用物质资源，还会占用购买人的个人时间，当经济个体持有的货币量越多时，商品交易的效率就会越高，经济个体也就会越节省时间，Brock 也得出了货币非中性的结论，原因是货币变化可以通过影响实际余额和交易时间，从而影响到长期资本存量和总产出。斯托克曼（Stockman）[1]发展了克洛尔（Clower）的预付现金约束思想，最先建立了一个预付现金模型。预付现金约束条件认为，货币作为交易的媒介，无论是在商品购买和资本品购买之前都要首先持有货币，利用这一约束，斯托克曼得出了货币增长率的增加会降低长期资本存量，从而降低总产出生产率的结论。以上这些研究货币中性与非中性的理论成果都是在新古典框架内，通过引入货币的不同方式得到的。尽管在不同的假设之下，新古典货币增长理论关于货币中性与非中性问题并没有形成统一的结论，甚至是相反的结论，而上述引入货币的不同方式为我们从不同侧面了解货币影响产出的过程提供了理论基础。本章接下来将分别介绍几种重要的新古典货币增长模型，用以说明货币与长期经济增长之间的关系。

---

[1]　Stockman, A. C., "Anticipated Inflation and the Capital Stock in a Cash-in-Advance Economy", Journal of Monetary Economics, 1981, 8: 387-393.

三、几个重要的新古典货币增长模型

(一)托宾模型[①]

托宾在 1965 发表的《货币与经济增长》一文中最先利用索洛-斯旺新古典增长模型分析了货币与产出问题,后经约翰逊、莱福哈里和帕廷金等人的发展,托宾模型成为一个标准的新古典货币增长模型。

1. 模型介绍

假定存在如下一个经济体:人口增长率为常数 n,不存在技术进步,产出只需要劳动与资本两种生产要素,并且可以相互替代,生产方程由如下齐次线性新古典函数给出:

$$Y = F(K, L) \qquad (7.1)$$

其中 Y 代表产出,K 代表资本,L 代表劳动,由线性假设,可以把(7.1)式写成如下简化形式:

$$y = f(k) \qquad (7.2)$$

方程(7.2)中,y 代表人均产出,k 代表人均资本,假定 m 代表人均持有的货币量。则人均财富量可表示为:

$$a = k + m \qquad (7.3)$$

用 M 代表经济中名义货币总量:

$$M = pNm \qquad (7.4)$$

其中,p 表示价格水平,N 表示人口总量,经济中资本存量的变化可以下方程表示:

$$\dot{K} = s\left[Y + \left(\frac{\dot{M}}{p}\right)\right] - \left(\frac{\dot{M}}{p}\right) \qquad (7.5)$$

上述顶端加点的字母表示相应字母对时间 t 求导数,s 表示储蓄率水平,由 $M = pNm$ 可知:$\dot{m} = m(\theta - \pi - n)$,其中 θ 是名义货币增长率,π 是通货膨胀率,把(7.5)式变为人均形式,并将 $\dot{m}$

---

① Tobin,J.,"Money and Economic Growth",Econometrica,1965,33:671-684.

代入可得:

$$\dot{k} = sy - (1-s)(\theta - \pi - n) \qquad (7.6)$$

根据凯恩斯对货币需求函数的假定,假设存在如下货币需求函数:人均货币需求与真实利率 r 成反比,与人均收入成正比,因为人均收入是人均资本的增函数,为了分析方便,需求函数选用如下形式:

$$m = \varphi(i)k = \varphi(r+\pi)k, \frac{\mathrm{d}\varphi}{\mathrm{d}r} < 0 \qquad (7.7)$$

其中,r 是实际利率,i 是名义利率,在完全竞争性经济中:$r = f'(k)$。

2. 稳态分析

在经济处于稳态时,由新古典函数性质可知:$\dot{m}=0, \dot{k}=0,$ $\dot{c}=0$,因此人均实际余额 m,资本存量 k 能及人均消费 c 都应是常数。再由 $\dot{m}=m(\theta-\pi-n), \dot{k}=sy-(1-s)(\theta-\pi-n)$ 可知:

$$\pi^* = \theta - n \qquad (7.8)$$

$$sf(k^*) - (1-s)nm^* - nk^* = 0 \qquad (7.9)$$

根据索洛模型,稳态时满足:

$$sf'(k) - n < 0 \qquad (7.10)$$

再由式(7.9),两边对 m^* 求导可得:

$$\frac{\mathrm{d}k^*}{\mathrm{d}m^*} = \frac{1-s}{sf'(k^*)-n} < 0 \qquad (7.11)$$

将式(7.7)代入式(7.9),可得稳态时产出增长率与资本存量之间函数式:

$$sf(k^*) - (1-s)n\varphi(f'(k^*)+\theta-n)k^* - nk^* = 0 \qquad (7.12)$$

由上式可得如下两个导数方程式:

$$\frac{\mathrm{d}m^*}{\mathrm{d}\theta} = \mathrm{d}\big[(sf(k^*)-nk^*)/(1-s)n\big]\frac{}{\mathrm{d}\theta} = \frac{sf'(k^*)-n}{(1-s)n}\frac{\mathrm{d}k^*}{\mathrm{d}\theta} < 0 \qquad (7.13)$$

$$\frac{\mathrm{d}k^*}{\mathrm{d}\theta}$$

$$= \frac{nk^*(1-s)\varphi'(i^*)}{(sf'(k^*)-n)-(1-s)n\varphi(i^*)-nk^*(1-s)\varphi'(i^*)f'(k^*)} > 0$$

$$(7.14)$$

由方程(7.13)、方程(7.14)可知:当经济处于稳态时,人均实际货币余额随货币增长率的提高而下降,人均资本存量则随货币增长率的提高而上升,这是因为当货币增长率提高时,由 $\pi^* = \theta - n$ 式可得,通货膨胀率也会相应提高,于是理性的人们会调整自己的资产结构,减少因通货膨胀而贬值的货币持有,增加更具有保值功能的资本配置,从而增长了稳态时的产出水平,货币表现为长期非中性。

3. 政策分析

上述托宾模型证明了货币增长率与产出增长率之间存在正相关,这也为货币当局利用货币政策促进产出增长提供了理论依据,约翰森在其 1978 年出版的《货币经济学论文选》一书中给出了托宾模型的政策建议,他写道:"货币当局可以利用货币政策来满足经济达到储蓄黄金率的要求。如果整个社会储蓄率太高,导致实物投资对产出的比例超过了黄金率水平,货币当局就可以通过货币政策紧缩货币供应,根据'托宾效应',人们就会通过资产的重新组合来减少超额投资,使人均资本量恢复到黄金率水平。与此相反,如果整个社会储蓄率太低,导致实物投资对产出的比例低于黄金率水平,货币当局就可以通过扩张性的货币政策增加实物投资对产出的比例"[①]。由此可见,从托宾模型从发,约翰森得到了与传统凯恩斯主义类似的货币政策结论,更加增强了托宾模型的说服力。不过,在有些经济学家看来,托宾效应也仅仅只在短期有效,具体来说,它只在资本存量还没有达到稳态均衡时发挥作用,当资本增长到一定程度,随着资本边际报酬率逐渐下降,增加的资本带来的产出也会逐渐递减,因此货币只在短期内

---

① [英]约翰森:《货币经济学论文选》,商务印书馆,2001年,第167页.

表现为非中性。此外,托宾模型并没有考虑财富总量本身也是一个内生变量,它取决于个体的储蓄行为。作为资产选择的结果,如果稳态时由通货膨胀造成的财富增加在量上与实际货币持有额的减少完全相等,则通货膨胀对人均资本量就不会产生托宾效应。由此可见,通货膨胀对资本积累的影响程度是由资产组合效应与储蓄行为两方面综合决定的。最后,托宾模型也忽视了整个社会福利问题,由增加货币供给带来的通货膨胀会使人们的收入水平受损,由此造成的"庇古效应"会降低人们的消费水平,如果此时人们为了避免由通货膨胀造成的损失而增加储蓄,会造成消费水平的进一步下降。

(二)希德罗斯基模型

托宾模型虽然很好地解释了由价格变化导致的资产组合变动对产出的影响过程,但在托宾模型中,储蓄率是一个外生的固定常数,而希德罗斯基则认为,储蓄率是微观个体在追求一生最大化效率时理性选择的结果。1967 年,他在《货币经济增长的理性选择与范式》[①]一文中,利用 Ramsey-Cass-Koopman 无限期界模型,通过内生化储蓄率,建立了一个货币效用模型。

1. 模型简介

假定一个经济体由 H 个家庭构成,总人口数为 L_t,其增长率为常数 n,每个家庭的目标效用函数为:

$$U = \int_0^\infty u(c,m)e^{-\rho} \tag{7.15}$$

其中 $u(\cdot,\cdot)$ 为二次连续可微函数,并且满足 $u_1 > 0$,$u_2 > 0$,$u_{11} < 0$,$u_{22} < 0$,ρ 为时间偏好率,同托宾模型一样,人均总财富由货币和资产构成,用公式表示为:

$$a = k + m \tag{7.16}$$

假定生产函数为:

---

① Sidrauski,M.,"Inflation and Economic Growth",Journal of Political Economy,1967,75:796-810.

$$y = f(k), \text{其中} f'(k) > 0, f''(k) < 0 \qquad (7.17)$$

人均资本存量增量为：

$$\dot{k} = f(k) - c - nk \qquad (7.18)$$

人均实际货币余额增量为

$$\dot{m} = x - \pi m - nm \qquad (7.19)$$

其中,x 表示政府一次性货币转移,$m\pi$ 表示政府通过发行货币向公众征收的人均通货膨胀税,nm 表示对新生人口的货币转移,货币仅通过一次性总付转移注入经济,政府的铸币税收入就等于这一次性总付转移。

则人均财富增量为：

$$\dot{a} = \dot{k} + \dot{m} = f(k) + x - c - na - m\pi \qquad (7.20)$$

代表性家庭的目标函数可以表现为在方程(7.16)和方程(7.20)的约束下,在效用方程(7.15)的形式下追求一生最大化效用,利用哈密尔顿函数求解上述最大化效用函数值,其贴现哈密尔顿函数可以表示为：

$$H = u(c,m) + q(f(k) + x - \pi m - an - c) + \lambda(a - k - m) \qquad (7.21)$$

其中,q 是应用于约束方程(7.20)的协状态变量,λ 是方程(7.16)的拉格朗日系数。内解存在的必要条件为：

$$u_c - q = 0 \qquad (7.22)$$

$$u_m - \pi q - \lambda = 0 \qquad (7.23)$$

$$\dot{q} = (\rho + n)q - \lambda \qquad (7.24)$$

$$qf'(k) - \lambda = 0 \qquad (7.25)$$

将式(7.25)代入式(7.24)可得：

$$\dot{q} = (\rho + n - f'(k))q \qquad (7.26)$$

将式(7.22)代入式(7.26)可得：

$$u_{cc}\dot{c} + u_{cm}\dot{m} = (\rho + n - f'(k))u_c \qquad (7.27)$$

再将式(7.22)、式(7.25)代入式(7.21)消去 q, λ 可得：

$$u_c(f'(k) + \pi) = u_m \qquad (7.28)$$

2. 稳态分析

当经济处于稳态时，$\dot{a}=\dot{k}=\dot{m}=0$，再利用方程(7.28)，可得人均资本，人均货币余额满足如下方程式：

$$f'(k^*) = \rho + n \tag{7.29}$$

$$f(k^*) - c^* - nk^* = 0 \tag{7.30}$$

$$x - \pi^* m^* - nm^* = 0 \tag{7.31}$$

如果假定式(7.17)中的生产函数采用柯布道格拉斯生产函数的具体形式：

$$f(k) = Ak^a, 0 < a < 1 \tag{7.32}$$

方程(7.32)对资本求导数可得：$f'(k) = aAk^{a-1}$，稳态资本存量满足：

$$f'(k^*) = aA (k^*)^{a-1} \tag{7.33}$$

再由式(7.29)可得：

$$aA (k^*)^{a-1} = \rho + n$$

$$k^* = \sqrt[(a-1)]{\frac{\rho + n}{aA}} \tag{7.34}$$

3. 模型含义

由方程(7.34)可知，货币增长率系数与通货膨胀率系数并没有出现在稳态资本存量方程中，因此在希德罗斯基模型中，货币增长率的变化并不能影响稳态资本存量，货币呈超中性，这与托宾模型所得结论刚好相反，其原因是：在托宾模型中，储蓄被假定为产出的一个固定比率，但在希德罗斯基模型中，储蓄率是家庭追求最优化行为的结果，它意味着当经济中增加货币供给引起通货膨胀时，一方面，人们通过调整资产组合结构，将货币转化为资本，促使资本存量增加；另一方面，从最优化一生效用角度出发，他们会通过降低储蓄率来增加当前消费，资本存量因此减少，货币之所以呈超中性是因为通货膨胀对消费的正效应正好中和了通货膨胀引起的托宾效应。

（三）斯托克曼模型[①]

针对希德罗斯基的货币效用模型，克洛尔指出把货币直接纳入效用函数并没有说明货币充当交易媒介的作用。他认为货币经济的最主要特点是："货币购买物品，物品交换货币，但是物品不能购买物品。"[②]因此，在货币经济中，在购买商品和资本之前，必须首先拥有货币，这个假设被称为"克洛尔约束"。斯托克曼最先利用克洛尔约束条件将货币融入进一个新古典函数，研究了货币变动对产出的影响。此后，预付现金模型逐渐成为人们分析货币对产出影响的基础模型之一。以下是斯托克曼模型的证明过程。

1. 模型简介

假设存在一个代表性经济个体，其偏好可表示为如下终身贴现效用函数：

$$\max \sum_{t=0}^{\infty} \beta^t u(c_t) \tag{7.35}$$

其中，$u(\cdot)$函数是具有严格递增、二次连续可微的凹函数，β为主观贴现率，其取值范围为$(0,1)$，利用 Clower 约束条件：

$$f(k_t) + \frac{M_{t-1} + \omega_t}{p_t} - c_t - k_{t+1} + (1-\eta)k_t - \frac{M_t^{\ d}}{p_t} = 0 \tag{7.36}$$

$$\frac{M_{t-1} + \omega_t}{p_t} \geqslant c_t + k_{t+1} - (1-\eta)k_t \tag{7.37}$$

其中，k_t为t期资本存量，M_{t-1}为$t-1$期名义货币存量，c_t为t期消费，ω_t代表t期的名义货币转移，$M_t = M_{t-1} + \omega_t$，η为折旧率，方程(7.36)是对经济个体的财富约束，方程(7.37)是对经济个体预付现金约束，也就是在$t-1$期期末的现金持有要能满足t

---

①　Stockman, A. C., "Anticipated Inflation and the Capital Stock in a Cash-in-Advance Economy", Journal of Monetary Economics, 1981, 8：387-393.

②　Clower, R. "A reconsideration of the microfoundationsof monetary theory", Western Economic Journal, 1976, 6：1-8.

期的消费和投资。利用 Bellman 方程来求解在约束方程(7.36)和方程(7.37)下,函数(7.35)的最大值,其形式为:

$$V(m_t,k_t) = \max\{u(f(k_t)+m_t+(1-\eta)k_t-k_{t+1})-m_t^d\}$$
$$+\beta V(\frac{m_t^d}{1+\pi_{t+1}}+\frac{\omega_{t+1}}{p_{t+1}},k_{t+1}) \tag{7.38}$$

把式(7.36)代入式(7.37)可得:

$$f(k_t)-m_t^d \leqslant 0 \tag{7.39}$$

这里 $V(\cdot,\cdot)$ 是最大值函数,m_t 表示 t 期转移后的实际货币余额,$m_t{}^d$ 表示 t 期实际货币余额需求,π_t 代表通货膨胀率,求解式(7.38)可得如下一阶条件:

$$u'(c_t) = V_m(m_{t+1},k_{t+1})\frac{\beta}{1+\pi_{t+1}}+\mu_t \tag{7.40}$$

$$u'(c_t) = \beta V_k(m_{t+1},k_{t+1}) \tag{7.41}$$

方程(7.40)表示,t 期消费的边际效用与持有相同价值货币产生的边际效用加上流动性服务效用相等。当约束式(7.39)中的等号成立时,由包络定理可得:

$$V_m(m_t,k_t) = u'(c_t) \tag{7.42}$$

$$V_k(m_t,k_t) = u'(c_t)(f'(k_t)+1-\eta)-\mu_t f'(k_t) \tag{7.43}$$

由式(7.40)乘 $f'(k_t)$ 再加上式(7.43)可得:

$$V_k(m_t,k_t) = u'(c_t)(1-\eta)+\frac{\beta f'(k_t)}{1+\pi_{t+1}}V_m(m_{t+1},k_{t+1})$$
$$\tag{7.44}$$

再将式(7.41)和式(7.42)代入式(7.44)可得 Euler 方程:

$$u'(c_{t-1}) = u'(c_t)\beta(1-\eta)+\frac{\beta^2 f'(k_t)}{1+\pi_{t+1}}u'(c_{t+1}) \tag{7.45}$$

当市场出清时,须满足如下两个条件:

$$M_t^d = M_t \tag{7.46}$$

$$c_t+k_{t+1}-(1-\eta)k_t = f(k_t) \tag{7.47}$$

在假定名义货币增长服从:

$$M_{t-1}(1+\theta) = M_t \tag{7.48}$$

其中,θ 为名义货币增长率,当生产函数为新古典生产函数时,经济会收敛于一个稳态均衡点,在该稳态均衡点,实际货币余额和资本存量都为常量,所以通货膨胀率与货币增长率相等,且由式(7.45)可知稳态时资本存量导数等于:

$$f'(k^*) = -\frac{(1+\theta)[1-(1-\eta)\beta]}{\beta^2} \tag{7.49}$$

由新古典函数性质可知:$f'(k) < 0$,所以在斯托克曼模型中货币增长率的增加会降低长期资本存量,产出水平也会因此降低,因此,货币与产出是呈负相关的。

2. 模型含义

在斯托克曼模型中,由于消费和投资都受到现金约束,因此当货币供给增加引起通货膨胀时,人们手中的货币购买力受损,就会减少对现金商品的购买和投资,稳态时的产出水平也就相应下降。另外,在高货币增长率或通货膨胀率条件下,消费与投资的跨期替代会引起的投资净回报率下降,并最终导致投资及长期资本存量的减少,这一结论即是通常所说的"斯托克曼效应"。就像 Feldstein(1981)年论证的那样,通货膨胀作为一个隐性的税收可以和经济中其他显性的税收一起相互作用,使经济中的投资下降。

(四)购物成本(shopping-cost)与购物时间模型
   (shopping-time)[①]

购物成本与购物时间模型是从货币节约交易费用的角度来分析货币对产出的影响,该类模型首先由 Dornbusch 和 Frenkel 提出,他们认为商品的购买需要占用物质资源,持有货币可以节约这些被占用的资源,降低交易成本。同样他们假定在一个新古典框架内,代表人的行为是最大化一生的效用总量,货币通过一个交易成本函数引入模型,并且假定交易成本与货币量成反比、与消费水平成正比。结果他们发现,在经济处于稳态均衡时货币

---

① Dornbusch,R. and Frenkel,J. "Inflation and Growth:Alternative Approaches", Journal of Money,Credit,and Banking,1973,5:141-156.

呈非中性,但稳态资本存量的大小与货币增长率的变化存在多种可能性,也就是货币增长率增加时,稳态资本存量既可能增加,也可能减少,对产出的影响并不确定。

随后 Brock、McCallum、Goodfriend 以及 Croushore 等人对购物时间模型进行了研究,他们认为商品购买占用了经济个体的时间,持有货币可以节约时间成本,同样在购物时间模型中货币不是中性的,货币供给的变化会影响实际余额和交易时间,从而对长期资本存量产生影响。

(五)新古典货币增长理论后续研究与评论

上述四个模型构成了研究新古典货币增长理论的基础,以后的研究主要是在上述四个模型的基础上,通过适当改变模型的假设条件,或是通过引入金融创新、人力资本、技术进步等因素使之更精确地接近经济现实。

1. 对过渡路径货币非中性的研究

费希尔基于 Cobb-Doulas 生产函数,把一个固定相对风险厌恶不变系数植入到希德罗斯基模型,证明了相对风险厌恶系数不等于 1 时,在向稳态靠近的过渡路径上,货币超中性并不成立,其表现为:货币增长率越高,资本积累越快,产出增长率也越快。当相对风险厌恶系数等于 1 时,这时效用函数变成了对数形式,上述结论不再成立。Weil(1994)、Marini 和 Van der Ploeg(1996)也研究了在偏好不可分的情况下货币转移路径上对产出的影响。他们认为希德罗斯基采用的无限斯界货币效用模型与李嘉图债务等价定理存在相似性,暗含了货币长期中性,他们证明了当经济人之间没有跨代遗赠动机时,如果货币以一次性转移方式注入经济,货币增长率的提高在短期内具有真实效果,因为在经济没有达到稳态之前,资本产出比相对较低,资本的边际生产率比稳态时高,因此家庭推迟消费的动机会很强烈,而货币增长率的提高进一步促进了这种动机,增加了资本积累,促进了短期经济增长。但从长期看,稳态增长率是由人口和外生技术决定的,这也意味着货币增长率的提高在长期只会造成通货膨胀。

2. 闲暇的引入

弗里德曼在《关于一个消费方程》一书中首次研究了消费和闲暇相对价格变化引起的劳动供给决策问题,此后关于劳动供给的生命周期理论逐渐成为一个热点问题,把闲暇引入效用函数来分析劳动供给也就成为一种常见方法,Greenwood 和 Huffman(1987)首先在新古典框架内利用这种思路分析了货币供给对经济的影响,他假定消费品的购买受制于现金先行约束,闲暇与消费都能给消费者带来效用,最后通过模型分析他得出如下结论:当货币供给引起通货膨胀率上升时,劳动报酬会趋于下降,为实现最大化效用,同质的经济个体将会选择减少劳动以增加闲暇时间,产出就会因为劳动供给减少而下降。

3. 引入金融创新

早在 1933 年,熊彼特就正式提出了信用能促进经济增长的观点,他说:"信用的本质功能在于能使企业家从原先的使用中撤出他所需要的生产资料,通过对它们的需求使经济进入新的通道。"[①]卡梅伦研究了英国工业革命时期,商业银行的发展以及各种金融创新活动对当时英国经济的贡献,他认为:"金融创新为当时更多的创新性企业提供了资金来源,促进了整个社会的技术进步。"[②]以后,Gurley 和 Shaw(1960)、Levine(1990)、Ireland(1994)等人都对金融创新理论进行过系统的研究。

Peter Ireland 于 1994 年提出了一个在金融体系下的托宾效应[③],随着金融发展,人们研究出了许多新式的信用支付工具,这些信用支付工具在一定程度上形成了对货币的替代。在 Peter Ireland 所提出的模型中,托宾效应就是由这种替代来实现的,他

---

① [美]熊彼特:《经济分析史》,商务印书馆,1992 年,第 276 页.

② Kaldor,N.,"A Model of Economic Growth",Economic Journal,1957,57:591-624.

③ Ireland,Peter,N.,"Money and Growth:An Alternative Approach,"American Economic Review,1994,84:47-65.

假设经济中存在两种相互替代的支付方式,分别为法定货币和信用支付,预付现金仅对消费产生约束,资本产品为信用产物,且随时间的变化,信用支付的成本相对法定货币会下降,因此与获得资本的成本相比,代表性家庭用货币购买消费品的成本是上升的。在高通货膨胀下,货币购买力会下降,持有货币的成本也会相应上升,当金融创新能够降低信用成本时,推迟消费变得有利可图,代表性家庭会用未来的消费替代当前消费,而投资资本又为人们储备购买力提供了有效途径,所以当经济中货币供给增加时,金融服务相对价格的下降促进了资本积累,短期内产出以更快的速度增长,但最终为满足其更多的消费需求,在未来某个时间,人们将会以一个更快的速率降低其资本储备。换言之,通货膨胀率的上升将导致产出增长率在初始时高于其潜在路径,而从未来的某一时刻起又会低于其潜在路径,但从整体上看,通货膨胀率的变化在长期不会对产出增长率产生显著的影响,货币在长期呈中性。

第三节 内生货币增长理论对货币长期中性与非中性的研究

一、内生增长理论的发展

新古典增长模型为人们研究经济增长问题提供了一个基本的理论框架,并能在一定程度上解释一些经济增长现象,比如新古典增长模型能够解释工业革命以前世界各国经济发展趋同的现象。但在工业革命以后,人类社会技术进步加快、个人受教育程度提高、国与国之间的经济联系越来越紧密、决定经济增长的因素变得越来越复杂,经济学家发现新古典增长模型并不能很好地解释这种复杂形势下的经济增长现象,它主要存在以下四个问题:(1)不能解释技术进步。虽然索洛模型得出了长期经济增长取决于人口增长和技术进步率的结论,但在索洛模型中,技术进步是外生的,它不能解释技术进步原因,也就不能在模型内部找到经济增长的源泉。(2)新古典增长模型不能解释经济增长的国别差异。受生产要素边际收益递减作用,在没有技术进步时,索洛模型得出初始经济发展水平不同的两个国家,其经济最终将收敛于同一稳态。但卢卡斯研究发现,自19世纪以来,赶超增长并没有以一个统一的速度发生在任意两个国家。(3)新古典增长模型无法解释第二次世界大战后发生在东亚的增长奇迹。(4)新古典增长模型无法解释物质资本和人力资本由穷困国家向发达国家转移的资本倒流和智力外流现象。一些经济学家认为,新古典增长模型之所以无法解释以上这些问题在于完全竞争、边际收益递减和外生技术进步三个假设。从20世纪80年代开始,经济学家开始逐渐放松新古典增长理论的上述三个假设,通过将技术内生化、延伸资本内涵、引入垄断竞争市场等方法在模型内部找到了经济增长源泉,这一类理论也称为内生增长理论。在这一方面做出较大贡献的经济学家有罗默(Romer)、卢卡斯 Lucas)、金(King)、雷贝多(Rebelo)、巴罗(Barro)、宇泽(Uzawa)、阿罗(Arrow)、阿洪(Aghion)、霍伊特(Howitt)、格罗斯曼(Grossman)和赫尔普曼(Helpman)等人。

二、两种内生增长理论模型

(一)外部性模型

外部性模型由罗默、卢卡斯等人最先提出。罗默在1986发表的《收益递增经济增长模型》一文中提出了一个知识外溢增长模型,在该模型中他假定知识积累具有以下两个特征:(1)知识的积累随着资本积累的增加而增加。这是因为随着资本积累增加,整个社会生产规模扩大,劳动分工就会越来越细,工人们能从实践中学到更多的专业化知识,产生干中学效应。(2)知识具有溢出效应。由于知识具有公共产品性质,每个企业都能从别的企业那里获得知识积累的好处,从而导致整个社会知识总量的增加,但由于知识是投资无意识创造的,个别厂商并不会把这种外部性纳入其决策函数。由此可见,这类模型的实质是通过知识积累的副产品性质和知识存量的外部性来获得内生增长的。

卢卡斯 1988 年在《论经济发展的机制》一文中提出了另一类外部性内生增长模型,他受益于舒尔茨的人力资本理论,把总资本分解为人力资本和物质资本,物质资本由物质生产部门投入生产要素进行生产,人力资本则由一个假定的人力资本生产部门投入生产要素进行生产,且人力资本具有外部性,与罗默的知识溢出效应一样,人力资本的外部性使模型产生递增收益,在模型内部解决了增长问题。

（二）R&D 理论

一方面,上述外部性模型都基于完全竞争假设,而现实市场很少存在真正的完全竞争市场,这限制了模型的解释力和现实适用性;另一方面,它也不能较好地描述技术商品的非竞争性和部分排他性特征,于是一些经济学家开始在垄断竞争条件下研究内生经济增长问题,在这一领域作出贡献的经济学家有罗默、格罗斯曼和赫尔普曼、阿洪、霍伊特、斯蒂格利茨等人。在这类模型中,技术是有目的的 R&D 活动的结果,由新产品的部分排他性使用所带来的垄断利润为厂商提供了激励,同时一定程度的知识外部性也使得整个社会知识资本存量不断增加,整个社会的经济效率也因此得到改善。在这类模型中,经济的长期增长率对政府的政策具有很强的依赖性,合理的税收政策、良好的基础设施服务、完整的知识产权保护体系以及规范的法律和社会秩序都能促进经济增长。

三、内生增长理论与货币长期非中性理论的发展

尽管内生增长理论通过内生化技术、引入人力资本、强调外

部性和市场不完善性等方法完善与深化了新古典增长理论,让增长理论与现实变得更加贴近,更能够解释一国的经济增长现象。但我们看到,主流的内生增长理论并没有将货币纳入内生增长模型,在这一点上,他们继承了古典经济学货币面纱论传统,认为货币等名义变量并不会影响经济长期增长,但现实经济中货币与经济的紧密联系,由货币供给变化引起的经济波动却是一个不容争议的事实。在新古典货币理论启发下,一些学者开始在内生增长理论框架内融入货币因素,考虑货币对产出的长期影响,这类模型一方面沿用了新古典货币增长理论分析思路,另一方面又从内生增长理论中汲取了灵感,推动着货币中性与非中性理论沿着增长理论这一个重要的前沿性分支方向发展。目前,在这一领域做出过贡献的学者主要有:De Gregorio、Van der Ploeg 和 Alogoskoufis、Marquis 和 Reffett、Mino 和 Shibata、Bakshi、kam、Wang 和 Yip、Bruno 和 Easterly、Corneo、Jeanne、Clemens、Rousseau 和 Wachtel、Gylfason 和 Herertsson、Itaya 和 Mino 以及华裔学者王平和叶创基、香港大学学者吴仰儒和张俊喜、内地学者周恒甫、龚六堂等人。比如 Marquis 和 Reffett(1991)通过预付现金约束把货币引入到一个包括人力资本积累的两部门内生增长模型,结果发现当只有消费和物质资本受流动性约束时,经济长期增长率独立于货币供给的变化,货币呈超中性。Wang 和 Yip(1991)把货币通过交易成本技术引进卢卡斯模型,结果发现货币增长率的提高会引起真实余额下降,交易时间因此增加,通过这种渠道货币增长率会与产出增长率呈负相关。Van der Ploeg 和 Alogoskoufis(1994)把卢卡斯模型扩展成布兰查德(Blanchard)的寿命不确定形式,和希德罗斯基模型一样,货币直接引入到效用函数,通过模型分析,他们得出以下结论:货币当局利用公开市场业务增加货币供给可以增加人均产出的长期增长率。Marquis 和 Reffett 构造了一个体现技术进步的罗默型内生增长模型,研究了支付系统结构改变时,货币供给变化对产出增长率的影响,最终他们得出了货币增长率的增加会降低经济增长率的结论。Mino 和

Shibata 利用一个凸形的代际交叠模型,并通过把货币引入效用函数,证明了货币供给对产出呈正相关的结论。在国内,Wen-YA Chang 和 Ching-chong Lai(1999)把 Barro-Rebelo-type 内生增长模型和希德罗斯基的货币效用模型结合在一起,第一次检验了预期通货膨胀对稳态经济增长率以及在过渡路径上对经济增长率的影响。周恒甫和龚六堂在预付现金约束的内生增长模型中通过引入资本主义精神,讨论了货币供给、个体对社会地位的关注程度以及长期经济增长三者之间的关系。总的来说,该领域的主要研究成果可以归纳为如下五类模型。

(一)用世代交替模型替代无限期界模型

Weil、Marini 和 Van der Ploeg 等人证明:"当行为人之间具有跨代遗赠动机时,希德罗斯基在证明货币中性时所利用的无限期界模型与李嘉图债务中性定理有很大的相关性,模型本身暗含了货币中性思想。"[1]如果放松上述无限期界假设,当货币以一次性转移方式注入经济,货币增长率的变化就会影响真实产出,但这种影响只是暂时的,稳态增长率最终由人口和外生技术进步决定,在长期货币呈中性。同样,正统的内生增长理论都是在拉姆其模型基础上发展起来的,而拉姆其模型的核心是存在一个有效的跨代遗赠动机经济体,这也暗含了李嘉图债务中性,然而在讨论货币中性与非中性问题时,上述模型并不是一个必须遵守的严格框架,Alogoskoufis 和 Frederick 在《内生增长与代际交叠》一文中,利用家庭世代交叠假设替代无限期界行为人假设,结果证明货币政策对产出具有真实效果,原因是当前的一代人不能与未来的一代人发生交易,这种市场错位会导致消费的外部性,这就为货币政策提供了发挥空间。基于上述结论,Alogoskoufis 和 Frederick 1994 年又在《货币与内生增长》一文中提出了一个货币与经济增长的世代交替模型,他们假设代际之间没有任何有效的

---

[1]　Van der Ploeg, F., "Money and Capital in Interdependent Economies with Overlapping Generations", Economica, 1991, 58: 233-256.

遗赠动机,货币与物品一样具有效用,劳动供给无弹性,通过分析得出如下结论:"(1)货币增长率的提高不再导致通货膨胀率同比例地增长,也不再是通货膨胀率的唯一决定因素,货币能够永久性地影响产出。(2)对于给定的货币政策和财政政策,与具有赠予动机的社会相比,国民收入的消费更高,产出增长率更低,通货膨胀也更高。原因是当不存在遗赠动机时,未来税收的负担将由新生代来承担,如果货币的增长不是由一次性补贴而是由发行国债完成的,这将会导致实际增长率的大幅提高和通货膨胀率的小幅增长,因此货币有较大的非中性。(3)政府平衡消费的预算增加对私人部门产生的挤出效应会使真实产出下降和通货膨胀率上升,与债务融资相比,由发行货币融资的方式来增加政府消费导致的挤出效应更小,因此实际产出下降得也较少,但通货膨胀率则会增长得更快。一般而言,政府由跨代转移带来的债务增加会减少真实增长率和提高通货膨胀率,如果存在投资的调整成本,增加货币会降低真实利率,同时政府债务 GDP 比例增加也会提高真实利率。"①

(二)内生增长理论下的托宾效应

托宾通过把货币引入到人们的资产组合,得出了货币增长会通过托宾效应促进经济增长的结论。托宾以后,随着内生增长理论的发展,托宾效应的内涵得到了进一步扩展。Ireland(1994)利用内生增长理论中的 AK 模型定义了一个过渡路径上的托宾效应。他假定预付现金仅对消费做出限制,经济个体可以通过信用交易来规避通货膨胀风险,且只有购买资本才能够提供信用服务。他通过研究发现:当货币增长率增加时,公众出于规避通货膨胀风险的需要就会购买更多的资本产品,这就会导致在过渡路径上资本积累加速,但在稳态时,产出增长率并不受货币影响。Gillman 和 Nakov(2003)提出了一个在一般均衡条件下存在显著

---

① Frederick. ,and Alogoskoufis,G. S. ,"Money and Endogenous Growth",Journal of Money. Credit,and Banking,1994,26:771-791.

托宾效应的内生增长模型。在模型中通货膨胀的增长通过投入要素的重新组合增加了单位有效劳动的物质资本存量,从而对增长路径形成永久性的托宾效应。Gillman 和 Nakov 认为:"这种新式的托宾效应基于通货膨胀会对资本回报率和真实工资水平产生影响,因为通货膨胀率的增加会诱使人们用闲暇代替商品,增加闲暇造成的时间渗漏会减少人力资本回报,在均衡状态下所有资本的回报率将会趋于相同,所以物质资本的回报也趋于下降。"[①]另外,通货膨胀还会造成劳动的再分配效应,部分有效劳动会从生产部门流向信用部门,因此真实工资将会上升,经济增长率会因为所有资本的总回报率减少而下降,但资本有效劳动的比例会因为真实工资相对真实利率上升而上升,这样就缓和了资本回报率和产出增长率的下降,因此,尽管资本有效劳动的重新分配产生的托宾效应不会提高产出的增长率,但是面对通货膨胀税收,合理的投入要素的分配减缓了增长率下降。

（三）内生增长理论下的希德罗斯基模型

Van der Ploeg 和 Alogoskoufis、Mino 和 Shibata、Feenstra、Wen-Ya Chang 和 Ching-Chong Lai 等学者利用希德罗斯基的货币效用函数,分别在不同的内生增长模型下考察了货币对产出的影响。Van der Ploeg 和 Alogoskoufis(1994)在一个世代交叠内生增长模型内,通过把货币引入效用函数证明了当经济主体之间具有异质性时,货币政策调整将通过再分配效应影响资本积累。Mino 和 Shibata(1995)在一个无限期界模型内定义了一个由 AK 模型和柯布道格拉斯函数相结合的生产函数,其形式为:$Y = \varphi K^{\beta} L^{1-\beta} + AK, 0 < \beta < 1, \varphi \geqslant 0, A \geqslant 0$,货币沿用希德罗斯基的思路直接进入效用函数,结果表明,当经济处于稳态时,根据货币增长率 μ 的大小不同,经济存在不同的增长路径:(1)当货币增长率

---

① Gillman,M(1993)."The welfare cost of inflation in a cash-in-advance economy with costly credit",Journal of Monetary Economics,1993,31:97-115.

大于临界值 $\hat{\mu}$ 时,货币增长产生的跨代再分配效应将促使经济持续增长,稳态时经济收敛于 AK 模型下的内生增长路径。(2)当货币增长率位于 $[\mu,0]$ 区间时,经济不再具有持续的内生增长动力,但存在一条外生稳态增长路径。(3)当货币增长率位于 $[0,\hat{\mu}]$ 区间时,以上两条稳态路径都有可能出现。据此,Mino 和 Shibata 还得出结论:"不同技术水平和金融发展程度的国家实施相同的货币政策会得出完全不同的效果。相比而言,一个国家如果拥有先进的技术水平和发达的金融体系,低通货膨胀率的货币政策更能促进经济增长,而一个国家如果只拥有较低的技术存量和相对不完善的金融体系,则高通货膨胀率的货币政策更能促进经济增长,因此相对落后的发展中国家可以通过采用适度宽松的货币政策来促进经济发展。"[①]Wen-Ya Chang 和 Ching-Chong Lai(1999)把 AK 模型和希德罗斯基的货币效用模型结合在一起,第一次检验了通货膨胀预期对稳态经济增长率和过渡路径经济增长率的影响。结果发现相对风险系数对经济动态行为和产出增长率大小起着重要作用。特别地,当行为人的跨期替代弹性等于 1 时,伴随着预期货币增长率的提高,产出增长率在一段时间内为常数。如果跨期替代弹性小于单位弹性 1,预期货币增长率的提高将会使产出增长率上升,直到达到一个最大值,然后再趋于下降,但是当经济重新回归稳态后,货币增长率的变化不再对产出增长产生任何影响,也就是说沿着平衡增长路径,货币呈超中性。

(四)内生增长理论下现金先行模型

货币效应模型中直接假设货币具有正效用很难让一些学者找到理论上的证据,希德罗斯基本人也没有进行合理的解释,并且在商品经济中,把货币作为财富的组成或直接将其纳入效用函

---

① Van der Ploeg,F.,and Alogoskoufis,G. S.,"Money and Endogenous Growth"[J],Journal of Money. Credit,and Banking,1994,26:771-791.

数也没有很好地表现出货币的交易职能。并且 Weil、Marini 和 Van der Ploeg 等人证明,当行为人之间具有跨代遗赠动机时,希德罗斯基的货币模型与李嘉图等价有很大的相关性,因此,许多经济学家认为,通过货币效用方法建模是一条不大可靠的捷径。相比之下,Stockman 和克洛尔提出的现金先行模型对货币需求的微观解释更为合理,并且 Blackburn 和 Hung(1991),Jones 和 Manuelli(1991)、Mino(1991)等人证明,即使使用暗含李嘉图债务中性的无限期界模型,只要行为人在购买资产和消费品时必须持有货币,货币就有影响真实产出的可能,从而摆脱了希德罗斯基货币超中性的限制,正因为上述原因,很多学者都更倾向于使用现金先行的方式将货币引入模型。Stockman 1981 年首次提出现金先行模型的时间正是内生增长理论发展的黄金时期,由罗默、卢卡斯等人发起的内生增长革命,为经济学的发展提供了一个新的分支方向,极大地推动了经济学的发展,但至今还处于发展时期的内生增长理论并没有找到一种很成功的方式将货币因素引入其中,一些经济学者试图通过现金先行模式将货币引入内生增长理论,研究货币与经济增长问题。

Marquis 和 Reffett(1991)通过预付现金模型把货币引入到一个包括人力资本积累的两部门内生增长模型,他们发现当消费和物质资本都受现金约束时,经济长期增长率独立于货币供给变化,货币呈超中性。Jones 和 Manuelli(1995) 在一个内生增长模型内,分析了对消费产生预付现金约束时货币增长率变化对产出和社会福利的影响,结果表明通货膨胀的变化会通过两条路径影响长期增长率,一条路径是存在固定贬值补贴的情况下,指数化税收中的名义刚性;另一条路径是当经济中实施卢卡斯式的效率工资时,由劳动闲暇选择带来的扭曲。Jones 和 Manuelli 还对上述两种情况下货币增长率变化带来的福利成本和增长效果进行了研究,他们认为对适度通货膨胀的国家来说,通货膨胀的福利成本和增长效应都很小,但对像美国那样高的通货膨胀国家来说,通货膨胀的增长效应和福利损失则依赖于模型的设定,如果现金和信用产品相互竞争，则不存在增长效应和福利效应；如果现金和信用产品相互补充，通货膨胀就存在适度的增长效应和较大的福利效应。Gomme(1993)在一个一般均衡随机动态人力资本模型中考察了货币对产出的影响，结果表明：只对消费实行预付现金约束时，高的货币增长率会通过降低劳动报酬抑制经济增长，但对社会的整体福利水平影响不大，其中内生劳动供给是得出上述结果的关键。其作用机制是：货币增长率上升→通货膨胀率上升→劳动供给下降→干中学效应下降→人力资本存量下降→经济增长率下降。如果将信用部门引入模型，通货膨胀上升时，行为人可以通过改变支付方式来规避通货膨胀税，这就增加了对信用部门服务的需求，与没有信用部门相比，经济稳态就会出现重新调整，一部分用于产品生产和人力资本生产的资源就会被转移到信用部门，导致资源配置效率降低，总产出增长率进一步下降。Marquis 和 Reffett(1994)在一个罗默知识溢出内生增长模型的基础上，也得出了和 Gomme 相似的结论。Van der Ploeg 和 Alogoskoufis(1994)构建了一个内生增长模型分析了通货膨胀对产出的短期影响，结果表明当预付现金仅对消费做出限制时，在短期内通货膨胀对产出有着正向影响，其原因是通货膨胀的不确定性增加了人们的预防动机，使人们储蓄增加，促进产出增长。Chang et al. (2000)构建了一个单部门的 AK内生增长模型，假定消费和拥有资本都能为代表性家庭带来效用，最后他得出当仅有消费受流动性约束时，经济的产出增长率和名义货币供给正相关。以后，Hung-Ju Chen 和 Jang-Ting Guo(2009)对 Chang et al. (2000)的模型做了两点修改：(1)考虑一个更为广泛的固定相对风险厌恶效用函数，假定消费和资本的跨期替代弹性并不严格大于1，这样与经验研究更相符合。(2)除消费品外，总投资的支出也受预付现金约束。利用 Stockman 的流动性方程，Hung-Ju Chen 和 Jang-Ting Guo(2009)得出了与 Chang et al. (2000)不一样的结论。在 Hung-Ju Chen 和 Jang-Ting Guo(2009)的模型中，货币的增长效果依赖于资产替代效应和跨期替代效应两种相反的力量,一方面,名义货币量的增长会导致一个更高的通货膨胀,这将会提高持有货币的成本,此时理性的行为人会将真实余额转化为资本(资产组合效应),对资本过多的需求将会引起资本相对影子价格上升,资本的净回报将会减少,这会导致经济增长率下降。另一方面,一个高的通货膨胀率也会让行为人减少当前消费,通过增加当前投资来增加未来消费(跨期替代效应),这样就会增加资本供给,降低资本的相对影子价格,此外代表性家庭对社会地位追求的动机也会通过增加资本积累来加强这种供给效应,这两种因素都会导致产出增长率上升,Hung-Ju Chen 和 Jang-Ting Guo(2009)最后通过分析得出结论,当货币同时对消费和投资形成预付现金约束时,货币增长率提高引起的资产组合效应要强于替代效应,总产出增长率将会下降。

(五)内生增长理论下的交易成本模型

持有货币能降低交易成本的思想其实最先来源于凯恩斯,凯恩斯在《通论》中说道,人们持有货币主要是因为三方面的动机,交易动机、投机动机、预防动机。科斯 1937 年在《企业的性质》一文中专门提到了交易费用问题,虽然科斯的交易费用是指市场和企业的交易费用,但很显然,良好的货币运行环境能够降低市场和企业的交易费用。在凯恩斯和科斯等人的启示下,Dornbusch 和 Frenkel(1973)从持有货币可以节约物质资源,降低交易成本出发,提出了购物成本(shopping-cost)模型,Brock(1974)从拥有货币可以减少交易时间从而降低交易成本的角度提出了购物时间模型(shopping-time),不过上述模型都是在新古典框架内提出的。随着内生增长理论的发展,一些学者在内生增长框架内延伸了货币交易成本模型,这些学者有:De Gregorio(1992,1993),张俊喜(1996,2000),Benhaib 和 Farmer(1994),Wang 和 Yip(2002),Itaya 和 Mino(2003)等。

De Gregorio(1992,1993)最先在一个内生增长模型中证明,无论是将现金交易成本技术运用在消费品购买上,还是将购物时间技术与内生劳动供给结合起来,当货币的增长率提高时,逆托宾效应都占上风。张俊喜(2000)构建了个现金交易成本模型,其中行为人的偏好设定为汉森偏好,交易技术采用西姆斯的交易成本函数,内生增长源于罗默的知识外溢产生的外部效应,结果表明货币增长率与产出增长率呈负相关。此后张俊喜又构造了一个基于内生劳动供给的现金交易成本模型,他分别考虑了货币用于购买消费品、用于生产商品、用于投资,以及既购买消费品又用于投资四种情况,在相对较弱的假定条件下,同样得出了货币增长率与产出增长率呈负相关的结论。Wang 和 Yip(2002)建立了一个 AK 内生增长模型,其中货币通过提供交易技术进入模型,由于交易需要成本,实际产出的一小部分专门用于交易。他们假定货币可以通过促进交易来降低交易服务成本,并且用于交易部分的产量是真实余额与消费比例的递减函数,最后他们发现:"(1)在平衡增长路径上,较高的货币增长速度减少了稳态时人均消费量、人均产量、人均实际货币余额以及人均资本积累的增长速度。(2)较高的货币增长速度减少消费资本比例和实际货币余额的消费比例。这些结果部分支持交易成本的影响(货币扩张延缓资本积累),也部分支持托宾的资产替代效应(较高的通货膨胀预期鼓励货币余额向资本转移)。(3)由于资本的实际回报率与经济内生增长速度正相关,货币供应量对实际利率产生反向影响。"[①]

Benhaib 和 Farmer(1994)提出了一个包括交易成本和购物时间的单部门内生增长模型,Itaya 和 Mino(2003)采用现金交易成本和采购时间技术两种方法对 Benhaib 和 Farmer(1994)模型进行了拓展,他们假定劳动和闲暇的选择是内生决定的,经济中正的生产外部性会导致规模报酬递增,则货币增长率的变化会通过两条渠道对实体经济产生影响。(1)劳动供给。如果生产的外

---

① Jha,S. K. ,Wang,P. and Yip,C. K. ,"Dynamics in a Transactions-Based Monetary Growth Model",Journal of Economic Dynamics and Control,2002,26: 616-635.

部性较小,增加货币增长率将导致经济增长率和就业水平下降;反之,如果生产的外部性较大,增加货币增长率将导致经济增长率和就业水平上升。(2)交易技术。增加货币增长率带来的通货膨胀会导致经济主体持有的实际货币余额减少,交易成本上升,从而使消费变得相对昂贵,经济主体减少的消费形成资本积累又有利于促进经济增长。最后他们通过模型得出如下结论:"当劳动外部性足够强时,经济中可能出现两种稳态路径:不确定性稳态路径和确定性稳态路径,在两种稳态路径中,托宾效应都会出现。"①换言之,无论采用现金交易成本技术还是采购时间技术,以及经济是否处于稳态均衡,货币政策对提高长期经济增长都很重要,从这个意义上说,Itaya 和 Mino(2003)的模型确立了通货膨胀和经济增长之间的积极联系。

（六）其他研究路线

Weber(1958)、Robson (1992)、Fershtman 和 Weiss(1993)、Bakshi 和 Chen (1996)、国内学者邹恒甫 (1994,1995),龚六堂(2006)等人从财富能带来社会地位以及资本主义精神等角度分析了货币中性与非中性问题。Weber(1958)最先提出了资本主义精神一词,他认为资本主义精神就是一种新教伦理,它倡导人们辛勤工作,投身自己的事业,鼓励人们节俭,把积累的财富用于社会生产,也就是说资本主义精神是一种隐蔽在人们无序行为中促进资本主义发展的本能力量。Kurz(1968)首次把消费和资本同时纳入效用函数,他把资本带来的效用理解为财富效应,但他并没有具体解释为什么资本会像物品一样带给人们效用,以后Robson(1992)对此进行了详细的说明,Robson 认为人们关心自己的财富并不完全因为财富能给他们带来消费品,部分原因还在于财富能给人们带来社会地位,因此对社会地位的强烈追求也会带来财富的增长。Fershtman 和 Weiss(1993)指出由于不同的职

---

① Benhabib J. and Farmer R. ,"Indeterminacy and Increasing Returns",Journal of Economic Theory,1994,63:19-41.

业具有不同的社会地位,因此工人们不仅会从工资中得到效用,也会从职业的社会地位中得到效用,不同文化的国家会把整个社会分成地位不同的行业,对职业地位的追求就会影响公众教育和职业的选择,从而影响整个社会的产出和工资水平。邹恒甫利用资本主义精神解释了为什么不同国家具有不同的长期储蓄率和长期增长率,并用这种思想解释了 20 世纪下半叶日本和"亚洲四小龙"的经济腾飞现象以及英国工业 1850 年后的衰退。此外,邹恒甫还把 Weber 的资本主义精神和 Kurz 的资本效用函数结合在一起,建立了一个内生增长模型,最后他得出:"即使资本的边际回报率小于时间贴现率或是随资本的无限扩张资本的边际回报率趋于零,资本主义精神也能为经济长期增长提供动力,并且资本主义精神越强,经济的内生增长率和储蓄率水平也就越高。"[①] 此外,邹还将上述模型延伸到货币经济领域,建立了一个混合的 Sidrauski-Kurz 模型,结果发现:"经济存在多种平衡增长路径,并且在每种路径上,增加货币增长率都能提高经济增长率,其作用机制为:货币增长率提高→通货膨胀率上升→代表性家庭倾向用资本来替代真实余额→刺激储蓄和资本积累→提高稳态经济增长率。"[②] 以后邹恒甫又在《资本主义精神,社会地位,货币和资本积累》一文中专门讨论了存在资本主义精神和社会地位时,货币中性与非中性的问题,结果证明:"在包含资本主义精神和社会地位的模型中,存在很强的托宾效应,更高的通货膨胀率将导致更高的长期资本存量和更高的内生经济增长率。"[③] 龚六堂在一个无限期界行为人模型中,利用 Becker-Mulligan(1997)内生时间偏好检验了货币中性与非中性问题,结果表明:"通货膨胀率的增加会使人们具有更少的耐心,他们将减少未来的投资,这样就会

① Zou, H. F., "The Spirit of Capitalism and Long-Run Growth", European Journal of Political Economy 1994, 10:279-293.

② Zou, H. F., "The Spirit of Capitalism and Savings Behavior", Journal of Economic Behavior and Organization, 1996, 28:131-143.

③ Zou, H. F., "The Spirit of Capitalism, Social Status, Money, and Accumulation", Journal of Economics, 2006, 3:219-233.

增加时间偏好率和降低资本存量的稳态水平,货币超中性不再成立。"[①]

第四节　本章小结

"嫁接"在增长模型上的货币增长理论,既突破了传统内生增长理论只关注实际经济变量的传统,同时也赋予了货币增长理论以新的内涵,它体现了对增长理论的承传和对货币中性与非中性理论的拓展。就政策含义而言,当我们需要对货币政策的效率和福利影响进行评估时,这些理论成果无疑提供了新的框架和视角。但迄今为止,在货币增长理论领域的这些研究还算不上是十分成熟。主要原因是经济学家仍不能在主要结论上达成一致,意见分歧可能意味着理论上不容忽视的缺陷。这种分歧既可能是由分析工具方面的重大局限造成的,也可能与人们引入货币的方式有关,以至于看上去同样合理的模型会产生完全不同的结果。

首先,分析工具的选择对研究结论产生了重要影响。在现代货币增长理论中,主要有三大类模型:无限期界模型、代表性行为人模型和世代交叠模型。在无限期界模型中,各变量之间的平衡关系是被事先界定好的,而在后两类模型中,这些平衡关系则是经济个体最优化行为的结果。因此,虽然这三类模型各有利弊,在货币增长模型中也都有运用的例子,但经济学者还是比较青睐后者,因为这类模型的微观基础更为扎实,研究结论自然也就更能令人信服。再就代表性行为人模型和世代交叠模型而言,两者之间的差异也是不容忽视的。内生增长理论通常采用拉姆齐最优分析框架,研究对象以代表性行为人的身份出现,因此,无限期界的拉姆齐模型实际上假设了行为主体的同质性以及代际之间的有效遗赠动机,李嘉图债务中性假说变成了其中隐含的假设前

---

① Gong,L. T. and H. -F. Zou,"Money,Social Status,and Capital Accumulation in a Cash-in-Advance Model",Journal of Money,Credit and Banking,2001,33:284-293.

提。如果放松这一隐含假设,以世代交叠模型取代拉姆齐模型来进行政策分析,通常,当行为人不具有可操作的代际遗赠动机并且存在新生代的进入时,增加货币供给将具有真实效应。其次,不同的货币模型在对货币职能的界定以及将货币引入模型的方式上不是完全一致的,有时稍微变换观察问题的角度就可能获得完全相反的结论。从一般意义上来说,托宾效应的出现需要很强的假设,在货币效应模型中,积极的货币政策往往被证明是有效的而以现金先行约束或交易成本技术为基础的大多数研究,一般都支持了通货膨胀和经济增长负相关的结论。尽管如此,至少主张货币长期超中性的声音已变得十分微弱了,这是歧见中最引人注目的共识。货币对产出的持久性影响依赖于人们持有货币的动机和货币被引入模型的方式,这一点,多恩布什早在1973年评价新古典货币增长理论时就已指出:"从一些替代理论中得到的模糊且不一致的结论主要是关于货币职能的不同假定的反映。"[1]虽然 Feenstra(1986)通过重新界定限制条件,证明了效用函数中的货币与执行交易目的的货币可以实现某种功能上的等价。Wang 和 Yip(2000)也推导出了货币效应模型、现金先行模型、交易成本模型三者之间等同的条件。张俊喜(2000)通过采取一阶齐次函数对交易服务生产函数进行限定,证明了在满足较弱的技术条件下,货币经济学中常用的各种模型可以相互替代,且推出了理论上相同的定性结论。不过,这些理论成果还没能达成广泛的共识,理论界目前尚未找到更有效的方法,能将前面综述的各类模型综合协调起来,从而为货币在增长理论框架内分析长期货币中性与非中性问题提供一个统一的分析框架。

---

[1] Dornbusch, R. and Frenkel, J. Inflation and Growth: Alternative Approaches. Journal of Money, Credit, and Banking, 1973, 5: 141-156.

第八章　货币中性与非中性的实证研究

第一章到第七章从理论演变角度说明了货币中性与非中性理论的发展,本章将从实证角度分析货币中性与非中性问题。20世纪50年代以后,计量经济理论获得了极大发展,经济学家对货币中性与非中性的实证检验开始流行起来,形成了货币中性与非中性理论发展的另一条路径。本章内容先介绍了20世纪以来,一些关于货币中性与非中性检验的理论成果,然后对中国的货币供给与经济增长之间的关系进行了实证检验。

第一节　对货币中性与非中性的几次重要检验

一、弗里德曼和施瓦茨对货币中性与非中性的实证研究

弗里德曼和施瓦茨最先运用实证方法分析了货币中性与非中性问题。1963年他们在《美国货币史》一书中,利用一些简单的数理统计方法对美国1867—1969年的货币供给与总产出之间的关系进行了实证分析。文中弗里德曼和施瓦茨建立了货币与产出的时间趋势图,通过不同时期的比较研究发现:在1867—1969年,美国总共发生了六次大的经济衰退(分别为1873—1879年、1893—1897年、1907—1908年、1920—1921年、1929—1933年、1937—1938年),在每一次衰退期间,美国经济都伴随货币存量明显下降。以1873—1879年为例,他们写道:"货币存量在1870年12月的经济周期谷底前加速增长,而在1873年10月经济周期顶

峰前减速增长,然后在 1879 年 3 月的经济周期谷底前又加速增长。对于 1879 年的经济周期谷底,货币存量的相对加速表现为 32,与以前相比,下降速度更慢,因而货币存量水平的绝对低点同时也与经济周期谷底同步,我们可以在半年数据中看到。我们发现,货币存量在经济周期谷底之前增长、在经济周期顶峰之前下降的现象(两者都存在相当长的时间间隔),在以后的实践中反复出现。我们还发现,货币存量的谷底经常与经济周期谷底重合,比如 1933 年的大萧条"①。弗里德曼和施瓦茨所列举的这些事例清楚地印证了货币在短期与总产出存在顺周期关系,但当他们将研究区间延长至两个周期以上时,货币与产出增长之间的正相关关系不再存在,他们又写道:"以上证据所反映的这些相互关系当中,货币存量的周期性变动,与名义收入和价格水平的相应变动关系最为密切。由于实际收入与名义收入有相同的运动周期和运动方向,所以我们还观察到了货币存量与实际收入或商业活动的周期变动之间的紧密关系。而相比之下,货币存量长期变动与实际收入长期变动之间的关系就没有那么密切了。在前面所提到的四个稳定时期内,实际收入的增长速度都大致相同。然而,货币存量与价格却以截然不同的速度增长,价格在某个时期可能每年下降 1%,而在另一个时期则可能每年上升 2%。显而易见,只要实际收入的增长过程与货币存量的增长过程都相当平稳,那么决定实际收入长期增长率的因素大致上会独立于货币存量的长期增长率。但是,货币存量显著的不稳定始终伴随着经济增长的不稳定。"②根据这些实证研究结果,弗里德曼和施瓦茨把产出波动的原因归因于货币当局的货币政策,从而对凯恩斯主义相机抉择的货币政策提出了批评,并提出了单一规则的货币供给政策。

① [美]米尔顿·弗里德曼:《美国货币史》,北京大学出版社,2009 年,第 482-483 页.
② [美]米尔顿·弗里德曼:《美国货币史》,北京大学出版社,2009 年,第 483-484 页.

二、圣·路易斯方程对货币中性与非中性的检验

受计量分析方法限制,弗里德曼和施瓦茨只是利用简单的统计方法对货币中性与非中性问题进行了研究。1968 年圣·路易斯联邦储备银行的职员乔尔丹(Jordan)和安德森(Anderson)首次运用回归方法对美国 1952 年 1 月—1968 年 11 月的货币供给与产出数据进行了估计,开启了人们利用计量模型精确研究货币中性与非中性问题的大门,归因于他们的首创性工作,产出与货币的回归方程也被称为圣·路易斯方程,在他们的启示下,从 20世纪 70 年代开始,研究货币供给与产出关系的计量模型大量涌现。圣·路易斯方程形式如下:

$$\Delta Y_t = \sum_{j=0}^{3} a_j \Delta M_{t-j} + \sum_{j=0}^{3} \beta_j \Delta E_{t-j} + \varepsilon_t \qquad (8.1)$$

其中,ΔY、ΔM、ΔE 分别代表名义 GDP、名义货币供给量、政府支出的一阶差分,ε_t 为随机误差项。乔尔丹和安德森估计的结果为:

$$\begin{aligned} \Delta Y_t = {} & 2.28 + 1.54\Delta M_t + 1.56\Delta M_{t-1} + 1.44\Delta M_{t-2} + 1.29\Delta M_{t-3} \\ & + 0.40\Delta E_t + 0.54\Delta E_{t-1} - 0.03\Delta E_{t-2} - 0.74\Delta E_{t-3} + \varepsilon_t \end{aligned}$$

$$(8.2)$$

由于各变量与其滞后项之间存在多重共线性,对单个系数的 t 检验是不准确的,乔尔丹和安德森通过检验整体系数 $\sum_{j=0}^{3} a_j$ 和 $\sum_{j=0}^{3} \beta_j$ 的显著性来判断货币政策与财政政策效果。其检验结果为:$\sum_{j=0}^{3} a_j = 5.80$,$t$ 值等于 7.34,显著不为 0;$\sum_{j=0}^{3} \beta_j = 0.17$,$t$ 值等于 0.54,显著为 0。因此乔尔丹和安德森得出结论:货币政策会对名义收入产生显著影响,而财政政策效果并不显著。

一些学者认为乔尔丹和安德森的回归检验是无效的,他们列举了这一类回归方法存在的三个缺陷:(1)因果关系既可以由产出推出货币,也可以由货币推出产出,因此如法判断是货币

促进了产出增长,还是产出增长导致了人们对货币需求的增加。(2)圣·路易斯方程无法辨别相机抉择的货币政策效果。Kareken 和 Solow 1963 年写道:"假设中央银行提前预料到了某次将要发生的经济周期,并通过预先采取相机抉择的货币政策成功达到了稳定经济的目标,那么我们将会观察到无产出变动条件下的货币波动,但在回归方程中却无法体现这种货币政策效果。"[①](3)圣·路易斯的估计对样本期与货币度量选择比较敏感,比如将上述回归方程的样本期延长到 2000 年,或是利用 M1 取代 M2 作为货币供给量,结论都将会发生显著变化。鉴于以上缺陷,一些学者认为利用圣·路易斯方程所做的回归并不能为货币中性与非中性理论提供强有力的证明。

三、巴罗和米什金对卢卡斯货币中性与非中性理论的检验

(一)巴罗对卢卡斯货币中性与非中性理论的检验

巴罗(Barro,1977)[②]使用两步普通最小二乘法(OLS)对卢卡斯模型的理性预期假设和预期货币中性结论进行了检验。检验分两个阶段,在第一阶段,运用 OLS 法估计货币供给的预测方程,在理性预期假定之下,根据已估计的预测方程计算出货币的预期变化量与未预期变化量。在第二阶段,利用第一阶段估计出的货币预期变化量与未预期变化量再进行一次 OLS 估计,判断它们对产出的影响是否显著,巴罗所用的最小二乘法公式如下:

$$M_t = \sum a_i x_{it} + \eta_t \tag{8.3}$$

$$y_t = \beta_0 + \sum_{j=0}^{n} \beta_j (M_{t-j} - \sum a_i x_{it-j}) + \mu_t \tag{8.4}$$

---

① Kareken,John H. ,and Solow,Robert M. Lags in Monetary Policy, Quarterly Journal of Economics 1963,112(February):169-215.

② Barro,Robert J. ,"Economic Growth in a Cross Section of Countries", Quarterly Journal of Economics,1977,106:407-433.

巴罗采用美国 1946—1973 年的年度数据对上述方程进行了估计,其结果为:

$$In\ [U/(1-U)]_t = -3.07 - 5.8DMR_t - 12.1DMR_{t-1}$$
$$- 4.2DMR_{t-2} - 4.7MIL_t + 0.95MINW_t \qquad (8.5)$$
$$DM_t = -0.087 + 0.24DM_{t-1} + 0.35DM_{t-2} + 0.082InFEDV_t$$
$$+ 0.02Ln\ [U/(1-U)]_{t-1} \qquad (8.6)$$

其中,DM 代表货币供给增长率,DMR 代表未预料到的货币增长率,MIL 代表军事规模,MINW 代表最低工资,FEDV 代表相对于正常情况下的联邦政府支出,U 代表失业率。

巴罗的估计结果表明:未预料到的货币变化解释当期失业时,系数显著,但当用总货币供给量替代式(8.5)中的未预料到的货币供给时,总货币供给量的系数并不显著。因此他认为他的研究与卢卡斯的短期非中性理论相吻合。

(二)米什金对卢卡斯货币中性与非中性理论的检验

米什金(Mishkin,1982)[①]对巴罗的估计方法提出了质疑,他认为巴罗只是对货币中性和理性预期做了联合检验,而没有单独对每一个假说进行检验,米什金认为要想单独检验理性预期假设与货币中性定理,估计方程组应该为:

$$M_t = \sum a_i x_{it} + \eta_t \qquad (8.7)$$

$$y_t = \beta_0 + \sum_{j=0}^{n} \beta_j \left(M_{t-j} - \sum a_i{}^* x_{it-j}\right) + \sum_{j=0}^{n} \gamma_j a_{i,t-j}^* x_{i,t-j} + \mu_t$$

$$(8.8)$$

其中,理性预期要求 $a_i^* = a_i$,货币中性只要求 $\gamma_i = 0$。

米什金利用美国 1954—1976 年的季度数据对上式进行了检验,结果表明:理性预期假说通过了模型检验,假说成立。但预料到与未预料到的货币供给系数在 5% 显著性水平上都很显著。因

① Mishkin, F. S. and Strahan, P. E. , "What Will Technology Do to Financial Structure?"NBER Working Papers 6892,National Bureau of Economic Research, Inc. , 1999.

此与巴罗的结论相反,米什金的结论表明预期与未预期货币都呈非中性,它的研究更倾向于支持凯恩斯主义的货币中性与非中性理论。

四、加利等人对凯恩斯主义货币中性与非中性理论的检验

（一）加利(1994)对凯恩斯主义货币中性与非中性理论检验[1]

根据凯恩斯主义的货币中性与非中性理论,当经济处于非充分就业水平时,货币政策对经济重新恢复到充分就业均衡具有重要作用。菲利普斯曲线进一步证实:货币供给变化对产出的影响,取决于产出对充分就业水平偏离的程度。加利运用计量经济模型对凯恩斯主义的这一理论进行了检验,加利的模型由四个方程组成,分别为:

IS 方程:

$$y = \mu_t^s + a - \sigma(r_t - E\Delta p_{t-1}) + \mu_t^{IS} \qquad (8.9)$$

LM 方程:

$$m_t - p_t = \varphi y_t - \lambda r_t + \mu_t^{md} \qquad (8.10)$$

货币供给过程:

$$\Delta m_t = \mu_t^{ms} \qquad (8.11)$$

菲利普斯曲线:

$$\Delta p_t = \Delta p_{t-1} + \beta(y_t - \mu_t^s) \qquad (8.12)$$

μ_t^s、μ_t^{IS}、μ_t^{md}、μ_t^{ms} 分别代表总产出、总支出、货币需求、货币供给的随机冲击,上述方程组除 r 代表名义利率水平之外,其余的字母代表相关变量的对数。

在加利的计量模型中,货币冲击效应 μ_t^{ms} 只能通过利率的变化传导到实物部门。此外,总供给冲击 μ_t^s 和需求冲击 μ_t^{IS}、μ_t^{md} 都有可能对产出产生影响。根据凯恩斯主义的理论,正的需求冲击

---

[1] Gali, Jordi. "How Well Does the IS-LM Model Fit Postwar US Data". Quarterly Journal of Economics, 107, May 1992, pp. 710-738.

同时提高产出和价格,而正的供给冲击则增加产出,降低价格。

加利选取的样本数据为美国(1955:1,1987:4)的季度数据,所用的货币总量是 M1,利率是 3 个月国库券利率。

对于货币供给冲击,加利得到了以下三点结论:(1)M1 增加使产出提高,并在第 4 个季度达到峰值。(2)M1 增加使通货膨胀和名义利率也出现了上升,但实际利率下降。(3)虽然货币供给冲击在经济周期中能带来产出一定程度的变化,但对产出或实际利率并没有长期影响,而只是影响通货膨胀率。

以上结论表明,加利的实证研究结果支持了凯恩斯主义货币政策有效性的政策主张,因为在短期内由货币供给冲击引起的总需求变动确实导致了产出的同方向变动。

(二)西姆斯对凯恩斯主义货币中性与非中性理论检验

20 世纪 70 年代,向量自回归模型的引入极大地促进了对经济理论的实证检验,由于 VAR 模型并不严格要求变量间存在因果关系,这种方法随即被广泛用于各种经济数量分析中。西姆斯(Sims,1986)[①]建立了一个包含 6 变量的结构性向量自回归模型,利用美国(1948:1—1979:3)的季度数据对凯恩斯主义货币中性与非中性理论进行了检验。这六个变量分别是:真实 GDP(y)、真实的工业固定资产投资(i)、GNP 平减指数(p)、用 M1 度量的货币供给量(m)、失业率(u)和国债利率(r),VAR 模型中包含常数项和每个变量的 4 个滞后项。西姆斯运用与货币市场均衡相一致的 Choleski 分解方法,通过施加 15 个约束条件,识别出了以下6 个方程:

货币供给:
$$r_t = 71.20m + e_1 \tag{8.13}$$

货币需求:
$$m = 0.283y + 0.224p - 0.0081r + e_2 \tag{8.14}$$

① Sims, C. A. , "Money, Income and Causality", American Economic Review, 1972,62:540-552.

产出方程：

$$y = -0.00135r + 0.132i + e_4 \qquad (8.15)$$

价格方程：

$$p = -0.0010r + 0.045y + 0.0034i + e_5 \qquad (8.16)$$

失业方程：

$$u = -0.116r - 20.1y - 1.48i - 8.98p + e_6 \qquad (8.17)$$

投资方程：

$$i = e_3 \qquad (8.18)$$

其中，除 u 和 r 用百分比表示外，其他变量均取对数值，从式(8.13)可以看出，货币供给随着利率的提高而增加；从式(8.14)可以看出，货币的需求与收入和物价水平正相关，与利率负相关，这些关系与经验数据相当吻合。式(8.18)中的投资信息是完全自主变动的随机变量，此外，西姆斯认为没有理由以任何特殊的方式约束其他方程。为了简化，他为 GNP、物价水平和失业率选择了一个 choleski 型的块结构，然后再进行脉冲响应函数分析，结果显示：货币供给冲击造成了产出，投资和失业的周期性波动，因此西姆斯的 SVAR 模型证实了货币短期非中性效应。

五、麦坎茨等人对货币长期中性与非中性的检验

(一)麦坎茨和韦伯[①]对货币长期中性与非中性的检验

麦坎茨和韦伯根据 110 个国家(其中包含 21 个发展中国家和 14 个拉美国家两个子样本)30 年(1960—1990)的经济数据，实证检验了货币供给与通货膨胀以及货币供给与真实产出之间的长期关系，为了排除货币政策带来的干扰，麦坎茨和韦伯并没有采用单个国家的时间序列数据，而是利用了 110 个国家的横截面

---

① McCandless, G. T. and Weber, W. E., "Some Monetary Facts", Federal Reserve Bank of Minneapolis Quarterly Review, 1995, 19: 2-11.

数据。麦坎茨和韦伯计算了这 110 个国家的货币增长率与通货膨胀率的相关系数,由 M2 得出的结果是 0.95;由 M1 得出的结果是 0.96;由 M0 得出的结果是 0.92,因此他得出结论:从长期来看,对于不同定义的货币和不同类型的国家,货币增长率都与通货膨胀高度相关,且相关系数几乎等于 1。麦坎茨和韦伯用相同的方法计算了这 110 个国家货币增长率和真实产出增长率的相关系数,结果表明:用上述三种不同定义货币计算出来的结果都小于 -0.05,但通过计算子样本 21 个发展中国家的货币增长率和真实产出增长率的相关系数发现:无论采用哪种定义货币,两者之间的相关系数都要高于 0.5,且大小集中在 (0.51 0.71);麦坎茨和韦伯还对这 21 个发展中国家产出增长率和货币增长率进行了回归,得出的结论是:用以上三种不同定义的货币估计出的回归系数都近似等于 0.1。这表明:平均来看,这 21 个发展中国家货币增长率每增加 1 个百分点,就会带来产出增加 0.1 个百分点。

　　从以上实证分析中,麦坎茨和韦伯得出如下结论:从长期看,这 110 个国家货币供给变化对产出并没有任何影响,货币供给效果最终全部体现在价格变化上,但对 21 个发展中国家组成的子样本来说,货币供给的增加确实引起了产出的增长,货币并非呈中性。

(二)布拉德和基廷对货币长期中性与非中性的检验[①]

　　在对货币长期中性与非中性的另一项检验中,布拉德和基廷 (Bullard and Keating,1995)运用向量自回归模型考察了通货膨胀对产出的影响,在他们的方法中,他们把通货膨胀的永久性成分归为货币增长率的永久性变化,而对产出的外生冲击视为只引起对通货膨胀的短暂冲击,他们的研究结果是:对于大多数国家,通货膨胀的永久性冲击不会永久性地提高产出水平,但对某些低

---

① Bullard,J. and J. Keating,"The Long-Run Relationship between Inflation Output in Postwar Economies," Journal of Monetary Economics,1995,36: 477-496.

通货膨胀国家确实如此,一般说来,对于低通货膨胀国家,估计效应是正的,对于高通货膨胀国家,估计效应很低或是负的,在这些结果中,货币是非中性的,通货膨胀对产出影响的这种格局,也反映了大多数货币经济学家的观点。

第二节　货币中性与非中性理论在中国的实证检验

国外经济学家对货币中性与非中性的各种实证检验启发和带动了国内学者对中国货币供给与产出的实证分析,黄先开和邓述慧、刘斌、陆军和舒元、刘霖和靳云汇、郑挺国和刘金全、楚而鸣等人都对中国货币供给与产出关系进行了实证研究。其中,黄先开和邓述慧(2000)采用巴罗的两步 OLS 法把中国货币供给分为预期部分与未预期部分,分别考察了预期货币与未预期货币对产出的影响。检验结果表明,在短期内,预期与未预期货币供给对产出的影响均呈非中性,并且正的货币冲击对产出的影响要比负的货币供给冲击对产出的影响大。两年后,陆军和舒元(2002)采用了与黄先开和邓述慧基本相似的方法,也得出了预期到的与未预期到的货币都影响产出的结论,不过他们研究得出负的货币冲击对产出的影响更大,陆军和舒元还把预期与未预期货币都影响产出的结论归因于中国普遍存在的工资与价格刚性。刘斌(2001)建立了一个向量自回归模型,利用 1987 年 1 月至 2000 年12 月的月度数据对中国的货币政策进行了冲击响应分析,结果表明:货币政策冲击在短期会对产出产生影响,在长期则不会,而且货币政策冲击对产出的持续作用时间不超过 40 个月。刘霖和靳云汇(2005)利用协整理论建立了一个由货币供给量、利率、通货膨胀率和总产出水平四变量的 VAR 模型,利用 1978—2003 年的数据检验了中国货币供给与产出的关系,结果表明:货币供给在短期能够刺激总产出水平,凯恩斯的货币政策理论更符合中国国情。郑挺国和刘金全(2008)运用平滑迁移向量误差修正

(STVECM)模型,对 1989—2007 年中国货币与产出之间是否存在非对称进行了实证分析,结果表明:中国的货币供给对产出的影响具有明显的非对称性,这种非对称性依赖于商业周期的高速增长阶段和低速增长阶段。以上这些实证研究成果几乎都支持中国货币供给在短期呈非中性而在长期呈中性的结论。但在短期内货币影响产出的程度以及持续时间上还存在差异,这些差异很可能是由于过少的研究样本和不同的实证方法导致的,本文采用 1994 年第一季度~2010 年第一季度的季度数据对中国货币供给与产出的关系进行了实证分析,实证研究分为两个部分:第一部分采用 ARIMA 模型和二阶段 OLS 模型对理性预期学派货币中性理论进行检验,第二部分利用 SVAR 模型对凯恩斯主义的货币非中性理论进行检验。

一、对理性预期学派的货币中性与非中性理论的实证检验

为了消除货币预报方程选取解释变量的随意性,本文采用自回归移动平均方法替代陆军和舒元(2002)所采用的 Hsiao 分步选择模型来分离预期货币与未预期货币,然后再考察总产出与预期货币供给与未预期货币供给之间的关系,检验中国的货币供给作用机制是否符合理性预期学派的货币中性与非中性理论。

(一)数据来源与数据处理

本模型选取的所有数据均为季度数据,时间跨度为 1994 年第一季度~2010 年第四季度。狭义货币 M1、广义货币 M2 数据来源于历年的《中国金融年鉴》,单位为亿元。季度 GDP 数据来源于中经网数据库,单位为亿元。另外,本模型采用实际 GDP 等于名义 GDP 除以季度定基比 CPI 的方法将名义 GDP 调整为实际 GDP,采用 X-12 方法对实际季度 GDP 进行季节性调整。为了方便从经济意义上说明和规避方程估计中可能出现的自相关问题,m1、m2、rgdp 均取其对数,分别用 lnm1、lnm2、lnrgdp 表示,其

一阶差分形式为 dlnm1、dlnm2、dlnrgdp，分别表示基础货币供应增速、贷款增速、GDP 增长速度。

（二）预期货币供给方程的估计

对 lnm1 、lnm2 、lnrgdp 进行 ADF 检验表明，这三个时间序列均存在单位根，但其一阶差分序列 dlnm1、dlnm2、dlnrgdp 均满足平稳条件。计算 dlnm2 样本序列的自相关系数与偏自相关系数，根据其样本自相关系数与偏自相关系数分布特征，预期货币供给方程符合以下模型。

表 8-1　预期货币供给方程的估计结果

Dependent Variable：d(lnm2) Sample：1995Q1 2010Q1				
Variable	Coefficient	Std. Error	t－Statistic	Prob.
C	0.041861	0.004035	10.37386	0
AR(1)	1.512898	0.109043	13.87439	0
AR(2)	−0.592415	0.104417	−5.673569	0
MA(1)	−1.337295	0.006686	−200.0055	0
MA(3)	0.526926	0.009033	58.33483	0
R-squared	0.661143	Akaike criterion	−5.748354	
Adjusted R-squared	0.615511	Prob(F-statistic)	0.00004	
S. E. of regression	0.013137	Durbin-Watson	2.012866	

由表 8-1 可得预期货币供给方程：

$$dlnm2_t = 0.0419 + 1.513dlnm2_{t-1} - 0.592dlnm2_{t-2}$$
$$+ u_t + 1.337u_{t-1} - 0.5269u_{t-3} \tag{8.19}$$

从回归结果看，R^2 较高，F 检验 P 值很小，各解释变量系数显著不为 0，说明方程总体线性关系显著，变量选择合理；另外，残差自相关函数检验表明残差序列为互不相关的白噪声系列，说明模型的系数估计符合优良估计标准，模型的选择符合时间序列建模标准。用该模型对 1985 年第一季度～1993 年第四季度 m2 货币供给量进行估计，结果表明预测值与真实值拟合程度高，基本符合 $E_{t-1}lnm2 = lnm2f_t$，因此可用该模型预测每季度央行货币供给量。把该模型对 lnm2 的静态预测结果记为 lnm2f,作为预期货币供给量,其一阶差分表示为 dlnm2f,那么该模型残差序列(真实值与预测值之差)就是经济中未预期货币供给量,用 m3 表示。

(三)建立 dlnrgdp、dlnm2f 和 m3 的回归方程

为了分别量化预期货币供给、未预期货币供给对真实产出的影响,可以建立如下模型:

$$\text{dlnrgdp}_t = A(L)\text{dlnrgdp}_t + C(L)\text{m3}_t + v_t \qquad (8.20)$$

$$\text{dlnrgdp}_t = A(L)\text{dlnrgdp}_t + C(L)\text{dlnm2}f + v_t \qquad (8.21)$$

方程(8.20)用来检验未预期货币供给对产出影响,方程(8.21)用来检验预期货币供给对产出影响。其中 $A(L)$ 和 $C(L)$ 为滞后算子多项式,v_t 为随机误差项。

1. 检验未预期货币冲击对真实产出的影响

对方程(8.20)进行回归,当 dlnrgdp 取滞后 1~8 阶,m3 取滞后 0~8 阶时,AIC 值较小,且调整后 R-squared 最大,因此解释变量的滞后可以根据上述标准确定。表 8-2 为方程(8.20)的估计结果。

表 8-2　回归方程(8.20)的系数估计结果

滞后阶数	产出增长率(dlnrgdp)			未预期货币增长率(m3)		
	系数编号	系数大小	t 统计量	系数编号	系数大小	t 统计量
0				C(9)	−0.325890	−1.263443
1	C(1)	−0.423155	−1.996135	C(10)	0.092036	0.335321
2	C(2)	−0.278697	−0.911316	C(11)	0.288644	1.053745
3	C(3)	−0.493834	−1.749429	C(12)	0.783499	2.843407
4	C(4)	0.932544	3.093587	C(13)	−0.136911	−0.428062
5	C(5)	0.625566	2.106287	C(14)	−0.899430	−2.410432
6	C(6)	0.326688	1.120989	C(15)	−0.404281	−1.007136
7	C(7)	0.113608	0.398314	C(16)	0.232304	0.566385
8	C(8)	0.111381	0.394316	C(17)	−0.808159	−1.886963

$$R^2 = 0.64 \quad DW = 1.90 \quad AIC = -4.42$$

为了检验未预期货币对产出是否有影响,需要检验解释变量 m3 各项滞后系数整体显著性,如果其各滞后项系数整体显著,说明未预期货币供给对产出有影响,如果 m3 各滞后项系数整体不显著,说明未预期货币供给不会影响产出。表 8-3 为 m3 各滞后项施加 0 约束的 Wald 检验结果:

表 8-3　对未预期货币短期中性条件与长期中性条件的系数检验结果

未货币中性原假设	df	χ^2 值	p 值
未预期货币短期中性的零假设条件: $c(9)=c(10)=c(11)=c(12)=c(13)=c(14)=c(15)$ $=c(16)=c(17)=0$	9	26.11344	0.0020
未预期货币长期中性的零假设条件: $c(9)+c(10)+c(11)+c(12)+c(13)+c(14)+c(15)$ $+c(16)+c(17)=0$	1	1.584202	0.1082

从检验结果看,在原假设 $c(9)=c(10)=c(11)=c(12)=c(13)=c(14)=c(15)=c(16)=c(17)=0$ 约束下,Wald 检验 P 值小于 0.02,因此在 2% 的显著性水平下就可以拒绝原假设,说明未预期货币短期内对产出有显著影响。用 Testdrop 检验 m3 的当期值是否为冗余变量时,检验结果拒绝了原假设,说明未预期货币供给在当期就对产出有影响。但对方程系数施加 $c(9)+c(10)+c(11)+c(12)+c(13)+c(14)+c(15)+c(16)+c(17)=0$ 的约束时,Wald 检验 P 值为 0.1082,在 10% 的显著性水平下可以接受原假设,说明在 9 个季度的每一季度,未预期货币供给对产出影响有正有负,彼此相互抵消,但从长期来看,未预期货币供给对产出呈中性。但这一结论也非完全可靠,因为 Wald 检验 P 值偏小,在 11% 的显著性水平下就可以拒绝原假设,但通过增加 m3 的滞后项进行回归检验发现,m3 的滞后系数越长,Wald 检验 P 值越大,接受原假设的可能性越大,例如当 m3 的滞后系数延长至 16 个季度时,$\sum_{0}^{15} c = 0$ 的 Wald 检验 P 值达到 0.4445,因此检

验的结果进一步证明了时间越长,未预期货币供给对真实产出影响越小的结论。这与理性预期学派关于非预期货币短期呈中性的观点相一致,理性预期学派认为未预期的货币供给变化会因给公众造成信息障碍而带来产出的暂时改变,但是理性的公众会很快修正错误的预期,这种短期效应也会随之消失,所以在长期内,未预期货币也会呈中性。

2. 检验预期货币冲击对真实产出的影响

对方程(8.21)进行类似方程(8.20)的检验过程,其中当 dlnrgdp 取滞后 1～7 阶,lnm2f 取滞后 0～7 阶时,Akaike 值较小,且调整后 R-squared 最大,其他统计指标也非常符合回归方程要求,所以解释变量可以采用以上滞后系数。表 8-4 为方程(8.21)的估计结果。

表 8-4　回归方程(8.21)的系数估计结果

滞后阶数	产出增长率(dlnrgdp)			预期货币增长率(lnm2f)		
	系数编号	系数大小	t 统计量	系数编号	系数大小	t 统计量
0				C(8)	−0.001662	−0.008121
1	C(1)	−0.372124	−1.779195	C(9)	0.163845	0.806022
2	C(2)	−0.260122	−0.871179	C(10)	0.637349	3.149277
3	C(3)	−0.503915	−1.735947	C(11)	−0.020030	−0.089339
4	C(4)	0.879812	3.082107	C(12)	−0.540427	−1.912327
5	C(5)	0.570217	1.968146	C(13)	−0.117526	−0.422953
6	C(6)	0.164705	0.532470	C(14)	0.584843	2.183644
7	C(7)	−0.133108	−0.437089	C(15)	−0.283627	−1.049544

$$R^2 = 0.71 \quad DW = 2.01 \quad AIC = -4.47$$

为了检验预期货币冲击对产出是否有影响,需要检验解释变量 dlnm2f 各项滞后系数整体显著性,表 8-5 为检验结果。

表 8-5　对预期货币短期中性条件与长期中性条件的系数检验结果

货币中性原假设	df	χ^2 值	p 值
预期货币短期中性的零假设条件： $c(8)=c(9)=c(10)=c(11)=c(12)=c(13)=c(14)=c(15)=0$	8	19.08171	0.0144
预期货币长期中性的零假设条件： $c(8)+c(9)+c(10)+c(11)+c(12)+c(13)+c(14)+c(15)=0$	1	2.281891	0.1309

从检验结果看，在原假设 $c(8)=c(9)=c(10)=c(11)=c(12)=c(13)=c(14)=c(15)=0$ 约束下，Wald 检验 P 值小于 0.02，因此我们在 2% 的显著性水平下就可以拒绝原假设，说明预期货币供给在短期内呈非中性，在对方程系数施加 $c(8)+c(9)+c(10)+c(11)+c(12)+c(13)+c(14)+c(15)=0$ 的约束时，Wald 检验 P 值为 0.1309，在 10% 的显著性水平下接受了原假设，说明在 9 个季度内每一季度预期货币供给对产出的影响同样有正有负，相互抵消，但从长期看，预期货币对产出呈中性，但这一由 9 个季度检验得出的结论也非完全可靠，因为 Wald 检验 P 值为 0.1309，在 15% 的显著性水平下又可以拒绝原假设，但回归检验进一步发现 M3 的滞后系数越长 Wald 检验 P 值越大，接受原假设的可能性就越大，检验结果也进一步证实了时间越长，货币供给对产出影响越小的结论。

（四）结论

实证研究表明：在中国，无论是预期货币供给还是未预期货币供给在短期内都表现为非中性，但时间越长，货币对产出的影响越小，9 个季度以后，预期货币供给与未预期货币供给都逐渐呈中性。预期货币呈非中性的检验结果说明了理性预期学派的货币中性与非中性理论并不完全符合中国的货币作用机制，这可能与理性预期学派过于理想化的假设条件有关，因为该学派的货币中性与非中性理论是建立在理性预期之上的，一旦偏离理性预期假设，无论是预期货币供给，还是未预期货币供给都会影响产出。

二、对凯恩斯主义的货币中性与非中性理论的实证检验

下文将采用西姆斯的 SVAR 模型对中国的货币政策效果进行进一步的检验,以判断凯恩斯的货币中性与非中性理论是否适用于中国经济运行规律。

(一)数据来源

下文选取的数据均为季度数据,时间跨度为 1994 年第一季度～2010 年第一季度。M1 来源于历年的《中国金融年鉴》,单位为亿元。季度 GDP 数据来源于中经网数据库,单位为亿元。本文采用实际 GDP 等于名义 GDP 除以季度定基比 CPI 的方法进行调整,为了方便从经济意义上说明和规避方程估计中可能出现的自相关问题,cpi、m1、m2、rgdp 均取对数值,分别用 Lncpi、lnm1、lnm2、lnrgdp 表示,其一阶差分分别为 dLncpi、dlnm1、dlnm2、dlnrgdp,分别表示物价上涨比率(通货膨胀率)、基础货币供应增速、贷款增速、GDP 增长速度。SVAR 模型一般用于平稳序列的建模,对 dLncpi、dlnm1、dlnm2、dlnrgdp、drr 采用 ADF 检验表明,四个序列均满足平稳条件。以下实证分析均采用变量 m1,采用 m2 可以得到相同结论。

(二)模型简介

根据西姆斯提出的 SVAR 模型,包含 K 个变量的 SVAR 模型的标准形式为:

$$B_0 y_t = \Gamma_1 y_{t-1} + \Gamma_2 y_{t-2} + \cdots + \Gamma_p y_{t-p} + u_t, t = 1, 2, \cdots, T$$

$$(8.22)$$

其中 B_0 为主对角线元素为 1 的非奇异矩阵,y_t 为 k 维列向量,Γ_i 为 $k \times k$ 矩阵,u_t 为误差向量,且满足 $E(u_t u'_t) = I_k$,上述 SVAR 模型可以通过两边同乘逆矩阵 B_0^{-1},将其转化为简单 VAR 形式进行估计,然后再通过增加识别条件,利用 Cholesky

正交分解,就能估计出 SVAR 模型参数和分离出结构冲击向量 u_t。相对本模型而言,B_0 为主对角线元素全为 1 的 4×4 非奇异矩阵,Γ_i 为 4×4 矩阵,y_t 为 4 维列向量,可具体表示为:$y_t = (drr, dlnm2, dlncpi, dlnrgdp)'$,或者:$y_t = (drr, dlnm2, dlnrgdpd, dlncpi)'$,向量采用以上变量顺序基于如下考虑:假设政策变量到经济变量之间没有反馈,央行一般把 R 和 M 当成政策性变量,把 GDP 和 CPI 当成经济变量。

(三)实证过程

1. Granger 检验

Granger 因果检验可以定性确定变量间是否存在因果关系,Friedman(1973)、Sims(1980)等经济学家都曾利用这种方法检验过货币供给与产出之间的因果关系。下文先利用这种方法定性检验中国货币供给与产出之间是否存在 Granger 因果关系,表 8-6 为检验结果:

表 8-6 货币供给与产出之间的 Granger 因果检验结果

	原假设	χ^2 统计量	自由度	p 值
dlncpi 方程	drr 不是 dlncpi 的 Granger 原因	1.28	2	0.530
	dlnrgdp 不是 dlncpi 的 Granger 原因	5.93	2	0.052
	dlnm1 不是 dlncpi 的 Granger 原因	24.63	2	0.000
	drr、dlnrgdp、dlnm1 不是 dlncpi 的 Granger 原因	40.67	6	0.000
dlnrgdp 方程	drr 不是 dlnrgdp 的 Granger 原因	6.66	2	0.036
	dlncpi 不是 dlnrgdp 的 Granger 原因	1.56	2	0.459
	dlnm1 不是 dlnrgdp 的 Granger 原因	3.71	2	0.056
	drr、dlncpi、dlnm1 不是 dlnrgdp 的 Granger 原因	13.89	6	0.031
drr 方程	dlnrgdp、dlncpi、dlnm1 不是 drr 的 Granger 原因	15.38	6	0.122
dlnm1 方程	dlnrgdp、dlncpi、drr 不是 dlnm1 的 Granger 原因	2.18	6	0.905

从表 8-6 可以看出:对于 drr 方程,dlnrgdp、dlncpi、dlnm1 不

是 drr 的 Granger 原因的 P 值为 0.022,说明方程整体因果关系不显著,drr 外生于模型其他变量,利率变动不受产出、价格水平、货币供给影响,这也说明了在 SVAR 模型中,在变量次序上把 drr 放在最前面是正确的。

对于 dlnm1 方程,dlnrgdp、dlncpi、drr 不是 dlnm1 的 Granger 原因的 P 值为 0.905,说明方程整体因果关系不显著,dlnm1 外生于模型其他变量,基础货币变动不受利率、价格水平、货币供给影响。

对于 dlncpi 方程,整体方程 Granger 因果关系不成立的 P 值为零,说明变量整体因果关系显著,dlncpi 内生于模型变量。由 χ^2 统计量可知:在 10% 的显著性水平下,中国货币增长率、gdp 增长率都是通货膨胀的 Granger 原因,利率与物价上涨则没有因果关系。

对于 dlnrgdp 方程,dlnm1 不是 dlnrgdp 的 Granger 原因的概率为 0.056,说明在 10% 的显著性水平下,货币增长率的变动是产出变动的 Granger 原因。drr 不是 dlnrgdp 的 Granger 原因的概率为 0.036,说明在我国利率变化也是产出变化的原因之一。

上述 Granger 因果关系检验表明,货币增长率的变动既是价格水平变动的 Granger 原因,也是产出变动的 Granger 原因;此外,利率的变动也是引起产出变动的 Granger 原因。

2. 脉冲响应函数

Granger 因果关系检验从定性的角度说明了变量之间的因果关系,脉冲反应函数则能从定量分析的角度精确说明某一变量受其他变量冲击的动态响应。图 8-1 至图 8-4 分别是产出增长率 (dlnrgdp) 和通货膨胀率 (dlncpi) 对货币增长率 (dlnm1) 一个标准差冲击的响应图和累计响应图。

从图 8-1 可以看出,在本期给货币增长率一个正的标准差冲击,在前 10 个季度内,通货膨胀率每季度均呈正向响应,且在第二季度正响应反映最明显,使通货膨胀率上涨达 1%,以后各季度响应呈下降趋势,并在第十季度左右趋于零,影响消失。从图 8-2

Response of DLNCPI to DLNM1

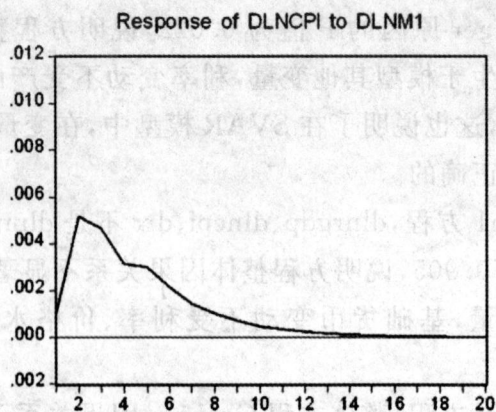

图 8-1　价格水平对货币冲击的响应图

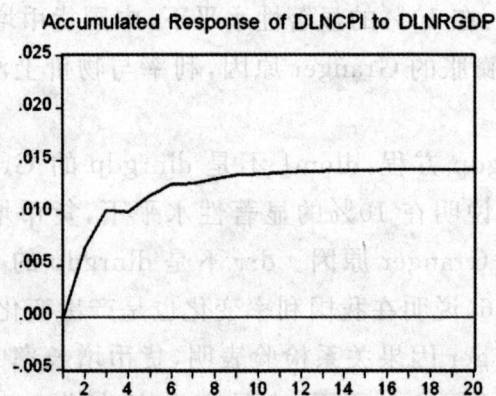

Accumulated Response of DLNCPI to DLNRGDP

图 8-2　价格水平对货币冲击的累积响应图

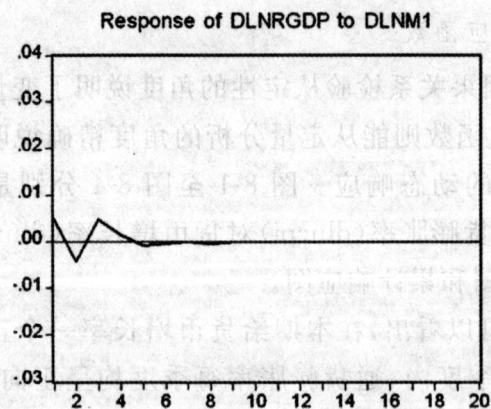

Response of DLNRGDP to DLNM1

图 8-3　总产出对货币冲击的响应图

Accumulated Response of DLNRGDP to DLNM1

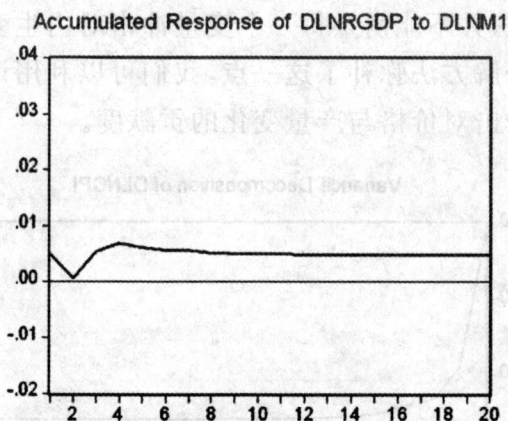

图 8-4 总产出对货币冲击的累积响应图

所示的通货膨胀率累计响应图来看,给 m1 变化率一个正的标准差冲击,第一季度到第十季度累计响应呈现单调上升趋势,十季度以后达到最大值 0.025,这也意味着在本期给货币供给增长速度一个标准差冲击,两年半后,物价水平会累计上涨 2.5%,此后货币政策影响消失,物价水平保持稳定不变。

从图 8-3 可以看出,在本期给货币供给增长速度一个正的标准差冲击后,实际 GDP 增长率在一年内呈周期性响应,第一季节为正响应,响应值为 0.0049;第二季度为负响应,响应值为－0.0043;第三季度呈正响应,响应值为 0.0047;第四季度呈正响应,响应值为 0.0015,从第五季度开始响应值趋于零,总的来说,前四季度响应值围绕零波动,影响并不是很大。从图 8-4 可以看出,在本期给货币供给速度一个正的标准差冲击后,从第二季度到第八季度累计响应呈现单调上升趋势,十季度以后达到稳定值 0.0048,这也意味着在本期给货币增长速度一个正的标准差冲击,两年半时间内会使 GDP 增长率上涨 0.47%,这说明扩张性货币政策具有一定的效果,货币在短期内表现为非中性,在长期表现为中性,这与凯恩斯的货币中性与非中性理论相吻合。

3. 方差分解

脉冲响应函数说明了每一个变量受其他变量冲击的动态影

响,但这种方法并不能衡量每一个变量冲击对内生变量变化的贡献度。方差分解方法弥补了这一点,我们可以利用该方法进一步来分析货币冲击对价格与产量变化的贡献度。

Variance Decomposition of DLNCPI

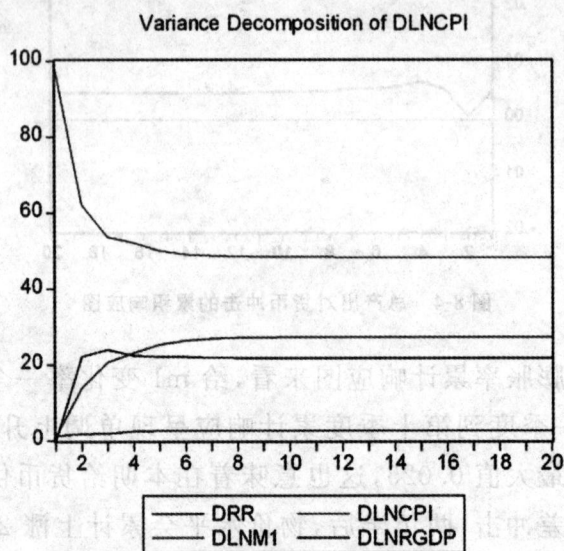

图 8-5　通货膨胀率方差分解图

Variance Decomposition of DLNRGDP

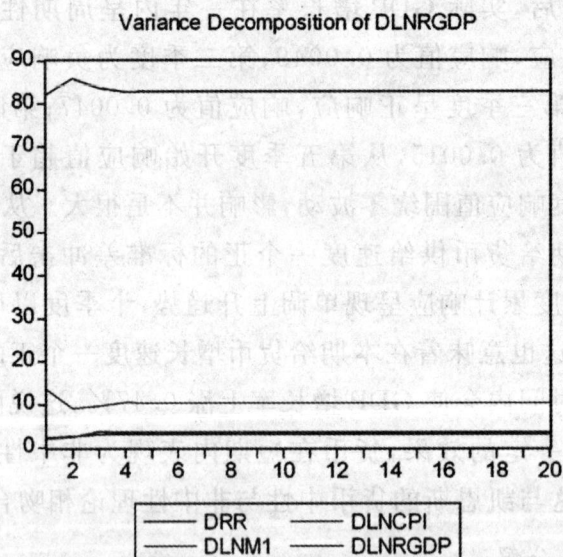

图 8-6　总产出方差分解图

图 8-5 是对通货膨胀率进行方差分解的结果,其中红线代表货币冲击,绿线代表价格冲击,蓝线代表利率冲击,黑线代表产出冲击。如图 8-5 所示,从第八期开始,方差分解结果基本稳定,来自价格本身冲击的影响最大,约占通货膨胀率预测误差的 50/100;其次是来自货币冲击的影响,约占通货膨胀率预测误差的 30/100;来自产出冲击的影响约占通货膨胀率预测误差的 20/100,来自利率新息冲击最小,可忽略不计,四项加起来刚好等于 1。方差分解的结果从定量角度证明了在中国货币冲击和产出冲击是引起通货膨胀率的主要原因,这与前面 Granger 定性检验得出的结论一致,也与我国经济现状非常吻合。改革开放以来,中国经历了两次较为严重的通货膨胀,第一次是 1988—1989 年,通货膨胀率高达 18%;第二次是在 1993—1995 年,这 3 年 CPI 上涨率分别为 14.7%、24.1%、17%。这两次通货膨胀都与货币供应量 M2 的过快增长有关。进入 2000 年以后,2005—2007 年这三年间通货膨胀较明显,其中 2007 年 CPI 涨幅达 4.8%。

图 8-6 是对产出增长率进行方差分解的结果,其中红线代表货币冲击,绿线代表价格冲击,蓝线代表利率冲击,黑线代表产出冲击。如图 8-6 所示,从第 10 期开始,方差分解结果基本稳定,产出增长率受自身冲击影响最大,约占产出增长率预测误差的 80/100,价格冲击的影响约占产出增长率预测误差的 10/100,货币冲击和利率冲击的影响总共占产出增长率预测误差的 10%。可见除产出外,通货膨胀率、货币供给和利率都对产出增长率的预测误差有一定的贡献度,但货币供给与利率的贡献度都不是很大,货币在短期并没有表现出很强的中性。

4. 结论

以上三种分析方法都表明,在短期内,中国货币政策能对价格和产出产生同方向影响。从脉冲反应函数可以看出,价格对货币政策的反应更敏感,且时间越长,货币对产出形成的短期影响会逐渐消失,货币政策冲击会被价格水平永久性地吸收,以上结论也表明,中国的货币政策效果更符合凯恩斯主义的货币中性与非中性理论。

第三节　本章小结

计量经济学的引入不仅为我们检验各种纷繁复杂的货币中性与非中性理论提供了直接的证据,而且计量经济模型还可以精确地计算出货币作用于产出的持续时间、时滞长短、影响程度,从本章所介绍的各种检验模型中(包括笔者对中国的货币政策检验),几乎所有的模型都得出了货币短期呈非中性,而且在短期非中性的检验中,货币政策都被证明是有效的。此外,绝大部分模型得出了货币长期呈中性的结论,极少数模型得出了在发展中国家货币长期呈非中性的结论。这些检验结果似乎都证明了凯恩斯主义的货币中性与非中性理论更符合事实。那么我们能否根据计量检验结果彻底否认货币长期非中性理论呢?有一种观点认为,计量检验结果只能证明货币供给与经济增长从长期来看没有直接的关系,但并不能检验货币供求与经济增长之间存在的各种间接关系,比如说一些经济学家认为:(1)适度的通货膨胀政策为企业带来了更多的利润,促进了企业对新技术的研发,加快了对固定资产的折旧。(2)适度的通货膨胀政策促进了人们把货币转化为资本的动力,增加了物质资本和人力资本的积累。假设上述两条结论属于事实,在计量经济模型里,我们能够很轻松地检验出技术进步,货币积累促进了经济长期增长,但我们却没法从计量分析方法上体现货币对经济的长期影响。同样在短期的检验中,虽然我们得出了货币短期非中性的结论,精确地衡量出了货币政策效果,但计量经济模型并不能检验出货币非中性的传导机制,计量经济模型也无法在理性预期、完全竞争的假定前提下,检验出货币政策效果。因此,计量经济模型并不能完全替代货币中性与非中性理论的研究,但是有一点,至少计量检验的结果告诉我们货币政策在短期是有效果的,这为货币当局以凯恩斯的货币中性与非中性理论设计货币政策提供了依据。

第九章　全文总结及政策建议

　　本文所研究的"货币中性与非中性理论演变"是一个非常庞大的理论问题,其所涉及的内容非常广泛。本书第二章到第六章研究了主流货币中性与非中性理论演变的五个重要阶段,按照时间顺序,分别为古典学派阶段、凯恩斯主义阶段、货币主义阶段、理性预期学派阶段和新凯恩斯主义阶段。第七章研究了当前正处于研究前沿的货币增长理论。第八章研究了实证方法在检验货币中性与非中性理论上的运用与发展。本文的研究表明,对于货币中性与非中性理论演变的前五个阶段,理论演变的焦点主要集中在货币短期中性与非中性问题上,而在第七章介绍的货币增长理论主要研究了货币长期中性与非中性问题,第八章的内容既可以看成是对第二章到第七章内容的实证检验,又可以看成是货币中性与非中性理论发展的一个新的方向,按照这一思路,本章先对全文做一个简要的总结,然后结合中国当前面临的实际问题提出一些具体的货币政策建议。

第一节　主流货币中性与非中性理论的共识与争议

一、主流货币中性与非中性理论演变的逻辑

　　回顾前六章的内容可以看出,主流货币中性与非中性理论演变有着复杂的现实背景。货币制度的变革、经济形势的变化以及

政治人物的更替都会影响主流货币中性与非中性理论的更替。货币中性与非中性理论演变最常见的一种方式是,当一种货币中性与非中性理论无法应对经济中出现的一些新问题,以致使经济陷入新的困境时,就为一种新的货币中性与非中性理论的兴起提供了机会。货币中性与非中性理论演变最本质的内容是货币制度的变革,从人类社会发明货币以来,货币制度经历了无数次改变,从商品货币到金属货币,再到信用货币;从金本位到固定汇率制,再到浮动汇率制;从以食物形式贮存货币到银行存款,再到各式各样的金融衍生品,这些与货币相关的变革都深刻地影响了货币与经济之间的关系,因此,没有哪一种理论是绝对的真理,随着经济形势的变化和货币制度的变化,需要有一种新的货币中性与非中性理论来适应新的经济,正如希克斯所说,每一种理论都有其更适合的或者说更具解释力的特定时代,从经济体系不断进化的角度来解释,很多的经济理论都是可以进行调和的,他写道:"如果凯恩斯结束了马歇尔时代,那么相同的事情难道就不会发生在凯恩斯的头上吗?"①货币中性与非中性理论的演变同样也适合希克斯的这条定理。

二、主流货币中性与非中性理论的共识与争论

在当前研究主流学派货币中性与非中性理论的一些文献中,存在一些误解。误解之一:认为古典学派、货币主义、理性预期学派的货币理论都是中性的;误解之二:认为凯恩斯主义、新凯恩斯主义的货币理论都是非中性的,产生上述误解的原因在于有些学者在研究这一问题时并没有明确区别短期与长期的概念,另外这些学者也没有深刻理解每个学派货币中性与非中性理论的本质。本文的研究表明:上述五个学派在货币中性与非中性方面达成了两点共识:(1)货币在短期呈非中性,在长期呈

---

① Hicks, J. R. "A Market Theory of Money ", Oxford: Oxford University Press, 1989, p. 3.

中性①,但这种共识并不意识着主流学派的货币中性与非中性理论完全相同。相反,不同流派从长期与短期考察问题的角度不同,对货币作用于经济的方式理解不同,都会形成这些理论之间的巨大差异。(2)较高的通货膨胀会对经济造成巨大损害,尽管凯恩斯认为温和的通货膨胀会对经济产生有利影响,但他对较高的通货膨胀也感到深恶痛绝,他曾说过:"通过连续的通货膨胀过程,政府可以秘密地、不为人知地没收公民财富的一部分,用这种办法可以任意剥夺人民的财富,在使多数人贫穷的过程上,却使少数人暴富。"各学派之间的分歧主要表现为短期传导机制(货币短期作用于产出的途径)、货币偏离短期中性对经济的影响以及货币政策三个方面。

(一)传导机制的争论

古典学派并没有对货币短期非中性做出一个统一的解释,Humphrey的研究证明,古典学派时期,休谟、桑顿等经济学家提出了十几种传导机制,但在主流古典经济学主张自由竞争,减少政府干预的思想下,主流古典经济学一直致力于货币长期中性的研究,对于货币短期非中性问题和传导机制的研究一直处于边缘化的地位,主流古典经济学对货币短期非中性的漠视导致休谟、桑顿等人提出的传导机制一直停滞不前。

凯恩斯在《通论》中抛弃了古典学派把利率区分为自然利率和市场利率的做法,他认为自然利率与市场利率就是同一种利率,利率作为货币的价格是由货币供给与需求决定的,并由此提出了货币政策经由利率变化影响总产出的利率传导机制理论,其传导过程为:货币供给增加→利率下降→投资增加→产出增加,以后凯恩斯的追随者继承了凯恩斯的这一思想。

———————————
① 理性预期学派发展的后期,卢卡斯的货币周期理论被真实周期学派的真实周期理论所取代,真实周期学派的经济学家认为货币不仅在长期是中性的,在短期也表现为中性,因此本文认为真实周期学派是经济思想史上唯一一个明确表达货币在短期呈中性的学派.

货币主义从弗里德曼的货币需求函数出发,认为凯恩斯主义的利率传导机制过于简单,于是货币主义提出了一个范围更广泛的传递机制,其传导过程为:货币供给发生变化后,会通过货币的"收入效应"和货币在更广的领域与各种资产(包括非金融资产)发生的"替代效应"引起产出变化。对于货币主义的这一说法,一些经济学家讽刺性地认为,货币主义依靠一个黑箱来连接货币供给量和产出,投入从黑箱的一边进去,产出从另一边出来。"黑箱论"表明货币主义并没有给出一个清晰的传递机制。

以卢卡斯为代表的理性预期学派,认为货币短期非中性的传导机制是由于市场分割形成的信息障碍。卢卡斯通过一个孤岛模型解释了这种传导机制,假定整个经济系统因为某次货币供给增加导致价格水平上涨,岛上的经济主体由于信息障碍,误认为是自己所在岛上的产品需求增加引起的相对价格上升,于是他们就会增加投入,扩大生产。

新凯恩斯主义继承了原凯恩斯主义传统,认为利率是传导机制的关键,但与传统凯恩斯主义高度抽象的利率概念不同,新凯恩斯主义把利率划分为实际利率与名义利率,认为传导机制是由于价格刚性导致名义利率的变动滞后于价格变化产生的,其传导过程为:货币供给增加→价格上涨→名义利率不变→实际利率下降→投资增加→产出增加。

(二)货币偏离短期中性对经济的影响以及货币政策取向的争论

主流古典货币理论缺少对货币短期非中性的研究,少部分学者认为增加货币供给可以促进生产,而以李嘉图和萨伊为代表的主流古典经济学家从长期中性出发否认了这种观点,他们认为自由竞争和物价稳定是经济发展的关键,但在物价稳定和自由竞争之间,古典经济学家更在乎自由竞争,因此古典经济学家并不主张实行任何货币政策。

　　凯恩斯主义认为经济衰退的主要原因在于有效需求不足,而有效需求不足的主要原因又在于边际消费倾向递减和边际收益递减,与货币原因无关,政府可以通过扩张性货币政策和扩张性财政增加有效需求,使经济重新恢复到充分就业水平。

　　货币主义认为经济衰退的原因在于货币供给的突然减少,但弗里德曼并不赞成凯恩斯主义所采用的相机抉择的货币政策,他认为经济不稳定的根源在于货币供给的不稳定,因此货币主义主张货币当局采用单一规则的货币政策。

　　理性预期学派把经济周期产生的原因归结于未预料到的货币供给变化,因此与货币主义一样,理性预期学派也主张货币当局实施稳定可预期的单一规则货币供给政策。

　　新凯恩斯主义把经济周期产生的原因归结于工资刚性与价格刚性,在货币政策方面,新凯恩斯主义主张采用微调的货币政策以抵消或避免经济波动。

第二节　货币增长理论的启示

　　"嫁接"在经济增长模型上的货币增长理论突破了主流货币理论一直保持的货币长期中性传统,为我们研究货币长期中性与非中性问题提供了新的思路。货币增长理论根据货币的不同职能以各种不同的方式将货币引入到主流增长理论,试图从货币供给与技术进步、人力资本积累、物质资本积累的联系中找出货币促进长期增长的证据,但迄今为止,在货币增长理论领域的这些研究还处于起步阶段,主要原因是经济学家仍不能在主要结论上达成一致,这种分歧,既可能是由分析工具方面的重大局限造成的,也可能与人们引入货币的方式有关,多恩布什和弗兰克尔早在 1973 年评价新古典货币增长理论时就已指出,"从一些替代理论中得到的模糊且不一致的结论主要是关于货币职能的不同假定的反映。"①

一、工具上的缺陷

分析工具的选择对研究结论产生了重要影响。在现代货币增长理论中,主要有三大类模型:人为拟定模型、无限期界模型和世代交叠模型。在人为拟定模型中,各变量之间的平衡关系是被事先界定好的,而在无限期界模型和世代交叠模型中,各变量之间的平衡关系则是经济个体最优化行为的结果,因此这两类模型在经济中运用得更为广泛,但这两类模型之间的差异很大,内生增长理论通常采用拉姆齐最优分析框架,研究对象以代表性行为人的身份出现,因此,无限期界的拉姆齐模型实际上假设了行为主体的同质性以及代际之间的有效遗赠动机,李嘉图等价变成了其中隐含的假设前提,通常会得出货币长期呈中性的结论。如果放松这一隐含假设,以世代交叠模型取代拉姆齐模型来进行分析,当行为人之间不具有可操作的代际遗赠动机并且存在新生代的进入时,增加货币供给将具有真实效应。

二、模型自带的缺陷

不同的货币模型在对货币职能的界定以及将货币引入模型的方式不同也会影响货币长期中性与非中性的结论。从一般意义上来说,当以托宾模型的方式引入货币时,积极的货币政策往往被证明是有效的;而在以现金先行约束或交易成本技术为基础的模型中,大多数都支持了通货膨胀和经济增长负相关的结论;而以希德罗斯基模型的方式引入货币时,通常又会得到货币长期超中性的结论。

---

① Dornbusch,R. and Frenkel,J. Inflation and Growth:Alternative Approaches. Journal of Money,Credit,and Banking,1973,5:141-156.

此外,与主流货币中性与非中性理论相比,货币增长理论所得出来的结论往往是从模型本身分析出来的,缺少相应的理论支撑。

第三节 实证分析方法的启示

实证分析方法的引入不仅为我们检验各种纷繁复杂的货币中性与非中性理论提供了直接的证据,而且计量经济模型还可以精确地计算出货币作用于产出的持续时间、时滞长短、影响程度,为货币当局制定货币政策提供了重要的参考信息。但实证检验的结果并不能构成对货币中性与非中性理论的替代。首先,经济中导致短期非中性的原因很多,每一个主流学派都有各自的观点,实证分析方法并不能说明究竟是哪些因素引起的短期非中性。其次,有些经济学家认为,货币作用于产出的机制是随货币制度变化而变化的,在实物货币与信用货币制度下,货币对产出的影响会存在许多差别,实证分析方法也不能体现由货币制度演变导致的这种差别。尽管如此,在当前货币制度总体不变的情况下,实证分析方法可以验证究竟哪些货币中性与非中性理论更适合指导当前政策实践,并为精确衡量货币政策效果提供了数据上的支持。

总之,在现实生活中,货币供给增加和通货膨胀确实具有实际影响,所以,至少在短期,经济中存在的各种非均衡现象,使得货币不再是中性的,然而,这些货币偏离中性的原因还将争论下去,计量分析与经验表明,货币对中性的偏离更符合凯恩斯学派的政策有效说,不过,预期通货膨胀率持续较高的经济,确实会采取契约或制度安排来最小化通货膨胀对经济中的实际变量(如商品的相对价格、实际工资等)的影响,使对货币中性的偏离程度缩小。而对货币长期非中性的研究才刚刚开始起步,我们寄希望于现在研究的基础能为将来提供一个统一的货币长期中性与非中性理论平台。

第四节 对中国的货币政策建议

一、重视货币政策对促进经济增长的作用

从前面几章各个学派提出的货币政策来看,大致可以分为两类,一类认为货币政策有效的,主张央行应该以经济增长为主要目标,采用灵活多变的货币政策,促进经济增长。代表这一类的有凯恩斯主义、新凯恩斯主义和大多数货币增长理论的经济学家。另一类则认为多变的货币政策是经济不稳定的根据,经济周期的根源在于错误的货币政策,主张央行应该以稳定价格为主要目标,实行单一稳定的货币政策,保持物价稳定。属于这一类的有:古典学派、货币主义与理性预期学派。从经验分析与实证检验结果来看,大多数研究结果都证明了前一类货币政策更有利于经济发展,所以我国更应该以凯恩斯主义的货币中性与非中性理论为指导,重视货币政策对促进经济增长的作用。我国 1995 年 3 月 18 日颁布的《中华人民共和国中国人民银行法》法则明确规定,我国货币政策目标是"保持货币币值稳定,并以此促进经济增长。"由此看出,我国货币政策目标的首要任务是保持币值稳定,以预防和治理通货膨胀为主。笔者认为,把稳定币值作为我国货币政策的最终目标并不符合当前的经济发展形势,原因如下:

(一)理论与经验的启示

麦坎茨和韦伯等人的实证研究以及一些货币增长理论都证明了以下事实:对于发展中国家,货币增长与产出增长存在长期正相关关系。目前,我国还处于社会主义初级阶段,虽然经济总量从 2010 年第二季度开始已经处于世界第二位,但人均国民生产总值与发达国家相差甚远,社会综合条件与发展中国家的经济特点更相吻合,因此货币当局完全可以利用货币政策这个法宝来

促进我国经济快速发展。

(二)我国还不具备把稳定币值作为首要目标的条件

按照西方国家的货币政策经验,把币值稳定作为货币政策的唯一目标需具备以下基本条件:(1)完善的市场经济体制。在市场化程度较高的西方国家,市场对经济活动起主要调节作用,"看不见的手"保证了资源的有效配置和经济结构的健康调整,政府在促进经济发展和结构的调整中所承担的责任与压力相对较小。(2)健全的社会保障体系。20世纪30年代的大危机严重地冲击了资本主义世界,在这之后,发达国家纷纷建立社会保障制度。经过数十年的发展与完善,社会保障不仅形成相当大的规模,而且社会保障项目名目繁多。健全的社会保障体系使得失业已经不会成为危及资本主义制度和社会稳定的因素。20世纪80年代以后,充分就业不再被许多发达国家列入货币政策目标体系或作为首要目标[①]。(3)发达国家中央财政在国民收入中所占比重较高。中央政府较高的财政收入使得财政政策对经济的宏观调控和驾驭能力较强,从而其货币政策有可能摆脱政府多重目标的约束而专注于稳定币值目标。

(三)应对2008年金融危机的经验总结

2008年由美国次贷危机导致的全球金融危机对我国经济造成严重影响。为应对危机,中国政府2008年11月5日首次明确提出采取宽松的货币政策。人民银行从2008年9月起,从利率、货币供给、存款准备金率三方面政策着手,实行扩张性货币政策,大幅增加货币供给。(1)利率政策。截至2008年年底,央行5次下调金融机构存贷款基准利率,一年期存款基准利率累计下调1.89个百分点,一年期贷款基准利率累计下调2.16个百分点。(2)存款准备金率政策。中国人民银行自从2008年7月开始连

---

① 徐彬:《论转轨时期我国货币政策目标的选择》,《商业时代》2009年第31期.

续多次下调存款准备金率,其中中小金融机构存款准备金率从2008年9月的16.5%调整到2009年1月的13.5%。(3)货币供应量政策。从2008年9月到2009年9月,广义货币M2同比增长29.26%。此外,中央政府还实行了一系列的财政政策,在两种政策共同刺激下,2009年9月,中国经济率先走出金融危机,实践证明,在应对2008年金融危机中,扩张性货币政策起到了关键性作用。

(四)增加就业的需要

2000年以来,我国高等教育开始逐步由"精英型"向"大众化"过渡,培养的大学生人数逐年增多,到2010年,全国普通高校毕业生规模达到了630万人。而同一时期,我国经济结构转型相对较慢,占就业人数80%的中小企业仍以低附加值的各种劳动密集型产业为主,对一线工人和农民工需求较多,所以当前出现了"民工荒、大学生就业难"的结构性失业现象,从长远来看,解决这种人才需求矛盾的根本途径还在于发展经济,促进经济结构快速转型。

二、重视货币政策导致的高通货膨胀

重视货币政策对促进经济增长的作用并不是不在乎通货膨胀问题。经验证明,较为严重的通货膨胀会导致以下几方面的后果。(1)扰乱经济中相对价格体系,使价格信号失真,降低资源配置效率,阻碍经济增长。(2)助长经济中的投机行为,使生产所用资金大量流入股市、楼市和其他大宗商品物质,这些投机行为既积累了金融风险,又导致了普通民众生活困难。(3)导致不合理的收入再分配,通货膨胀使得广大工薪阶层收入受损,加剧了社会矛盾。(4)引导人们高通货膨胀预期,使通货膨胀更加严重。在现阶段的中国,价格机制尚未完全形成,投资渠道相对较窄,工薪阶层(包括农民工)占据总人口比重很高,且大多数工资水平较低,仅够用于日常支出,所以由通货膨胀引发的上述问题就更加突出。因此,过高的通货膨胀不但不利于发展经济,反而会带来更多负面效应,降低经济增长率。因此,以促进经济增长为主要任务的货币政策目标并不是一成不变的,当经济中发生了比较严重的通货膨胀,或者经济承受通货膨胀压力比较大时,人民银行要及时变换货币政策目标,采用紧缩性货币政策,减少通货膨胀对经济的损害。

三、重视货币政策与财政政策的综合运用

货币政策和财政政策是国家调节宏观经济运行的两大政策,它们都能够通过影响社会总需求进而影响总产出。货币政策主要通过准备金、再贴现、公开市场业务政策等工具调节货币供应量和利率,进而影响社会总需求;财政政策主要通过税收、国债和政府支出等工具影响总需求。虽然两者都能对总需求进行调节,但具体运用起来会有较大差异。总的来说财政政策有如下特点:(1)财政政策通过税收、政府支出等工具能够迅速启动投资、拉动经济增长,确定性强、见效快。而货币政策则主要通过信贷、利率等金融中介吸引私人投资来完成,不确定性强、见效慢。(2)财政政策有优化经济结构的功能,政府可以通过税收政策合理引导私人资本的投资方向,对落后产业、高污染行业、产能过剩行业实际高税收政策,限制这些行业发展,对朝阳产业、新兴产业、高科技产业采用优惠税收或是补贴政策,支持这些行业的发展,优化整个经济结构。(3)政府可以通过扩大公共物品支出、增加对困难家庭的转移支付等方式促进社会资源分配更加平等。但用于财政政策的支出大部分来源于国家的税收,只是简单地取之用民,用之用民,本身并不具有创造财富的功能,另外财政政策还会受政府财政预算的限制,对私人资本也具有一定的挤出效应,因此社会长期发展不能依靠财政政策。相比之下,直接执行货币政策的商业银行出于盈利目标和风险程度的考虑,会把信贷投向更有

效率的企业,能促进整个社会经济发展。因此,中央政府应该根据经济发展的目标,协调使用各种货币政策和财政政策。

综合上述三点分析,笔者认为,现阶段我国的货币政策应该以凯恩斯主义货币中性与非中性理论为指导,改变维持币值稳定的货币政策目标,采用一种更加灵活的货币政策目标,协调使用各种货币政策和财政政策,共同促进经济快速增长。一种理想的做法是:在经济发展处于平稳时期,货币政策应该承担起促进经济增长的主要责任,采用适度通胀的货币政策,保持经济快速,持久发展。在经济发展出现高通货膨胀势头时,货币政策应该及时转向,以控制通货膨胀为主要目标。在经济发展处于衰退时期时,财政政策应该承担起经济复苏的主要责任,辅之以扩张性货币政策。

四、以增加产出作为货币政策首要目标的主要障碍

从发达国家实施货币政策的经验来看,货币政策的实施必须具备一个良好的货币政策环境,以保证从货币到产出的传导机制更加畅通和货币政策效果的可控性,与这些发达国家相比,目前我国以增加产出作为货币政策首要目标还存在以下障碍:(1)人民银行的独立性较弱。目前我国的中央银行在行政上隶属于国务院序列,在名义上和实际上都没有独立的货币政策最终决策权。人民银行较弱的独立性决定了货币政策目标的选择、制定和实施,必须从属于政府的有关国民经济发展规划,要受到政府多元宏观经济目标的约束。(2)当前我国国际收支持续性的双顺差格局在短时期内难以改变,外汇储备和外汇占款仍将快速增长,在当前国内债券市场欠发达和缺乏有效的对冲手段的情况下,货币供应量由外生向内生转化,基础货币表现为被动扩张,结果中央银行对基础货币的控制力削弱。(3)利率市场化程度不高。当前我国利率市场化还未完成,表现在货币市场上是利率已经具备市场化的基础,且作为金融市场主体组成部分的银行存贷款利率

仍然有中央银行以行政方式确定。这种双轨制的利率结构从总体上表现出外生性质。因此在中央银行→商业银行→企业的传导路径中,商业银行和企业之间的利率传导被非市场化的贷款利率阻碍。同时在金融机构和企业、居民之间的信贷活动中的利率仍然是管制利率的情况下,货币市场利率不能与之形成联动机制,这种脱节必然使得货币市场利率的导向作用下降。我国货币市场发展不完善。货币市场应该是资本市场发展的基础,而我国金融市场的发展战略是长期以来重视资本市场忽视货币市场,导致当前我国货币市场处于开放程度不高、市场化手段不充分、结构发展不均衡、各子市场相互分离、技术设施落后的初级发展阶段,严重制约了中央银行货币政策手段的运用和作用的发挥。总之,只有清除这些影响货币政策实施的障碍,为货币传导机制提供一个畅通的运用环境,才能更好地实现以增加产出为首要目的的货币政策目标。

参考文献

［1］ Aghion, P. and Howitt, P. , "A Model of Growth through Creative Destruction", Econometrics, 1992, 60: 325-351.

［2］ Akerlof, G. A. and J. L. Yellen, "Can Small Deviations from Rationality Make Significant Differences to Economic Equilibrium? "American Economic Review, 1985a, 75: 708-721.

［3］ Alexander, R. J. , "Inflation and Economic Growth: Evidence from a Growth Equation", Applied Economics, 1997, 29: 233-238.

［4］ Akerlof, G. A. and J. L. Yellen, "A Near Rational Model of the Business Cycle with Wage and Price Inertia", Quarterly Journal of Economics, 1985b, 100: 824-838.

［5］ Azariadis, C. , "Implicit Contracts and Underemployment Equilibrium", Journal of Political Economy, 1975, 83: 1183 1202.

［6］ Arrow, K. J. , "The Economic Implications of Learning by Doing", Review of Economic Studies, 1962, 29: 155-173.

［7］ Ball, L. and Romer, D. , "Real Rigidities and the Non-Neutrality of Money ", Review of Economic Studies, 1990, 93: 88-120.

［8］ Barro, Robert J. , "Economic Growth in a Cross Section of Countries", Quarterly Journal of Economics, 1991, 106: 407-433.

［9］ Becker. and Gary, S. , "Human Capital. Fertility and Economic Growth", Journal of Political Economy, 1990, 98: 512-537.

［10］ Bernanke, Ben. S. and Mark G. , "Agency Costs, Net dWorth, and Business Fluctuations", American Economic Review, 1989,

79:14-31.

[11] Bencivenga, V. R. and Smith, B. D. , "Financial Intermediation and Endogenous Growth", Reviews of Economic Studies, 1991, 58: 195-209.

[12] Benhabib J. and Farmer R. , "Indeterminacy and Increasing Returns", Journal of Economic Theory, 1994, 63: 19-41.

[13] Bennett, R. J. and Farmer, R. , "Indeterminacy with Non-separable Utility", Journal of Economic Theary, 2000, 93: 118-143.

[14] Bernanke, Ben S. and Alan S. Blinder, "The Federal Funds Rate and the Channels of Monetary Transmission", American Economic Review, 1992, 82:901-921.

[15] Blanchard, O. J. , "Debt, Deficits and Finite Horizons", Journal of Political Economy, 1985, 93: 223-247.

[16] Blanchard, O. and D. Quay, "The Dynamic Effects of Aggregate Demand and Supply Disturbances", American Economic Review, 1989, 79: 655-673.

[17] Brock, W. A. , "Money and Growth: The Case of Long Run Perfect Foresight", International Economic Review, 1974, 15:750-777.

[18] Bruno, M. and William, E. , "Inflation Crises and Long-Run Growth", Journal of Monetary Economics, 1998, 41:3-26.

[19] Bullard, J. and Keating, J. , "The Long-Run Relationship between Inflation and Output in Postwar Economies", Journal of Monetary Economics, 1995, 51:477-496.

[20] Cass, David. , "Optimum Growth in an Aggregative Model of Capital Accumulation", Review of Economic Studies, 1965, 32:233-240.

[21] Carlton, D. W. , "The Rigidity of Prices", American Economic Review, 1986, 76:637-658.

［22］Cooley,T. F. and Hansen,"The Inflation Tax in a Real Business Cycle Model",American Economic Review,1989,88: 587-598.

［23］Cho,J. O. and T. F. Cooley,"The Business Cycle with Nominal Contracts",Economic Theory,1995,39:13-33.

［24］Clower,R. W.,The Keynesian Counter-Revolution: A Theoretical Appraisal,in The Theory of Interest Rate,Edited by F H. Hahn and R P R. Brechling, Londoa: Macmillan. 1965.

［25］Cagan, P The Monetary Dynamics of Hyperinflation, In M. Friedman (ed),Studies in the Quantity Theory of Money, Chicago: University of Chicago Press. 1956.

［26］Dornbusch, R., S. Fischer and C. Kearney, Macroeconomics, The Mc-Graw-Hill Companies,Inc.,Sydney,1996.

［27］Dornbusch,R. and Frenkel,J. "Inflation and Growth:Alternative Approaches",Journal of Money, Credit, and Banking,1973,5: 141-156.

［28］Dotsey,M. and Sarte,"Inflation Uncertainty and Growth in A Cash-in-Advance Economy",Journal of Monetary Economics,2000,45:631-655.

［29］Einarsson, T. and Marquis M. H.,"Transitional and Steady-State Costs of Disinflation When Growth Is Endogenous",Economica,1999,66: 489-508.

［30］Farmer,R. "Money in a Real Business Cycle Modei",Journal of Money,Credit,and Banking,1997,29: 568-611.

［31］Feenstra, R.,"Functional Equivalence between Liquidity Costs and the Utility of Money",Journal of Monetary Economics,1986,17: 271-292.

［32］Fischer, S.,"Capital Accumulation on the Transition Path in a Monetary Optimizing Model"［J］,Econometrica,1979,

47 (November):1433-1439.

[33] Fischer,S. ,"Long Term Contracts,Rational Expectations, and the Optimal Money Supply Rule",Journal of Political Economy,1977,85:191-205.

[34] Frankel,J. A. and Hardouvelis,G. A. ,"Commodity Price, Money Surprises and Fed Credibility",Journal of Money, Credit,and Banking,1985,17: 425-438.

[35] Fisher,L. ,The Purchasing Pourer of Money,New York: Macmillan. 28. Friedman, M. , The Quantity Theory of Money, A Restatement, in M. Friedman (ed.), Studies in the Quantity Theory of Money,Chicago: University of Chicago Press. 1956.

[36] Friedman,M. ,and A. Schwartz. ,"A Monetary History of the United States:1867-1960",New York: National Bureau of Economic Research,1963.

[37] Friedman, M. ,"The Role of Monetary Policy", American Economic Review,1968,58,1-17.

[38] Frankel,j. A. ,"On the Mark: Theory of Floating Exchange Rates Based on Real Interest Rate Differentials", American Economic Review,1979,69:610-622.

[39] George T. , McCandless Jr. and George T. McCandless Jr. Federal Reserve Bank of Minneapolis Quarterly Review, 1995,19:2-11.

[40] Gomme, Paul. , "Money and Growth Revised: Measuring the Costs of Inflation in an Endogenous Growth Model", Journal of Monetary Economics,1993,32:51-77.

[41] Gordon, R. , " The Macroeconomic of Low Inflation: Comment",Brookings Papers on Economic Activity,1996,1:60-66.

[42] Gali,Jordi. ,"How Well Does the IS-LM Model Fit Postwar US Data", Quarterly Journal of Economics, 1992, 107:

710-738.

[43] Gong, L. T. and H. -F. Zou, "Money, Social Status, and Capital Accumulation in a Cash-in-Advance Model", Journal of Money, Credit and Banking, 2001, 33: 284-293.

[44] Hicks, J. , "Mr Keynes and the Classics: a suggested interpretation", Econometrics, 1937, 70: 451-470.

[45] Hansen, A. H. , Monetary Theory and Fiscal Policy, New York: McGraw-Hill Company, 1949, pp. 156-167.

[46] Hansen, A. H. , A Guide toKeynes, New York: McGraw-Hill Company, 1953, pp. 86-130.

[47] Hall, R. E. , The Relationship between Price and Marginal Cost inU. S. Industry, Journal of Political Economy, 1988, 96: 921-947.

[48] Hansen, Bruce. E. , "Threshold Effects in Non-dynamic Panels: Estimation, Testing and Inference", Journal of Econometrics, 1999, 81: 594-607.

[49] Harrod, Roy. F. , "An Essay in Dynamic Theory", Economic Journal, 1939, 49 (June): 14-33.

[50] Hartman, R. , "The Effects of Price and Cost Uncertainty on Investment", Journal of Economic Theory, 1972, 5: 285-266.

[51] Hayek, R. A. , Prices and Production, 2nd, New York: Augustus M. Kelley, Publishers. 1967.

[52] Hicks, J. R. , The Crises in Keynesian Economics. New York: Basic Books, 1974.

[53] Ireland, Peter, N. , "Money and Growth: An Alternative Approach," American Economic Review, 1994, 84: 47-65.

[54] Itaya, J. I. and K. Mino, "Inflation, Transaction Costs and Indeterminacy in Monetary Economies with Endogenous Growth", Economica, Vol. 70, 2003, pp. 451-470.

［55］ Itaya, J. I. and Mino. K. , "Inflation, Transaction Costs and Indeterminacy in Monetary Economies with Endogenous Growth", Economica, 2003, 70: 451-470.

［56］ Jha, S. K. , Wang, P. and Yip, C. K. , "Dynamics in a Transactions-Based Monetary Growth Model", Journal of Economic Dynamics and Control, 2002, 26: 616-635.

［57］ Johnson, H. G. , "The Neoclassical One-Sector Growth Model: A Geometrical Exposition and Extension to . a Monetary Economy", Economica, 1966, 33: 265-287.

［58］ Johansen S. , "Estimation and Hypothesis Testing of Cointegration Vectors in Gaussian Vector Autoregressive Models", Econometrica, 1991, 59: 1551-1580.

［59］ Jones, L. E. and Manuelli, R. E. , "Growth and the Effects of Inflation", Journal of Economic Dynamics and Control, 1995, 19: 1405-1428.

［60］ Judson, Ruth and Athanasios, Orphanides, "Inflation, Volatility and Growth", International Finance, 1999, 2 (1): 117-138.

［61］ Kaldor, N. , "A Model of Economic Growth", Economic Journal, 1957, 57: 591-624.

［62］ Kim, J. and Lawrence, "The Sources of Economic Growth ofEast Asiań Newly Industrialized Countries", Journal of Japanese and International Economies, 1994, 8 (3): 235-271.

［63］ King, R. and R. Levine, "Finance and Growth", Quarterly Journal of Economics, 1993, 108 (3), 717-738.

［64］ Knight, F. H. , "Diminishing Returns from Investment", Journal of Political Economy, 1944, 52: 26-47.

［65］ Kydland, R. E. and E. C. Prescott, "Rules Rather Than Discretion: The Inconsistency of Optimal Plans", Journal of

Political Economy,1982,7:473-491.

[66] Kydland,R. E. and E. C. Prescott,"Time to Built and Aggregate Fluctuations",Econometrics,1982,50:1345-1370.

[67] Lee,J. W. ,"Capital Goods Imports and Long-Run Growth", Journal of Development Economics,1995,48: 91-110.

[68] Laidler,D. E. W. "Dow and Saville's,A critique of monetary policy-A review essay. " Journal of economic literature 1989,87: 1147-1159.

[69] Levine,R. ,"Financial Development and Economic Growth: Views andAgenda",Journal of Economic Literature,1997, 35: 688-726.

[70] Levine,Ross and S. Zervos,"What We Have Learned about Policy and Growth from Cross-Country Regressions?"American Economic Review Papers and Proceedings,1993,83: 426-430.

[71] Lucas,R. E. ,"Expectations and the Neutrality of Money", Journal of Economic Theory,1972,April:103-124.

[72] Lucas,R. E. ,"Some international Evidence on output-inflation Tradeoffs". American Economic Review,1973,63:326-334.

[73] Lucas,R. E. ,Econometric Policy Evaluation: A Critique, CarnegieRochester Conference Series on Public Policy, 1976,19-46.

[74] Leijonhufvnd,A. ,On Keynesian Economics and the Economics of Keynes,London: Oxford University Press. 1968, 129-128.

[75] Mankiw,C. N. ,D. Romer and D. N. Weil,"A Contribution to the Empirics of Economic Growth",Quarterly Journal of Economics,1992,107 (May):407-437.

[76] Marquis,M. H. and Reffett,K. L. ,"The Inflation Tax in a Convex Model of Equilibrium Growth",Eamomica,1995, 62:109-121.

[77] McCallum, Bennett T. , "Postwar Developments in Business Cycle Theory: A Moderately Classical Perspective", Journal of Money, Credit, and Banking, 1988, 20:459-471.

[78] Mankiw, N. C. , "Small Menu Costs and Large Business cycles: A Macroeconomic Model of Monopoly", Quarterly Journal of Economics, 1985.

[79] McCandless, G. T. and Weber, W. E. , "Some Monetary Facts", Federal Reserve Bank of Minneapolis Quarterly Review, 1995, 19:2-11.

[80] McKinnon, R. I. , "The East Asian Dollar Standard, Life after Death?"Economic Notes, 2000, 29:31-82.

[81] Mino, K. , "Money and Endogenous Growth in a Case-in-Advance Economy", Unpublished, Tohoku University, 1991.

[82] Mino, K. and Shibata, A. , "Monetary Policy, Overlapping Generations, and Patterns of Growth", Economica, 1995, 62:179-194.

[83] Mishkin, F. S. and Strahan, P. E. , "What Will Technology Do toFinancial Structure?" NBER Working Papers 6892, National Bureau of Economic Research, Inc. , 1999.

[84] Moore, B. J. , "The endogenous money supply", Journal of Post Keynesian Economics, 1988, 10:372-386.

[85] Muth, J. F. , "Rational Expectations and the Theory of Price Movement", Econometrics, 1961, 29:315-335.

[86] Meltzer, A. H. , "The Demand for Money: The Evidence from the Time Series", Journal of Political Economy, 1963, 71:219-246.

[87] Mishkin, F. S. , "Does Anticipated Policy Matter? An Econometric Investigation", Journal of Political Economy, 1982, 98: 22-51.

[88] Mishkin, F. S. , "Symposium on the Monetary Transmission

Mechanism", Journal of Economic Perspectives, 1984, 97: 3-10.

[89] Mundell, R. "Inflation and Real Interest", Journal of Political Economy, 1963, 71: 280-283.

[90] Patinkin. D. and D. Levhari, "The Role of Money in a Simple Growth Model," American Economic Review, 1968: 58 29-50.

[91] Pigou, A. C. , "The Value of Money, Quarterly Journal of Economics", 1917, 37: 38-65.

[92] Phelps, E. S. , "Phillips Curves, Expectations of Inflation and Optimal Unemployment over Time", Economics, 1967, 34: 254-281.

[93] Ricardo, D. , On the Principles of Political Economy and Taxation, Cambridge: Cambridge University Press, 1951.

[94] Romer, P. M. , "Growth Based on Increasing Returns Due to Specialization", American Economic Review, 1987, 77: 56-62.

[95] Romer, P. M. , "Endogenous Technological Change", Journal of Political Economy, 1990, 98: 71-102.

[96] Rose, H. , "Real and Monetary Factors in the Business Cycle", Journal of Credit, Money and Banking, 1969, 1: 138-152.

[97] Rosen, S. , "A Theory of Life Earnings", Journal of Political Economy, 1976, 84: 545-567.

[98] Samuelsom, P. A. , "Theoretical Notes on Trade Problems", Review of Economics and Statistics, 1964, 46: 145-154.

[99] Sargent, T. J. and N. Wallace. , "Rational Expectations, the Optimal Money Supply Instrument, and the Optimal Money Supply Rule", Journal of Political Economy, 1975, 83: 241-254.

[100] Schumpeter, J. A. , The Theory of Economic Development, Cambridge, MA: Harvard University Press, 1934.

[101] Scott, F. G, A New View of Economic Growth, Oxford: Oxford University Press, 1989.

[102] Scott, Freeman, and Gregory. W. H. , "Inside Money, Output, and Causality", International Economic Review, 1991, 32:645-667.

[103] Sidrauski, M. , "Rational Choice and Patterns of Growth in a MonetaryEconomy", American Economic Rewiew Papers and Proceedings, 1967a, 57:534-544.

[104] Sidrauski, M. , "Inflation and Economic Growth", Journal of Political Economy, 1967, 75: 796-810.

[105] Stiglitz, J. E. and Andrew, W. , "Credit Rationing in Markets with Imperfect Information", American Economic Review, 1981, 71:393-410.

[106] Sims, C. A. , "Money, Income and Causality", American Economic Review, 1972, 62: 540-552.

[107] Sims, C. A. and Tao Zha, "Does Monetary Policy Generate Recessions?", Manuscript, Yale University, 1996.

[108] Solow, R. M. , "A Contribution to the 'theory of Economic Growth'", Quarterly Journal of Economics, 1956, 70: 65-94.

[109] Stein, J. L. , "Neoclassical and Keynes-Wicksell Monetary Growth Models", Journal of Money, Credit and Banking, 1969, 1:153-171.

[110] Stiglitz, J. E. , "Credit Markets and the Control of Capital", Journal of Money, Credit and Banking, 1985, 17: 133-152.

[111] Solow, R. M. , "Another Possible Source of Wage Stickiness", Journal of Macroeconomics, 1979, 1:79-82.

[112] Stiglitz, L. E. , "Equilibrium in Product Market with Im-

perfect Information", American Economic Review, 1979, 69:339-345.

[113] Taylor. J. "Staggered Price Setting in a Macro Model. " American Economic Review, 1979, 69:108-113.

[114] Stockman, A. C. , "Anticipated Inflation and the Capital Stock in a Cash-in-Advance Economy", Journal of Monetary Economics, 1981, 8:387-393.

[115] Tobin, J. , "Notes on Optimal Monetary Growth", Journal of Political Economy, 1968, 76: 833-859.

[116] Tobin, J. , "Money and Economic Growth", Econometrica, 1965, 33:671-684.

[117] vander Ploeg, F. , "Money and Capital in Interdependent Economies with Overlapping Generations", Economica, 1991, 58: 233-256.

[118] vander Ploeg, F. , and Alogoskoufis, G. S. , "Money and Endogenous Growth"[J], Journal of Money. Credit, and Banking, 1994, 26:771-791.

[119] Wang, P. and Yip, C. K. , "Examining the Long-Run Effect of Money on Economic Growth", Journal of Macroeconomics, 1992a, 14: 359-369.

[120] Wang, P. and Yip, C. K. "Alternative Approaches to Money and Growth", Journal of Money, Credit, and Banking, 1992b, 24: 553-562.

[121] Weil, P. , "Permanent Deficits and Inflation", Journal of Monetary Lconomics, 1987, 20: 393-410.

[122] Weil, P. , "Is Money Net Wealth?" International Economic Review, 1991, 32:37-53.

[123] Wu, Y. R. and Zhang, J. X. , "The Effects of Inflation on the Number of Firms and Firm Size"[J], Journal of Money, Credit, and Banking, 2001, 33 (2):251-271.

[124] Whalen, E. I., 1966, "A Rationalization of the Precautionary Demand for Cash", Quarterly Journal of Economics, 80, May: 314-324.

[125] Yun, T. "Nominal Price Rigidity, Money Supply Endogeneity, and Business Cycles", Journal of Monetary Economics 1994, 37: 345-370.

[126] Zou, H. F., "The Spirit of Capitalism and Long-Run Growth", European Journal of Political Economy 1994, 10: 279-293.

[127] Zou, H. F., "The Spirit of Capitalism and Savings Behavior", Journal of Economic Behavior and Organization, 1996, 28: 131-143.

[128] Zou, H. F., "The Spirit of Capitalism, Social Status, Money, and Accumulation", Journal of Economics, 2006, 3: 219-233.

[129] [澳]刘易斯. 货币经济学. 北京:经济科学出版社,2008: 98,143.

[130] [美]米尔顿·弗里德曼. 弗里德曼的货币理论结构——与批评者商榷. 北京:中国财政经济出版社,1989:145-148.

[131] [加]史密森. 货币经济学前沿:论争与反思. 上海:上海财经大学出版社,2004:54,105.

[132] [英]斯诺登. 与经济学大师对话. 北京:北京大学出版社, 2000:115-116.

[133] [英]威廉·配第. 赋税论献给英明人士货币略论. 北京: 商务印书馆,1963:89-92.

[134] [英]约翰·洛克. 论降低利息和提高货币价值的后果. 北京:商务印书馆,1962:3.

[135] [英]亚当·斯密著. 国民财富的性质和起因的研究. 北京:中南大学出版社,2003:25-28.

[136] [法]萨伊. 政治经济学概论. 北京:商务印书馆,1997:78.

[137] [英]休谟. 休谟经济论文集. 北京:商务印书馆,1984:

118-123,118-123;156-196.

[138] [法]瓦尔拉斯.纯粹经济学要义或社会财富理论.北京:商务印书馆,1989:22-39.

[139] [美]约瑟夫·熊彼特:经济分析史.北京:商务印书馆,1991:498.

[140] [英]约翰·罗.论货币和贸易——兼向国家供应货币的建议.北京:商务印书馆,1986:8.

[141] [英]理查德·坎蒂隆.商业性质概论北京:商务印书馆,1986:76.

[142] [英]休谟.休谟经济论文集北京:商务印书馆,1984:118-123.

[143] [英]约翰·梅纳德·凯恩斯.货币改革论北京:商务印书馆,1979:63-65.

[144] [英]约翰·梅纳德·凯恩斯.货币论.北京:商务印书馆,1997:187-192.

[145] [英]约翰·梅纳德·凯恩斯.就业、利息和货币通论.北京:华夏出版社,2004:2,22-24,97-99,106,129,156,165-170.

[146] [美]汉森.凯恩斯学说指南.北京:商务印书馆,1963:130,147,148.

[147] [美]托宾.十年来的新经济学.北京:商务印书馆,1980:55-56.

[148] [美]萨缪尔森.经济学(上册).北京:商务印书馆,1979:375.

[149] [美]加尔布雷思.神秘的货币.郑州:河南人民出版社,2002:230.

[150] [美]罗默.高级宏观经济学.北京:商务印书馆,1999:277-285.

[151] [瑞]维克赛尔.利息与价格.北京:商务印书馆,1959:60.

[152] [英]李嘉图.政治经济学及赋税原理.北京:商务印书馆,

1962:229-230.

[153] [美]弗里德曼．弗里德曼文萃．北京:首都经济贸易大学出版社,2001:46,98,288,307,318,343.

[154] [美]米尔顿·弗里德曼．美国货币史．北京:北京大学出版社,2009:482-483.

[155] [美]卢卡斯．经济周期理论研究．北京:商务印书馆,2000:77,156,123,127.

[156] [美]曼昆．宏观经济学．北京:中国人民大学出版社,1997,322.

[157] 胡代光、厉以宁、袁东明．凯恩斯主义的发展与演变．北京:清华大学出版社,2003,59-60.

[158] 王健．新凯恩斯主义经济学．北京:经济日报出版社,2004,78.

[159] 刘斌．中国货币政策有效性的实证研究．金融研究,2001(7).

[160] 黄先开、邓述慧．货币政策中性与非中性的实证研究．管理科学学报,2000 (6).

[161] 陆军、舒元．货币政策无效性命题在中国的实证研究．经济研究,2002(3).

[162] 刘金全、郑挺国．基于非线性 VAR 模型对我国货币政策非对称作用效应的实证检验．2006 年教育部人文社科重点研究基地(经济类)联谊会学术会议,北京大学中国经济研究中心,2006 年 6 月．

[163] 刘霖、靳云汇．货币供应、通货膨胀与中国经济增长——基于协整的实证分析．统计研究,2005(3).

[164] 冯春平．货币供给对产出与价格影响的变动性．金融研究,2002(7).